现代农业（甘蔗）产业技术体系建设专项经费资助

ZHONGGUO ZHETANG CHANYE
JINGJI YU ZHENGCE YANJIU

中国蔗糖产业经济与政策研究

（2009—2011年）

郑传芳　徐　欣　刘晓雪　阮晓菁/著

人民出版社

总指导：陈如凯

前　　言

食糖是国际公认的战略性大宗商品,甘蔗又是最重要的糖料作物,蔗糖产业的持续健康发展,对于保障国内食糖有效供给、维护国家经济安全具有重要战略意义。受益于农业部、财政部等部门对蔗糖产业的关心和重视,2008 年年底,国家在启动现代农业产业技术体系建设之时,就将甘蔗列入了 50 个产业技术体系之列,并明确要求设立产业经济研究室,推动甘蔗产业技术研发与产业经济、政策研究的融合。国家甘蔗产业技术体系产业经济研究室的设立,给了我们一个深度接触产业、了解产业的机会,也为我们创造了将经济学理论与方法应用到蔗糖产业的广阔空间。

产业经济研究室成立四年来,我们在国家甘蔗产业技术体系首席科学家陈如凯教授以及其他岗位专家、试验站站长的指导和帮助下,围绕蔗糖产业经济与政策领域开展了一系列研究:一是构建了一套涵盖国内外蔗糖产业、食糖市场的基础数据库和涉及蔗糖产业链各环节的政策档案库,为开展深入研究奠定了坚实基础。二是打造了一个覆盖 75 个主产县、近 1000 位植蔗农户、20 多家制糖企业的产业链主体监测系统,每年通过问卷调查形式开展一次监测,并发布蔗糖产业链监测调查报告。三是形成了较为固定的国内外食糖市场分析展望机制和价格预测预警机制,在重点月份、每季度末、每榨季末发布市场分析展望报告,并在每月初发布食糖价格预测与市场预警报告。四是对蔗糖产业链各环节的中长期问题开展了专题研究,形成了一批具有一定理论深度、视角独特、方法新颖的专题研究报告。五是对我国及其他主要产糖国的产业发展历程与政策框架进行了系统梳理和对比研究。六是积极应对国际金融危机、西南地区持续干旱等突发事件冲击,及时调查研究突发事件对蔗糖产业的影响,并向政府提出应急性对策建议。

本书内容就是2009—2011年三年间我们开展上述几方面研究的一部分成果。为了体现研究的完整性和逻辑性,我们将这些研究报告分为了四篇:一是"市场监测篇",包括在重要时间节点发布的6份食糖市场分析展望报告;二是"决策咨询篇",包括对突发事件、热点问题的分析研判以及对年度产业发展趋势和政策方向的预测;三是"专题研究篇",是针对甘蔗生产组织形式变迁、甘蔗制燃料乙醇、食糖消费前景、食糖市场波动、食糖产业竞争力等中长期问题的深度研究报告;四是"国际经验篇",是对巴西、印度、美国、澳大利亚、欧盟等重要产糖国产业政策与管理体制的梳理。这些报告虽然不能反映我们全部的工作,但已经具有了一定的代表性。

需要指出的是,在研究过程中,我们不仅发挥了各自的研究特长,还通过"传、帮、带"调动了年轻人的学术热情,韩杨、何志良、王沈南、谌琴、王彩惠、张悦、温慧颖、董翠萍、任杰和赵丹丹等研究生参与了文献数据的整理和部分文稿的写作,并从中收获了许多。此外,我们还特别注重与国家有关部委的沟通交流,充分发挥政策咨询功能,有关研究成果有幸获得了国务院领导批示,一些建议还被农业部、财政部、国家发展和改革委员会、科技部等部委的肯定与采纳,在此一并致谢!

鉴于作者水平有限,本书可能会出现遗漏或不妥之处,敬请批评指正!

著 者

2012 年 12 月

目　　录

市场监测篇

决策咨询篇

专题研究篇

国际经验篇

附　录

市场监测篇

一、2009 年一季度食糖市场监测分析报告

2009 年一季度,受 2008/2009 榨季国内食糖减产、食糖销售率提高以及中央、地方联手收储 120 万吨白糖的影响,国内食糖市场出现大幅上涨。随着全球金融危机对国际食糖市场的剧烈冲击渐渐消散,加之印度、中国等部分主产国出现减产,全球食糖供需缺口扩大,国际糖价也呈现恢复性上升。预计 2008 年下半年以来出现的国内食糖供过于求形势将可能得到缓解,2008/2009 榨季将可能总体处于供需紧平衡状态。2009 年二、三季度,国内食糖价格走势将可能总体呈现偏强格局,但主要取决于 5 月底最终落实的减产数量和国内食糖需求能否在夏季呈现大幅增长。

(一)国内食糖供需形势与价格走势分析

1. 2008/2009 榨季食糖减产已成定局

据中国糖业协会统计,截至 2009 年 3 月底(表 1 - 1),全国已产糖 1127.52 万吨,而去年同期的产糖量为 1252.05 万吨,同比减少 124.53 万吨,减幅达 9.9%。从各主产区情况来看,截至 3 月底,第一产糖大省(区)广西区产糖 707 万吨,而去年同期广西产糖量为 765 万吨,同比减少 58 万吨,减幅为 7.6%;排名第二的云南省产糖 169.17 万吨,与上年同期相比少产糖 4.75 万吨,减幅为 2.73%;排名第三的广东省共产糖 102.42 万吨,同比少产糖 29.58 万吨,减幅高达 22.4%;海南省累计产糖 45.56 万吨,同比减少 5.07 万吨,减幅为 10%。而从北方甜菜糖区来看,截至 2009 年 3 月,全国甜菜糖产量为 89.43 万吨,与去年同期 114.71 万吨产量相比,减少了 25.28 万吨,减幅高达 22%。

表1-1　截至3月底2008/2009榨季与2007/2008榨季产糖量对比

项目 地区　　榨季	累计产糖量		收榨情况	
	2008/2009榨季	2007/2008榨季	2008/2009榨季	2007/2008榨季
全国	1127.52	1252.05		
其中:甘蔗糖	1038.09	1137.34		
广东	102.42	132	34家已收榨	7家已收榨
广西	707	765	64家已收榨	全部开榨
云南	169.17	173.91	11家已收榨	8家已收榨
海南	45.56	50.63	19家已收榨	22家已收榨
甜菜糖	89.43	114.71	仅1家未收榨	仅1家未收榨

资料来源:中国糖业协会。

　　尽管从3月底的数据来看,全国食糖减产已接近10%,但各主产区的收榨情况却显示,2008/2009榨季的食糖减产幅度将更大。由于2008年年初冰冻灾害导致宿根蔗单产下降,2008/2009榨季入榨原料蔗出现大幅减少,以及本榨季产能大幅提高,造成糖厂收榨高潮提前到来。据中糖协和广西糖协统计,截至2009年3月,广西已有64家糖厂收榨,收榨总产能为38.66万吨/日,占全区总产能的62.35%。且收榨企业中不乏东亚扶南、南宁阳明、东门南华、来宾永鑫、贵糖集团等产能排名靠前的大型制糖企业,从总体上看企业收榨时间同比提前1个月。对比去年同期,广西所有糖厂均在开榨,无糖厂收榨情况出现。云南、广东的制糖企业收榨时间也明显提前。主产区收榨时间明显提前,表明4—5月之间全国的产糖能力将会大幅下降。据广西糖协预计,未来几个月,广西仅有53万吨产能释放空间,本榨季广西产糖量将为760万吨,同比将减产约180万吨,减幅高达19%。

2. 食糖消费总体偏弱,但一季度产销率有所提高

　　全球金融危机爆发并传导至中国实体经济后,国内投资、消费出现双紧缩。尽管食糖民用需求具有收入弹性小的特点,但作为食糖下游产品的甜食、饮料和奶制品工业在经济紧缩中出现需求放缓。再加之2008年9月以来的"三聚氰胺"事件和频频发生的食品安全事件,使本来受到金融危机冲击的食糖消费大受影响。2008/2009榨季产糖开始以来,食糖销售不畅,产销率远低于上个榨季,已显示出食糖消费总体偏弱的格局。据中糖协统计(图1-1),截至2008年12月底,2008/2009榨季全国累计销售食糖仅109.3万吨,比2007/2008榨季减少76.4万吨,减幅高达41%;累计产销率为36.59%,同比降低了25个百分点。

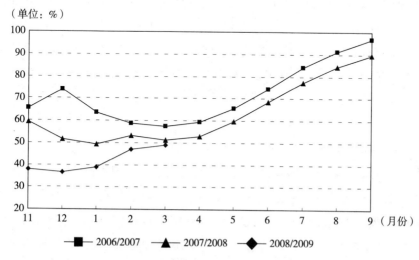

（单位：%）

图1-1　近年来我国食糖月度累计销售率对比图
资料来源:中国糖业协会。

一季度以来,随着国家存款准备金率和基础利率的多次下调,再加之4万亿政府投资计划的逐步落实以及十大行业振兴规划的实施,扩张性财政政策和货币政策的双管齐下使投资者和消费者的心理恐慌开始逐步恢复,部分国内宏观经济指标出现触底反弹的迹象,这给处于弱势的食糖消费一剂强心针。据国家统计局对规模以上企业统计数据显示,2009年1—2月,我国国内含糖类食品中,糖果、糕点、乳制品、罐头、冷冻饮品产量出现增长,饼干、速冻米面食品、碳酸饮料、果汁及果汁饮料、产量均出现回落。其中,冷冻饮品增速最高,实现产量22.18万吨,同比增长了36.27%;糕点增速位列第二,实现产量12.32万吨,同比增长了14.76%;罐头产量增速第三,实现产量77.20万吨,同比增长11.87%;糖果和乳制品产量分别达到21.21万吨、284.84万吨,分别比上年同期增长了1.53%和1.02%;速冻米面食品回落幅度最大,产量为38.40万吨,同比降低了25.68%。饼干、碳酸饮料、果汁及果汁饮料产量分别为41.89万吨、167.93万吨、134.59万吨,分别比上年同期下降了 18.84%、13.23%、20.16%。

在大多数含糖食品产量同比增长的带动下,再加上 1 月、2 月中央政府和广西区政府分别对食糖三次收储共 110 万吨,国内食糖销售逐步回暖,产销率逐渐提高。据中糖协统计,截至 2009 年 3 月底,全国累计销糖量为 552.91 万吨,比去年同期减少了 89 万吨;累计销糖率为 49.04%,比 2008 年 12 月底累计销糖率提高了 12.45 个百分点,与去年同期相比,仅降低了 2.23 个百分点。图 1-1 结果显示,2008/2009 榨季以来,月度累计食糖销售率一直低于上两个榨季,但一季度以来不断提高,表现出食糖消费的回暖迹象。

3. 政府 120 万吨收储到位,食糖进口大幅增长

在全球金融危机爆发、食品行业整体受挫、上榨季库存较大等因素的影响下,2008/2009 榨季头两个月,食糖价格一直低迷不振,在 3000 元/吨下方徘徊,低于糖厂普遍的完税成本价 3200—3300 元/吨。为了提升糖价,保护农民和制糖企业利益,2009 年 1 月 4 日,国家发改委、商务部等联合下发了《关于下达 2008/2009 榨季国产糖收储计划的通知》,决定分两批实施国家收储计划,第一批 50 万吨,第二批 30 万吨,收储对象为 2008 年 10 月份以后生产的白砂糖,收储基础价格为每吨 3300 元(南宁车板交货价,含税)。1 月 9 日,第一批 50 万吨国储糖收储结束,各库点成交价格均为 3300 元/吨,成交金额 16.5 亿元。2 月 18 日,第二批 30 万吨国储糖收储结束,均价 3398 元/吨,成交金额 10.2 亿元。在中央政府收储的同时,2 月 16 日,广西区政府正式发布了《关于做好 2008/2009 榨季地方 40 万吨食糖收储工作的通知》,决定从 2 月 16 日至 3 月 31 日收储 40 万吨白糖,收储价 3300 元/吨。

食糖进出口贸易方面,2009 年前两个月,我国食糖进口出现较大幅度增长(图 1-2),但因基数较小,对国内食糖供需的影响仍较小。据海关统计,2009 年度 1 月份,我国进口食糖 5.51 万吨,同比增长 139.57%;2 月份,我国进口食糖 15.72 万吨,同比增长 375%。截至 2 月末,本年度累计进口食糖 21.23 万吨,同比增长 249%,其中,一般贸易 11.02 万吨,进料加工贸易 0.32 万吨,保税仓库进出境货物 9.89,一般贸易进口的食糖同比增长

165%。我国食糖仍维持微量出口的局面。据海关统计,截至 2009 年 2 月末,全国累计出口食糖 0.66 万吨,其中,一般贸易 0.22 万吨,来料加工 0.14 万吨,进料加工 0.29 万吨,其他 0.01 万吨。

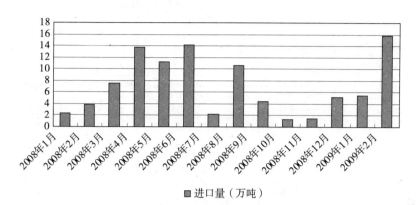

■进口量(万吨)

图 1－2　2008 年以来我国食糖月度进口量

资料来源:中国海关总署。

4. 收储、减产双重利好刺激国内糖价大幅上涨

2008/2009 榨季,对于市场化改革以来的中国食糖市场来说,注定是一个不平凡的年份。2008 年 10 月,迅速恶化的全球金融危机形势将本来处于预势的国内糖价打压至 2600 元/吨左右,这为 2008/2009 榨季的开启布下了浓重的阴影。尽管糖价 2008 年 10 至 11 月初有小幅反弹,但 2008/2009 新榨季开启至 12 月底,受食品安全事件屡屡发生、食糖消费不旺的影响,糖价再次下跌。2009 年一季度以来,受中央、地方共收储 120 万吨白糖和广西减产的双重利好影响,再加上金融危机后国家扩大内需政策的刺激,长期萎靡不振的糖市终于走入上涨通道。2009 年 1 月 4 日,昆明、南宁现货报价分别为 2800 元/吨和 2860 元/吨,至 3 月 29 日,两地现货报价分别涨至 3400 元/吨和 3590 元/吨,涨幅分别为 21.4%和 25.5%(图 1－3)。国内白糖期货价格比现货价格涨幅更大。1 月 5 日至 3 月 31 日,郑交所白糖期货指数收盘价从 2926 元/吨涨至 3821 元/吨,涨幅高达 30.6%。

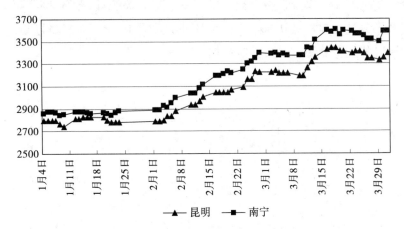

图 1-3 2009 年一季度食糖现货价格走势图(元/吨)

资料来源:根据每日现货报价整理。

(二)全球食糖供需形势与价格走势分析

1. 2008/2009 榨季全球食糖供需缺口持续扩大

德国权威预测机构 F.O.Licht3 月底估计(表 1-2),2008/2009 榨季全球食糖产量将仅能达到 1.574 亿吨,减产 2.4%,是历史上全球食糖产量降幅最大的一年。全球食糖消费量将同比增长 1.5%,增至 1.609 亿吨,2008/2009 榨季供需缺口将达到 350 万吨。这将导致 4 年来全球食糖市场的供求关系首次从供给过剩转变为供给不足。国际糖业组织(ISO)在其 4 月初报告中也表示,由于印度甘蔗的种植面积减少了 10%—15%,印度的食糖产量将很有可能从去年的 2860 万吨减少至 1740 万吨。估计 2008/2009 榨季全球食糖供需缺口将在此前预测的 427 万吨的基础上有所增加。

表 1-2 2008/2009 榨季全球食糖生产与消费预测表

(单位:百万吨,原糖值)

预测机构	预测时间	产量	消费	剩余或缺口(+/-)
国际糖业组织(ISO)	2008 年 8 月 28 日	161.65	165.55	-3.90
F.O.Licht	2008 年 10 月 29 日	161.25	161.72	-2.15

预测机构	预测时间	产量	消费	剩余或缺口(+/-)
国际糖业组织(ISO)	2008 年 11 月 5 日	162.26	165.88	-3.63
国际糖业组织(ISO)	2009 年 2 月 24 日	161.53	165.80	-4.27
F.O.Licht	2009 年 3 月 20 日	157.40	160.90	-3.50

数据来源:根据公开资料整理。

2. 金融危机冲击逐渐消退,国际糖价止跌回升

全球金融危机爆发后,由于国际商品投机基金纷纷迅速回撤资金变现,引发国际食糖价格在短期内剧烈下跌。从 2008 年 9 月 24 日至 10 月 24 日,ICE 11 号原糖期货主力合约 0903 收盘价从 14.55 美分/磅跌至最低点 10.76 美分/磅,一个月内跌幅高达 26%,尽管 10 月底至 11 月初有所反弹,但对食糖消费下滑的担心导致市场信心依旧偏弱,至 12 月 31 日,ICE 11 号原糖期货 0903 合约收盘价为 11.81 美分/磅。2009 年一季度以来,一方面,全球金融危机对食糖市场的冲击逐步减弱,市场发现全球食糖消费所受影响没有预期那么严重;另一方面,印度、中国、泰国等主产国陆续传来的减产消息,使国际食糖供需形势变得日益紧张。在部分主产国大幅减产和食糖消费未受重创的影响下,一季度国际糖价逐步走出了全球金融危机的阴影。2009 年 1 月 2 日至 3 月 31 日,纽约 11 号糖期货价格指数从 12.33 美分/磅涨至 13.45 美分/磅,涨幅达 9.1%。

(三)国内食糖供需格局与价格走势展望

根据历史经验,每年 6 月后该榨季的食糖生产就基本结束。当前离 2008/2009 榨季产糖结束仅有两个月的时间,应该说,食糖供给方面的变数已较小,但食糖需求仍存在诸多不确定因素。另外,考虑到全球经济危机仍未见底,国际原油价格、其他大宗商品价格、国际航运费指数均处在动荡之中,国际食糖价格能往上走多远也难以把握。因此,未来国内食糖价格走势将取决于以下几个因素:

1. 国内食糖减产的幅度大小

从中国糖业协会提供的产销统计数据来看(表1-3),国内食糖减产已成定局,但由于历史上该项统计数据曾多次与最终结果存在出入,因此,最终是否会如中糖协和各地糖协所预计的减产达200—250万吨值得商酌,但真实减产量至少有150万吨。

表1-3 2008/2009 榨季中国食糖供需平衡估计表 (单位:万吨)

项目＼榨季	2007/2008	2008/2009(估计)
上期结转库存	64	149.11
产量	1484.02	1314
一般贸易进口	66.55	70
总供给量	1614.57	1533.11
消费量	1350	1360
国家、地方收储	110	120
出口	5.46	10
总需求量	1465.46	1490
期末库存	149.11	43.11

资料来源:中国糖业协会相关数据与本文估计。

2. 国内食糖消费的增长幅度大小

国内食糖产销率虽然从1月份以来呈现出渐次提高的趋势,但仍低于2006/2007和2007/2008榨季同期的水平。在中国宏观经济逐渐出现回暖迹象、前景依然扑朔迷离的环境下,尽管含糖食品中大部分已在一季度实现产量同比增长,但整个含糖食品行业能否在夏季传统消费高峰期迎来大幅增长,是影响未来国内糖价走势的关键所在。

3. 去年的国储糖在今年下半年轮储或抛储的可能

综合近两年的收储数量,国家储备仓库至少有160万吨的白砂糖。白砂糖的保质期一般是18个月,2008年1—4月收储的50万吨白砂糖到2009年7月即陆续到保质期,因此在7月份之前国家要么采取新糖换旧糖的方式,要么对库存进行抛储。如果用轮储方式,可能因为陈糖价格而压低新糖;如果要抛储,则需要合适的价格,至少是顺价销售。根据储备库存成本分析,轮储或抛储的条件是糖价能涨至 3800 元/吨以上,这一因素将给未来糖价的上涨空间带来一定的压力。

因此,本文认为,在国内食糖减产已成定局,宏观经济形势出现回暖迹象、食糖消费正在从全球金融危机的影响中逐渐恢复的大背景下,2008 年下半年以来的国内食糖市场供给大量过剩的形势将有可能得到缓解,预计 2008/2009 榨季将可能总体处于供需紧平衡状态。2009 年二、三季度,国内食糖价格走势将可能总体呈现偏强格局,但主要取决于 5 月底最终落实的减产数量和国内食糖需求能否在夏季呈现大幅增长。

二、2008/2009 榨季国内外食糖市场
回顾与 2009/2010 榨季展望

2009 年 10 月初,北方甜菜产区新疆、黑龙江、内蒙古等地的糖厂相继开榨,到 11 月中旬,南方甘蔗糖厂也会相继开榨,2008/2009 榨季将完成向 2009/2010 榨季的转换。回顾 2008/2009 榨季,我国食糖市场总体形势可以概括为"两升、一降、一转变",即食糖价格从持续下跌到触底回升,糖厂从面临亏损到利润逐步回升,蔗农收入则出现一定程度下降,食糖供需形势由供过于求向供需紧平衡转变。而国际食糖市场受印度、中国出现大幅减产影响,开始由供过于求向供不应求转变,国际糖价也快速从金融危机的打击中恢复并创下近三十年来的新高。展望 2009/2010 榨季,尽管受到糖料面积缩减和南方秋旱的影响,但由于大部分地区长势依旧好于去年,食糖产量有望持平略增,而国际食糖市场将继续维持供给偏紧的格局。

(一)2008/2009 榨季国内食糖市场形势分析

1. 食糖出现大减产,甜菜糖减产幅度高于甘蔗糖

截至 2009 年 6 月底,2008/2009 榨季食糖生产全部结束,从而进入 7—9 月的几个月纯消费期。受去年初雨雪冰冻以及台风、洪灾和今年部分蔗区干旱等自然因素的影响,2008/2009 榨季我国糖料长势较差,出苗率与糖分偏低,加之去年农资价格过高,农民生产资料投入不足,单产普遍大幅下降,导致了糖料和食糖产量均大幅减产。据中国糖业协会统计(表 1-4),2008/2009 榨季累计产糖量为 1243.12 万吨,与 2007/2008 榨季 1484.02 万吨产量相比,减少了 240.9 万吨,减幅达 16.2%。预计 2008/2009 榨季全国

糖料产量也减少了 1900 万吨左右。

从食糖的原料结构来看,2008/2009 榨季甜菜糖减产幅度高于甘蔗糖。甘蔗糖产量为 1152.99 万吨,同比减少 15.7%,甜菜糖产量为 90.13 万吨,同比减少 22.4%。

从各省(区)增长趋势来看,2008/2009 榨季仅云南实现食糖增产,其他各省(区)均减产,尤其以新疆和广东减幅最大,均超过了 25%。广西产糖 763 万吨,同比减少 18.6%;云南产糖 223.52 万吨,同比增加 3.4%;广东产糖 105.87 万吨,同比减少 27.2%;海南产糖 46.15 万吨,同比减少 10.7%;新疆产量为 41.23 万吨,同比减少 32.1%。

从各省(区)所占份额变化来看,2008/2009 榨季广西、广东、新疆三省(区)产糖量占全国产量的份额略有下降,云南、海南、黑龙江三省所占份额有所上升,其他省区基本无变化。但这种变化对各地产糖量的排名影响不大,与 2007/2008 榨季相比,海南由第五大产糖省上升至第四位,新疆由第四位下滑至第五位。

表 1-4　2008/2009 榨季与 2007/2008 榨季食糖生产对比表

榨季　地区	2007/2008 榨季	2008/2009 榨季	产量增减比例
全国食糖产量	1484.02	1243.12	-16.2%
甘蔗糖产量	1367.91	1152.99	-15.7%
其中:广西	937.20	763.00	-18.6%
云南	216.25	223.52	3.4%
广东	145.35	105.87	-27.2%
海南	51.67	46.15	-10.7%
福建	7.07	5.88	-16.8%
其他	10.37	8.57	-17.4%
甜菜糖产量	116.11	90.13	-22.4%
黑龙江	31.40	28.50	-9.2%
新疆	60.76	41.23	-32.1%
内蒙古	18.00	15.50	-13.9%
其他	5.95	4.90	-17.6%

资料来源:中国糖业协会。

2. 食糖销售前冷后热,含糖食品生产逐步恢复快速增长

2008/2009 榨季的前几个月,由于全球金融危机爆发和蔓延,市场普遍判断食品饮料行业必会受到较大影响,再加上普遍性恐慌情绪,导致国内投机资金从期货市场上疯狂抛糖。同时,用糖企业也普遍观望,不敢购糖,因此销售数据也不甚乐观。截至 2008 年 12 月底,销糖量仅 109.3 万吨,同比减少 76.4 万吨,销糖率仅 36.59%,同比降低 15 个百分点。再加之受到 9 月发生的"三聚氰胺"事件影响,作为主要用糖行业的乳制品行业生产出现大幅下滑,食糖消费受到一定程度影响。因此,食糖价格在榨季之初不断下滑,甚至远远低于糖厂的食糖生产成本。但 2009 年 3 月开始,随着乳制品生产逐步恢复,食糖销售情况开始回暖,尽管绝对销售量依然落后于 2007/2008 榨季同期,但累计产销率开始逐步提高,并在 4 月份之后开始持续高于 2007/2008 榨季同期的产销率。截至 2009 年 9 月末(表 1-5 和图 1-4),本制糖期全国累计销售食糖 1206.15 万吨(上制糖期同期销售食糖 1329.75 万吨),累计销糖率 97.03%,同比增加 7.43 个百分点,其中,销售甘蔗糖 1120.51 万吨(上制糖期同期 1226.89 万吨),销糖率 97.18%(上制糖期同期 89.69%),销售甜菜糖 85.64 万吨(上制糖期同期 102.86 万吨),销糖率 95.02%(上制糖期同期 88.59%)。

表 1-5 2008/2009 榨季与 2007/2008 榨季全国食糖销售进度对比表

项目 / 地区	截至 2009 年 9 月底累计		截至 2008 年 9 月底累计	
	销糖量(万吨)	销糖率(%)	销糖量(万吨)	销糖率(%)
全国	1206.15	97.03	1329.75	89.6
甘蔗糖小计	1120.51	97.18	1226.89	89.69
广东	105.07	99.24	139.75	96.15
广西	758.7	99.44	834.27	89.02
云南	199.41	89.21	195.79	90.54
海南	43.72	94.73	41.3	79.93
福建	5.37	91.33	6.17	87.27
四川	4.98	93.79	5.41	87.68
湖南	1.26	100	2.2	100
其他	2	100	2	100

续表

项目 地区	截至 2009 年 9 月底累计		截至 2008 年 9 月底累计	
	销糖量(万吨)	销糖率(%)	销糖量(万吨)	销糖率(%)
甜菜糖小计	85.64	95.02	102.86	88.59

资料来源:中国糖业协会。

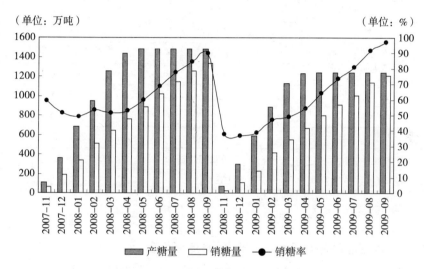

图 1-4 我国食糖产销进度走势对比图

数据来源:中国糖业协会。

食糖销售的好转在消费端——含糖食品的生产变化趋势中也得到了印证。据国家统计局对规模以上企业的统计,2008 年 10 月,尽管 9 大含糖食品类中有 7 个实现了同比增长,但占食糖消费比例较大的乳制品生产同比大幅减少了 28%,冷冻饮品也同比减少了 3.6%;11 月,乳制品产量同比仍然减少 23%,对食糖消费造成了较大冲击。2009 年初,乳制品和冷冻饮品产量回升较快,但有部分含糖食品产量又出现了减少。1—2 月,糖果、糕点、乳制品、罐头、冷冻饮品产量出现增长,饼干、速冻米面食品、碳酸饮料、果汁及果汁饮料、产量均出现回落。进入第二、三季度之后,各类含糖食品生产明显从金融危机的阴影中走出来了。据统计,2009 年 1—9 月,国内主要含糖食品中,糕点、饼干,碳酸饮料类(汽水)糖果、速冻主食品、罐头、碳酸饮料类(汽水)、果汁和蔬菜汁饮料类等与食糖消费有关的食品,累计产量与去年同期相比仍保持增长态势,其中,糖果、速冻主食品、冷冻饮品、果汁和蔬菜汁饮料类1—9月累计产量的同比增幅在10%以上,其他在3%—8%之间(表1-6)。

表1-6 2009年1—9月主要含糖食品生产情况

类别	1—9月累计完成产量(万吨)	同比累计增幅(%)
糕点	68.54	3.39
饼干	234.67	8.92
糖果	95.44	10.11
速冻主食品	170.04	15.94
乳制品	1422.64	8.91
罐头	527.50	3.42
冷冻饮品	207.50	14.83
碳酸饮料类(汽水)	982.31	6.62
果汁和蔬菜汁饮料类	1027.19	11.88

数据来源:国家统计局。

3. 食糖进口量前期大幅上升,后期有所回落

2008/2009榨季,随着国内外食糖价差的波动以及国际海运费价格的波动,食糖进出口形势也出现了较大变化(图1-5)。2008年11月,由于国

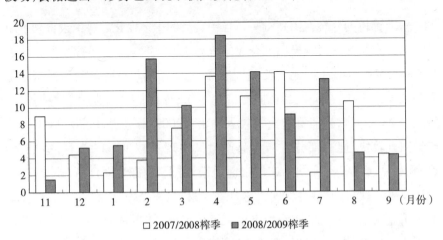

图1-5 2008/2009榨季与2007/2008榨季食糖月度进口量对比

数据来源:中国海关总署。

内食糖价格非常低迷,进口商对于进口食糖自然没有兴趣,当月我国进口食糖仅 1.5 万吨,同比减少 83.2%,12 月份食糖进口虽然环比有所增长,但依然同比基本持平。2009 年 1—5 月,由于贸易加工商对国内食糖价格继续攀升存在预期,加之全球食糖产量大幅下滑,部分进口商在糖价大幅上涨前大量囤货,我国食糖贸易呈现进口猛增的局面。据海关统计,1—5 月,全国累计进口食糖 63.95 万吨,较去年同期增长 66%。6 月份之后,国际糖价的高企使进口成本增加较快,限制了国内食糖进口的扩张,使得食糖进口量出现一定程度的回落。根据海关统计,2009 年 8 月中国进口食糖 45812 吨,同比下降 56.93%;1—8 月累计进口食糖 909029 吨,增幅降至 38.88%。前三季度我国进口食糖 95.3 万吨、同比增长 36.3%,进口额 3.3 亿美元、同比增长 15.1%。

2008/2009 榨季以来,我国食糖进口呈现以下几个特点:一是贸易方式以一般贸易进口为主,保税仓库进出境货物方式进口增长明显。今年 1—9 月,我国食糖一般贸易进口 76.2 万吨,占进口总量的 80.0%;二是国有企业和私营企业进口平分秋色,两者分别占同期我国食糖进口总量的 49% 和 43.9%;三是古巴、巴西和东盟为主要进口来源地。1—9 月累计进口量中,古巴糖 41.5 万吨,占全国进口量的 43.6%,巴西糖 19 万吨,占全国进口量的 20.0%,泰国糖 12.9 万吨,占全国进口量的 13.6%,剩余部分大多为韩国糖、危地马拉糖和阿根廷糖;四是进口食糖品种以原糖为主。1—9 月我国从古巴进口的全部是"甘蔗原糖、未加香料或着色剂",也即我们通常所说的甘蔗原糖,从巴西所进口的食糖 99.99% 为甘蔗原糖,从泰国所进口的食糖品种 90.6% 是原糖,从韩国进口的食糖 98.3% 是砂糖。

4. 农民糖料种植利润下降,2009 年糖料种植面积减少

尽管 2008/2009 榨季我国食糖价格出现较大波动,最低点和最高点出现 1500 元/吨左右的价差,但是对大部分种植糖料的农民在收购价格方面影响不大,尤其是产糖量占全国 60% 以上的广西,该区 2008/2009 榨季蔗农的收购价与 2007/2008 榨季持平,首付价都为 260 元/吨,对应的食糖联动价都为 3800 元/吨,联动系数也都为 6%。据实地调查,大部分农户所种甘蔗都拿到了 15 元/吨左右的良种加价,因而农户所获得的甘蔗收购价稳定

在275元/吨左右。但是,由于2008年农资价格和人工费用大幅上涨,且单产下降,使得吨蔗种植成本大幅上升。根据农业部农村经济研究中心调研组2008/2009榨季对广西60位典型农户的实地调查,2008年农户每亩糖料蔗种植成本为1405.6元,比2007年增加343.4元,增长32.3%;其中化肥每亩投入810元,比2007年增加300元,增长58.8%;人工成本(包括种蔗、田间管理、砍蔗成本,含自家投工折价)每亩373元,比2007年增加40元,增长12%。机耕费也有小幅增长。另外,由于2008年糖料蔗单产下降,典型农户当年每吨蔗平均成本高达319元,比上年212元上升了107元,增幅高达50.5%。2008/2009榨季每亩糖料蔗种植利润从2007/2008榨季的312.8元减少至-195.9元,减收508.7元。国家统计局广西农调总队的数据也显示,广西蔗区2008年亩均总成本为1290.67元,同比增加233.34元,增幅22.07%。农民人均同比减收513.7元,亩均减收332.34元。

种植收益减少打击了蔗农新年度的积极性,再加之广西壮族自治区地方政府5月份出台的2009/2010榨季收购保底价标准下调给农民带来不太乐观的收入预期,2009年我国糖料播种面积有所减少。据各省农业部门统计数据与农业部农情调度,全国糖料面积估计减少了260万亩左右,减幅约10%。

5. 供需格局发生巨大变化,食糖价格先跌后涨

2008/2009榨季,我国食糖价格走势可以分为两个阶段:第一阶段是2008年下半年。受2007/2008榨季食糖严重供过于求和金融危机的影响,我国食糖现货价格长期低迷,曾在2800元/吨附近盘整了近五个月的时间。10月8日,南宁现货商报价2650元/吨,昆明现货商报价2625元/吨,创下了2006年以来糖价的最低点。第二阶段则从2009年初至今。春节以后,由于2008/2009榨季大幅减产预期的逐步落实,中央与地方政府于1、2月分别出台共计120万吨收储计划,再加之食糖消费的逐步回暖,糖价出现了较大程度的反弹回升。1月初,南宁现货商报价2860元/吨,昆明现货商报价2800元/吨,至11月6日,南宁现货商报价已涨至4250元/吨,昆明现货商报价已涨至4150元/吨,涨幅分别达48.6%和48.2%(图1-6)。1月5日,郑州白糖期货近交割月收盘价为2800元/吨,至11月6日收盘,已涨至

4110 元/吨,涨幅达 46.8%。

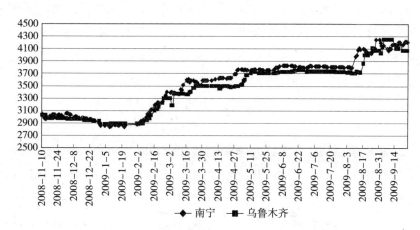

图1-6　2008/2009榨季南宁、乌鲁木齐现货价格走势

数据来源:中国食糖网。

(二)2008/2009榨季国际食糖市场形势分析

1. 受自然灾害影响,大多数食糖主产国纷纷减产

全球食糖供需形势继续恶化。供给方面,主产国的自然灾害给本来就严峻的全球供需形势又点上一把火。巴西中南部持续降雨,已经影响当地的甘蔗砍收和生产工作。持续的降雨不仅延误了生产,而且影响甘蔗质量,特别是含糖量。此外,降雨还推高了甘蔗的生产成本,特别是运输费用。在巴西受降雨困扰的同时,印度却苦于干旱得不到缓解。据印度气象部门统计,今年雨季印度的降雨量较往年平均水平低18%,持续干旱影响了印度的甘蔗生产,世界主要咨询机构也纷纷调低了对印度的产量预期。荷兰Rabobank银行表示,估计2008/2009榨季印度的食糖产量或将较2007/2008榨季缩减45%,仅能达到1450—1500万吨的水平。国际咨询机构Kingsman称,由于雨季的不顺利,印度2009/2010榨季糖产量将为1700万吨或者更低,低于上次预估的1900万吨。与此同时,随着原油价格的回升,乙醇燃料的需求也在提高,由于巴西甘蔗制糖和制酒精之间的"跷跷板"关系,对未来食糖供给也带来了新威胁。巴西圣保罗甘蔗产业联盟(Unica)的

数据显示,今年 7 月份巴西中南部酒精销量达到 20.5 亿升,单月销量创纪录的突破 20 亿升大关。需求方面,主要出口国出口增长依然强劲。据巴西贸易部统计,7 月份巴西的原糖出口量从去年同期的 140 万吨增加到 160 万吨,白糖的出口量从去年同期的 57.79 万吨增至 62.7 万吨。至 7 月末,印度已经签订了超过 260 万吨的白糖进口合同。英国贸易行苏克敦(Sucden)预计印度在 2009/2010 榨季将进口 500 万吨食糖。

2. 食糖供给缺口逐步扩大,国际糖价屡创新高

鉴于对供需形势的分析,国际糖业组织(ISO)9 月 2 日公布的最新一期糖业季度报告中预测(表 1-7),2009/2010 榨季全球糖的供应缺口将达840 万吨,远超此前预测的 450—500 万吨,对于 2008/2009 榨季全球糖缺口的预测也由此前的 780 万吨扩大到 1040 万吨。印度、泰国等亚洲主要产糖国的大幅减产所导致的全球食糖供给紧张,以及受巴西较差的自然环境影响,国际糖价 2009 年以来出现大幅上涨,并创下了近三十年的最高点。从1 月初至 9 月 25 日,美国纽约 11 号糖期货价格指数从 12.33 美分/磅涨至22.53 美分/磅,涨幅高达 82.7%。

表 1-7　国际糖业组织 2008/2009 榨季全球食糖供需预测表

（单位:百万吨,原糖值）

预测机构	预测时间	产量	消费	剩余或缺口(+/-)
国际糖业组织(ISO)	2008 年 8 月 28 日	161.65	165.55	-3.90
国际糖业组织(ISO)	2008 年 11 月 5 日	162.26	165.88	-3.63
国际糖业组织(ISO)	2009 年 2 月 24 日	161.53	165.80	-4.27
国际糖业组织(ISO)	2009 年 5 月 6 日	156.60	164.40	-7.80
国际糖业组织(ISO)	2009 年 9 月 2 日	154.20	164.60	-10.40

数据来源:根据公开资料整理。

(三)2009/2010 榨季国内外食糖市场展望

1. 国内食糖市场形势展望

(1)糖料前期长势良好,但秋旱使新榨季产糖量仍存变数。

尽管全国糖料面积同比减少 10%左右已确认无疑,但从全国主要糖料作物——甘蔗的长势来看,由于 2008/2009 榨季收榨早,田间管理普遍提早半个月,甘蔗前期苗情长势好于去年,每亩苗数也要多于上榨季同期。截至 6 月底,各地糖料苗情长势虽然表现不一,但总体要明显好于去年同期。据国家甘蔗产业技术体系产业经济研究室调研组 7 月底在广西百色市、柳州市、南宁市调研考察了解,广西今年前期甘蔗生长自然条件较好,如果后期不出现较大的秋旱和霜冻灾害,预计广西 2009/2010 榨季甘蔗入榨量能持平或略高于本榨季。但进入 8 月份以后,严重的秋旱对我国糖料蔗主产区广西造成了重大的影响。据国家甘蔗产业技术体系试验站监测调查系统分析,受副热带高压控制影响,8 月以来,在全国超过一半的蔗区均有不同程度的干旱灾害发生,主要受旱地区集中在桂北地区和桂中南部分地区,广东湛江、云南蔗区受旱较少,受旱地区甘蔗长势受影响程度大小不一。9 月份,云南蔗区气候适合甘蔗生长,平均株高、每亩茎数等指标均略高于去年同期。广西甘蔗生长虽然仍受到干旱威胁,但"巨爵"号热带风暴给大部分蔗区带来了一次降雨,蔗区旱情较 8 月有所缓解,生长速度明显快于 8 月份,但平均株高较去年同期略矮。因此,总体来看,尽管新榨季即将开启,由于气候的不确定性,甘蔗入榨量和食糖产量仍存变数,但就目前情况来看,新榨季产糖量略有增长的概率较大,预计会在 1250—1300 万吨区间内。

(2)食糖消费仍会保持增长。

据国家统计局等机构 9 月公布的宏观经济数据,8 月份的国内宏观经济指标呈现以下几大亮点。一是工业生产已经连续四个月加快增长;二是发电量已经连续三个月实现增长;三是城镇固定资产投资增速连续五个月保持在 30%以上的增速;四是社会消费品零售总额有所加快;五是全国制造业采购经理指数(PMI)连续六个月位于临界点 50%以上,表明制造业经济总体持续稳步回升。种种宏观经济指标的持续好转表明,未来中国经济将继续回暖,回升速度有望进一步加快。中国社会科学院 10 月 10 日发布的《中国经济形势分析与预测 2009 年秋季报告》,预测今年中国 GDP 增长速度将达到 8.3%左右。

随着宏观经济形势的好转和居民消费支出的增长,再加之乳制品行业进入恢复性增长通道,九大含糖食品产量有望在 2009/2010 榨季出现全面快速增长的趋势,居民用糖有望在稳中有所中攀升,整个食糖消费的增长率将有所提高。预计消费量将达到1400万吨左右。

(3)国内食糖价格有可能在高位回调后进入区间盘整。

随着8、9月份销糖的结束,2008/2009榨季已基本结束,目前已进入新旧榨季接替时机。国内糖价在失去利好产销数据、减产以及国际糖价猛涨等利多因素的支撑后,目前支撑糖价再次大幅上涨的利多因素已经非常少。随着北方甜菜糖在近期进入市场,加上国家在2008年1月共收储的28.25万吨白糖越来越临近最后的保质期,国储后期抛售储备糖的可能性加大,因此,糖价在近期高位回调的压力正逐步凸显出来。但是,考虑到整个2009/2010榨季我国食糖都将处于紧平衡状态,食糖价格大幅下跌的可能性不大,预计将会在高位回调后维持在3800—4200元/吨区间内。

2. 国际食糖市场形势展望

从9月底10月初的情况来看,虽然天气反常导致印度食糖大幅减产、墨西哥的食糖产量低于预期、巴西生产滞后等因素继续对糖市形成支撑,但这些利好消息曾一度使国际糖价创出三十年高点,随着市场对利好消息的消化,后市继续上涨的动力出现不足。且随着利润空间的加大,各国食糖供给的潜力正在逐步释放。法国甜菜种植组织(CGB)预计2009/2010榨季欧盟的食糖产量增至1684万吨,新榨季欧盟的出口量最高可达137万吨,超出WTO目前限定的65万吨。CGB还表示,由于糖价的走高,明年春天法国将会扩大甜菜的种植面积。因此,当前国际食糖价格短期内也面临着回调的压力,整个2009/2010榨季的供需形势和价格走势还受到后期巴西、印度、中国、泰国等食糖生产大国天气变化等自然因素的影响。

三、2009 年上半年我国食糖市场分析展望报告

截至 2009 年 6 月底,我国食糖 2008/2009 榨季全部结束,2009 年糖料播种也已完成。在 2008/2009 榨季开榨以来的半年多时间里,我国糖料与食糖供需格局与贸易形势发生了较大变化,价格走势也呈现大幅波动,对 2009/2010 榨季糖料和食糖生产带来较大影响。

(一)上半年我国糖料与食糖市场状况分析

与 2008 年下半年相比,今年上半年我国食糖市场总体形势可以概括为"四个转向":供需形势由供过于求转向供求紧平衡;贸易形势由"小进小出"转向"大进小出";价格走势由大幅下跌转向触底回升,农民成本收益状况由略有盈利转向有所亏损。

1. 产量大幅减少,消费逐步回暖

受去年初雨雪冰冻以及台风、洪灾和今年部分蔗区干旱等自然因素的影响,2008/2009 榨季我国糖料长势较差,出苗率与糖分偏低,加之去年农资价格过高,农民生产资料投入不足,单产普遍大幅下降,导致了糖料和食糖产量均大幅减产。据中国糖业协会和各省糖协统计,截至 2009 年 6 月底(图 1－7),我国 2008/2009 榨季全部结束,累计产糖量为 1243.12 万吨,与 2007/2008 榨季 1484.02 万吨产量相比,减少了 240.9 万吨,减幅达 16.2%。预计 2008/2009 榨季全国糖料产量也减少了 1900 万吨左右。

食糖消费方面。2008 年下半年,由于受到全球金融危机爆发与"三聚氰胺"等食品安全事件的双重影响,作为食糖主要消费端的甜食、饮料和奶

（单位：万吨）

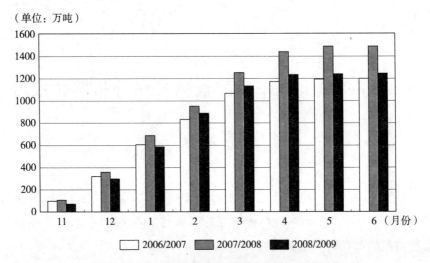

图1-7　近三个榨季我国食糖月度累计产量对比

数据来源：中国糖业协会。

制品工业出现产量下降，因此，2008/2009榨季头几个月，食糖销售非常低迷。截至2008年12月底，2008/2009榨季全国累计产销率为36.59%，同比降低了25个百分点。2009年上半年以来在中央和广西地方收储120万吨白糖的刺激下，再加之国家有关宏观经济政策逐步传导至含糖食品工业，

（单位：%）

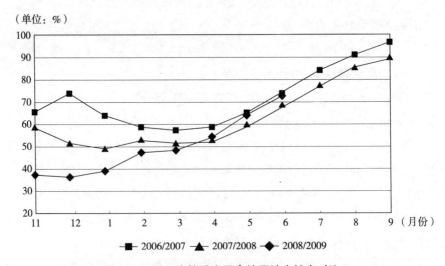

图1-8　近三个榨季中国食糖累计产销率对比

数据来源：中国糖业协会。

食糖消费形势明显好转。截至 2009 年 6 月末,本制糖期全国累计销售食糖 912.73 万吨,累计销糖率 73.42%,比去年同期提高了 5.91 个百分点(图 1-8)。根据国家统计局对规模以上企业的统计,2009 年 1—5 月,国内主要 含糖食品中,除了饼干,碳酸饮料类(汽水)、糕点、糖果、速冻主食品、乳制 品、罐头、果汁和蔬菜汁饮料类等与食糖消费有关的主要食品,累计产量与 去年同期相比仍保持增长态势,其中,糖果、速冻主食品、果汁和蔬菜汁饮料 类累计产量的同比增幅在 10% 以上,其他都在 10% 以下。

2. 进口猛增,出口略增

2009 年上半年以来,由于贸易加工商对国内食糖产量具有大幅减产的 预期,加之全球食糖产量大幅下滑,部分进口商在糖价大幅上涨前大量囤 货,我国食糖贸易呈现进口猛增、出口减少的局面。根据海关统计(图 1- 9),2009 年 1—5 月,全国累计进口食糖 63.95 万吨,较去年同期增长 66%, 进口继续保持大幅增长的趋势。已完成进口量占今年进口关税配额量 194.5 万吨的 32.9%。其中,一般贸易 50.04 万吨,同比增长 52.8%,来料 加工 0.02 万吨,进料加工 3.76 万吨,边境小额贸易 0.2 万吨,保税仓库进 出境货物 9.89 万吨;1—5 月全国累计出口食糖 2.6 万吨,较去年同期增长 14%。其中,一般贸易 0.85 万吨,同比增长 2.4%,来料加工 0.35 万吨,进

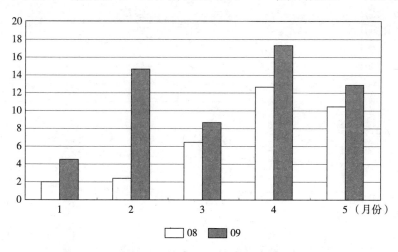

图 1-9　2008 和 2009 年 1—5 月单月食糖进口量对比

数据来源:中国海关总署。

料加工 1.39 万吨,其他 0.01 万吨。

3. 糖价走出低谷,逐步反弹回升

2008/2009 榨季,我国食糖价格走势可以分为两个阶段:第一阶段是 2008 年下半年。受 2007/2008 榨季食糖继续增产和金融危机的影响,我国食糖现货价格长期低迷,曾在 2800 元/吨附近盘整了近五个月的时间。第二阶段则从 2009 年初至今。春节以后,由于 2008/2009 榨季大幅减产预期的逐步落实,中央与地方政府于 1、2 月分别出台共计 120 万吨收储计划,再加之食糖消费的逐步回暖,糖价出现了较大程度的反弹回升。1 月初,南宁现货商报价 2860 元/吨,昆明现货商报价 2800 元/吨,至 7 月 6 日,南宁现货商报价已涨至 3820 元/吨,昆明现货商报价已涨至 3695 元/吨,每吨上涨均达到近 1000 元,涨幅分别达 33.6% 和 32.0%(图 1-10)。1 月初,郑州白糖期货价格指数为 2926 元/吨,至 7 月 6 日已涨至 4164 元/吨,涨幅达 42.3%(图 1-11)。另外,印度、泰国等亚洲主要产糖国的大幅减产所导致的全球食糖供给紧张与国际糖价大幅上涨也带动了我国糖价的快速反弹。从 1 月初至 7 月 6 日,美国纽约 11 号糖期货价格指数从 12.33 美分/磅涨至 17.44 美分/磅,涨幅高达 41.4%。

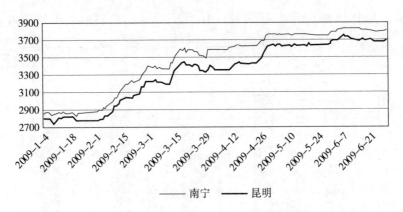

图 1-10　2009 年 1—6 月现货每日报价走势

数据来源:中国食糖网。

图 1-11　2009 年 1—6 月郑州白糖指数单日报价走势

数据来源:郑州商品交易所。

4. 农民种植积极性下降,新榨季糖料面积缩减

尽管 2008/2009 榨季后半段糖价出现大幅回升,但由于农资价格上涨过快,大部分农民出售糖料的时间较早,农民纯收入出现了较大幅度下降。一方面,2008 年农资价格和人工费用大幅上涨,使得植蔗成本大幅上升。根据国家甘蔗产业技术体系、农业部农村经济研究中心 2008/2009 榨季广西典型农户实地调查(表 1-8),2008 年典型农户每亩糖料蔗种植成本为1405.6 元,比 2007 年增加 343.4 元,增长 32.3%;其中化肥每亩投入 810元,比 2007 年增加 300 元,增长 58.8%;人工成本(包括种蔗、田间管理、砍蔗成本)每亩 373 元,比 2007 年增加 40 元,增长 12%。机耕费也有小幅增长。另外,由于 2008 年糖料蔗单产下降,典型农户当年每吨蔗平均成本高达 319 元,比上年 212 元上升了 107 元,增幅高达 50.5%。另一方面,受2008/2009 榨季前半段(2008 年 11 月至 12 月)糖价低迷影响,部分地区甘蔗收购价下降。对于政府直接定价的广西区,蔗农尚能拿到与 2007/2008榨季持平的保底蔗价 275 元/吨。但在蔗区、价格全面放开的广东湛江等地,整个榨季甘蔗平均收购价则要低于 2007/2008 榨季。成本上升、收入下降,再加之单产出现下降,蔗农利润空间受到两头挤压,处于亏损状态。据国家甘蔗产业技术体系、农业部农村经济研究中心典型农户调查(表 1-9),2008/2009 榨季每亩糖料蔗种植利润从 2007/2008 榨季的 312.8 元减少至到-195.9 元,减收 508.7 元。广西壮族自治区农调总队的数据也显示,广西蔗区的农民人均同比减收 513.7 元,亩均减收 332.34 元。种植收

益减少乃至亏损严重打击了蔗农新年度的积极性,再加之广西等地方政府5月份出台的2009/2010榨季收购保底价标准下调给农民带来不太乐观的收入预期,2009年我国糖料播种面积有所减少。据各省农业厅、糖协估计,广西糖料蔗面积减少约100万亩,云南减少约14万亩,广东减少约20万亩,海南减少约5万亩,北方甜菜区约减少120万亩,全国糖料面积估计将减少259万亩左右,减幅约10%。

表1-8 2008/2009榨季与2007/2008榨季典型农户成本数据对比

项目＼榨季	2007/2008榨季(元/亩)	2008/2009榨季(元/亩)
种子	66.6	66.6
化肥	510	810
农药	30	30
机耕费	36.6	40
农膜	30	30
人工费(种蔗环节)	33	33
人工费(田间管理)	50	50
人工费(砍收环节)	250	290
其他成本(培土)	20	20
捆蔗用麻皮	36	36
成本总计	1062.2	1405.6

数据来源:根据广西崇左等地蔗区实地调研整理。

表1-9 2008/2009榨季与2007/2008榨季典型农户成本收益情况对比

项目＼榨季	2007/2008榨季	2008/2009榨季
每亩成本(元)	1062.2	1405.6
单产(吨/亩)	5	4.4
收购价(元/吨)	275	275
每亩收益(元)	1375	1210
每亩利润(元)	312.8	−195.6

数据来源:根据广西崇左等地蔗区实地调研整理。

（二）下半年食糖供需形势与市场走势预测

2008/2009 榨季收榨之后，从 7 月份起至 11 月中旬，我国进入食糖纯消费期和下一榨季糖料生长期，因此，食糖产量虽然已定格在 1243.12 万吨，但天气影响下的糖料生长状况变化将影响 2009/2010 榨季产量预期，从而对未来几个月的市场走势带来影响。从糖料蔗主产省区农业部门了解的情况来看，甘蔗苗情长势要好于去年同期，但差于前年同期，考虑到今年糖料种植面积有所减少，预计如果未来几个月不出现较大的旱、涝、冻等自然灾害和病虫害，2009/2010 榨季产糖量能达到 1300 万吨以上，但仍然会明显低于 2007/2008 榨季 1484 万吨的产量。而随着夏季食糖消费期的到来，消费将替代生产成为影响下一步市场价格走势的最主要因素。由于上半年我国主要含糖食品产量保持持续稳定增长，制糖企业食糖销售率出现明显提高，再加之宏观经济企稳回升对未来食品消费的带动作用，预计 2008/2009 榨季食糖消费量将达到 1360 万吨。根据上述产量、消费量预计，结合对进出口量的预计以及政府储备量(表 1-10)，2008/2009 榨季总供给量约为 1472.23 万吨，总需求量约为 1485 万吨，供给缺口达 12.77 万吨。因此，预计 2009 年下半年国内食糖供需格局偏紧，食糖价格将维持在 3800—4000 元/吨的区间内运行，但如果天气等自然因素变化导致 2009/2010 榨季产量的预期发生变化，也可能对下半年食糖市场价格走势带来新的不确定因素。

表 1-10　2008/2009 榨季中国食糖供需平衡表预计　（单位:万吨）

项目 \ 榨季	2007/2008	2008/2009（估计）
上期结转库存	64	149.11
产量	1484.02	1243.12
一般贸易进口	66.55	80
总供给量	1614.57	1472.23
消费量	1350	1360
国家、地方收储	110	120

续表

项目 ＼ 榨季	2007/2008	2008/2009(估计)
出口	5.46	5
总需求量	1465.46	1485
期末库存	149.11	−12.77

资料来源:中国糖业协会相关数据与本文估计。

七、2010/2011 榨季国内外食糖市场
回顾与 2011/2012 榨季展望

2010 年 9 月 29 日,国内首家开榨的糖厂——新疆绿翔糖业有限公司正式拉开 2010/2011 榨季的生产序幕;而伴随着 2011 年 5 月 30 日临沧双江南华糖业有限公司的顺利收榨,2010/2011 榨季全国食糖生产工作全部结束。至此,全国食糖产量终成定论,随即而进入的是食糖的纯销售期。2011/2012 新榨季即将于 2011 年 9 月底 10 月初开启,本文在回顾 2010/2011 榨季国内外食糖供需形势和价格走势变化的基础上,对 2011/2012 榨季食糖市场状况进行展望。

(一)2010/2011 榨季国内食糖供需形势与价格走势回顾

1. 糖料生产遭遇不利天气,食糖小幅减产

截至 2011 年 5 月 30 日,全国 2010/2011 榨季食糖生产全部结束。据中国糖业协会统计(表 1-24),本榨季全国共生产食糖 1045.42 万吨,较上榨季的 1073.83 万吨减少 2.65%。其中,产甘蔗糖 966.04 万吨,较上榨季的 1013.83 万吨减少 47.79 万吨,减幅达 4.71%;产甜菜糖 79.38 万吨,较上榨季的 60 万吨减少 19.38 万吨,减幅高达 32.3%。从各主产区情况来看,广西产糖 672.8 万吨,较上榨季的 701.2 万吨减少 28.4 万吨,减幅为 4.05%;云南产糖 176.14 万吨,较上榨季的 177.15 万吨减少 1.01 万吨,减幅 0.57%;广东是唯一实现糖产量增加的省份,本榨季产糖 87.2 万吨,同比多产糖 1.43 万吨,增幅 1.67%;海南省累计产糖 22.64 万吨,同比减少 9.17 万吨,减幅达到 28.83%。而北方甜菜糖产区糖产量较上榨季均有所增长,

黑龙江和内蒙古本榨季的食糖产量同比分别增加 85.74% 和 58.35%。

表 1-24　2010/2011 榨季与 2009/2010 榨季食糖生产对比表

地区 ＼ 榨季	2010/2011 榨季	2009/2010 榨季	产量增减幅度
全国合计	1045.42	1073.83	-2.65%
甘蔗糖小计	966.04	1013.83	-4.71%
广东	87.2	85.77	1.67%
其中：湛江	77.64	73.03	6.31%
广西	672.8	710.2	-5.27%
云南	176.14	177.15	-0.57%
海南	22.64	31.81	-28.83%
福建	1.96	3.48	-43.68%
四川	1.5	2.45	-38.78%
湖南	1.48	1.47	0.68%
其他	2.32	1.5	54.67%
甜菜糖小计	79.38	60	32.30%
黑龙江	18.37	9.89	85.74%
新疆	42.6	38.44	10.82%
内蒙古	11.1	7.01	58.35%
河北	3.81	3.16	20.57%
其他	3.5	1.5	133.33%

数据来源：中国糖业协会。

　　去年干旱、霜冻以及今年春旱的不利天气，对 2010/2011 榨季甘蔗的留种及种植都造成了困扰，甘蔗单产降低、产量下降，后期雨水偏多更影响了甘蔗的糖分积累，甘蔗出糖率普遍下降，导致本榨季呈现自 2008/2009 榨季以来连续第三年减产。以云南为例，上榨季云南甘蔗含糖分达 14.97%，产糖率 12.98%，而本榨季的甘蔗平均含糖分仅达 14.30%，平均产糖率仅达12.25%，产糖率下降 0.73%。此外，虽然近两个榨季以来国内糖价偏高，但因其成本也相应上涨、其他经济作物的比较效益更高，加之土地资源有限，甘蔗种植面积增加有限。

2. 累计销售食糖 759.35 万吨,同比减少 3.11%

截至 2011 年 6 月底,本榨季全国累计销售食糖 759.35 万吨,较上榨季的 783.75 万吨减少 24.4 万吨,减幅 3.11%;累计产销率 72.64%,较上榨季的 72.99% 微降 0.35 个百分点,与上榨季基本持平。其中,销售甘蔗糖 694.87 万吨,较上榨季的 738.21 万吨减少 5.87%,产销率 71.93%,较上榨季的 72.81% 下降 0.88 个百分点;销售甜菜糖 64.48 万吨,较上榨季的 45.54 万吨增加 41.59%,产销率 81.23%,较上榨季的 75.90% 增长 5.33 个百分点(见表 1-25 和图 1-25)。6 月份当月销售食糖 104.6 万吨,同比减少 2.7 万吨,但考虑到 5 月底有 25 万吨的国储糖进入 6 月销售,6 月的实际销量有所增加,因此工业销量的同比减少并不意味着食糖消费的萎缩。另一方面,尽管近两个月食糖销售较前期明显回暖,但仍然未能完全弥补前期减少的销量。

表 1-25　截至 6 月底,2010/2011 榨季与 2009/2010 榨季销糖量与产销率对比

项目 地区 榨季	累计销糖量(万吨)		产销率(%)	
	2010/2011 榨季	2009/2010 榨季	2010/2011 榨季	2009/2010 榨季
全国	759.35	783.75	72.64	72.99
甘蔗糖小计	694.87	738.21	71.93	72.81
广东	70.94	73.77	81.35	86.01
其中:湛江	62.14	61.03	80.04	83.57
广西	492.8	531.7	73.25	74.87
云南	112.94	107.48	64.12	60.67
海南	13.19	19.84	58.26	62.37
福建	0.54	1.35	27.55	38.79
四川	1.06	1.1	70.67	44.90
湖南	1.48	1.47	100.00	100.00
其他	1.92	1.5	82.76	100.00
甜菜糖小计	64.48	45.54	81.23	75.90

数据来源:中国糖业协会。

国家统计局公布的数据显示(表 1-26),2011 年 1—5 月份,我国含糖食品产量同比大幅增加。其中,糖果产量累计为 84.6 万吨,累计同比增加

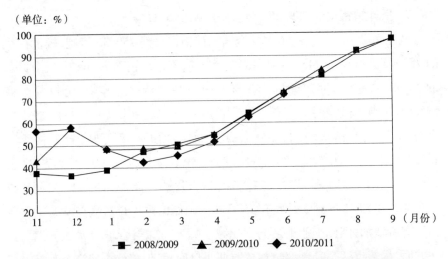

（单位：%）

图 1－25 2008/2009 至 2010/2011 榨季我国食糖月度累计产销率对比图

数据来源：中国糖业协会。

35.36%,增幅位居首位;碳酸饮料产量累计为 564.3 万吨,同比增加 22.28%,增幅位居第二。5 月份当月,碳酸饮料、冷冻饮品和乳制品产量环比增加。其中,碳酸饮料产量为 131.8 万吨,环比增加 22.26%;冷冻饮品产量为 29.9 万吨,环比增加 15.44%;乳制品产量为 185.4 万吨,环比增加 0.82%;糖果产量为 14 万吨,环比减少 25.93%,但与 2010 年同期持平。

表 1－26 2011 年 1—5 月份主要含糖食品产量增长情况

（单位:万吨,%）

类别	5 月	上年5 月	同比（%）	4 月	环比（%）	1—5 月累计	上年 1—5 月累计	累计同比（%）
糖果	14	14	0.00	18.9	−25.93	84.60	62.5	35.36
速冻主食品	23.8	22.3	6.73	24.5	−2.86	123.2	115.8	6.39
乳制品	185.4	174.7	6.12	183.9	0.82	866.9	821.1	5.58
罐头	63.5	61.7	2.92	64.3	−1.24	305.1	275.52	10.86
碳酸饮料类	131.8	91.7	43.73	107.8	22.26	564.3	461.5	22.28
果汁及蔬菜汁饮料	149.6	134.5	11.23	160.4	−6.73	734.4	606.8	21.03

类别	5月	上年5月	同比（%）	4月	环比（%）	1—5月累计	上年1—5月累计	累计同比（%）
冷冻饮品	29.9	28.3	5.65	25.9	15.44	105.9	97.6	8.5

数据来源：国家统计局。

3. 本榨季已累计投放六批共计 126.68 万吨国储糖，食糖进口量同比大幅增加 143.28%

本榨季以来，国内食糖价格持续高位运行，为保证市场价格平稳，国家发改委会同商务部、财政部共向市场投放了六批数量为 126.68 万吨的国家储备糖（见表 1-27）。另据国家发改委公布的计划，后期还会有国储糖进入市场，本榨季食糖市场总共将实现 156.88 万吨的国储糖投放量。由于市场存在的供给缺口以及国内外食糖价差的长期存在，国内食糖进口愈加活跃。据中国海关总署公布的数据（图 1-26），2010/2011 榨季截至今年 5月份，我国累计进口食糖 81.06 万吨，较去年同期的 33.32 万吨大幅增加47.74 万吨，增幅 143.28%；累计出口食糖 5.07 万吨，比去年同期的 20.36万吨大幅减少 15.29 万吨，减幅 75.10%。食糖进口大幅增加，出口大幅萎缩，进口量远远大于出口量。

2011 年 1—5 月份，中国累计进口食糖 40.97 万吨，同比大幅增长84%。进口食糖结构为：一般贸易 36.13 万吨，来料加工 0.34 万吨，进料加工 3.89 万吨，保税区仓储转口货物 0.60 万吨，其他 0.01 万吨。累计出口食糖 2.8035 万吨，较去年同期下滑 47.2%，出口食糖结构为：一般贸易0.95 万吨，来料加工 0.40 万吨，进料加工 0.91 万吨，保税区仓储转口货物0.54 万吨，其他 0.01 万吨。

表 1-27　2010/2011 榨季六批国家储备糖投放情况

投放批次	投放时间	投放数量	竞卖底价	成交数量	成交价格
第一批	2010.10.22	21 万吨	4000 元/吨	21.68 万吨	6679.83 元/吨
第二批	2010.11.22	20 万吨	4000 元/吨	20 万吨	6288.43 元/吨
第三批	2010.12.22	20 万吨	4000 元/吨	20 万吨	6866.56 元/吨

续表

投放批次	投放时间	投放数量	竞卖底价	成交数量	成交价格
第四批	2011.02.28	15 万吨	4000 元/吨	15 万吨	7423.56 元/吨
第五批	2011.05.31	25 万吨	4000 元/吨	25 万吨	6862.55 元/吨
第六批	2011.07.06	25 万吨	4000 元/吨	25 万吨	7357 元/吨

数据来源:华商储备管理中心。

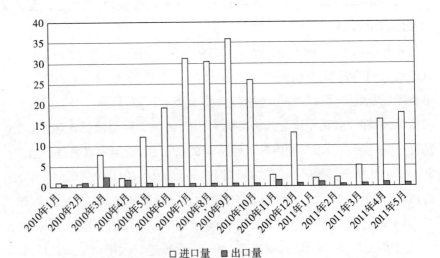

图 1-26 2010 年 1 月以来我国食糖月度进出口量情况(万吨)

数据来源:中国海关总署。

4. 国内糖价高位运行,糖料种植农户明显增收

本榨季开启以来至今年二季度,国内糖价经历了上涨—下跌—上涨—震荡下跌—盘整上升五个阶段。

第一次上涨阶段:2010 年 10 月至 11 月上旬。产区库存的薄弱、供应的紧张几乎贯穿 2010 年 10 月和 11 月,这也直接导致期间的食糖现货价格自国庆节后突破 6000 元/吨后一路狂飙,周涨幅达 300 元/吨,产销区糖价进入 6000 元/吨后不久就快速靠近 7000 元/吨。11 月,现货供应紧张的状况并未能因食糖主产区的开榨而缓解,食糖现货价格在 7300 元/吨上方的高位持稳,其中新糖价格持续在 7600 元/吨以上高位运行。

下跌阶段:11月中旬至12月底。11月中旬,由于国家出台一系列针对农产品期货市场的政策,白糖期货价格开始大幅下跌,在新糖上市量逐渐增多的背景下,糖价回落到7000元/吨以下,并在6600元/吨获得支撑。之后一直到2011年1月中旬,都基本在7000元/吨左右徘徊,涨势明显滞后于期货市场。现货滞涨的原因主要是产区进入开榨高峰期,新糖上市步伐加快,市场供应量充裕,而且市场需要消化11月和12月的连续两次国储糖拍卖,现货市场阶段性的供大于求格局形成。

第二次上涨阶段:2011年1月下旬至2月中旬。1月下旬,糖价出现明显上涨,月底到达7150元/吨以上。2月初,糖价继续攀升,在月中到达7300元/吨以上后逐渐回调。

震荡下跌阶段:2月下旬至5月上旬。受2月28日国家抛售第四批15万吨白砂糖的影响,2月底糖价下跌到7150元/吨。之后的3月份、4月份,由于国际糖价探底以及国家投放储备糖的双重利空使国内糖市经受了严峻考验,加之国内外食糖价格倒挂明显,国内糖价一路震荡中下跌。自2月11日的7548元/吨至5月6日的6484元/吨,本阶段糖价累计下跌14.10%。

盘整上升阶段:5月中旬至6月底。5月的两次探底为糖价的上涨奠定了坚实的基础,6月份随着气温的升高,国际糖价不断走高,国内销售形势进一步好转。在业界的乐观预期中,国内糖价承接五月的反弹势头继续攀升。在6月糖价的上涨中,国内现货市场的推动作用并不显著,最大的动力来自于国际市场。国际糖价从原先与国内的严重倒挂到后来的出现升水,在很大程度上压缩了国内糖价下跌的空间。在这个国内供应存在缺口、严重依赖于进口糖和国储糖的敏感时期,国际糖价重回30美分/磅无疑将国内糖价运行的底部大大抬高。

与期货价格的大幅起落不同,本榨季的食糖现货价格长时期维持在7000元/吨以上的高位运行,各省制糖企业纷纷通过糖价联动政策提高了对蔗农的糖料收购价格,促使糖农增收。广西壮族自治区对2010/2011榨季糖料蔗收购价格实行了两次提前挂钩联动,使全区糖料蔗种植收入达到354.29亿元,同比增加收入71.31亿元,为广西有史以来糖料蔗收益最好的榨季;广东物价部门发文核定的本榨季第六期二类品种(平价蔗)甘蔗收购指导价为 460 元/吨(田头价,不含运费),各类品种价格可在指导价标准的基础上下浮动 5%的范围内由制糖企业自行制定;云南双江 2010/2011 榨季甘蔗收购价平均每吨达 360 元,比上榨季的每吨 306.79 元增加 53.21 元,增长 17.34%;海南的糖企亦大幅反哺蔗农,高糖价刺激蔗农种植增加,或使 2011/2012 榨季植蔗面积恢复至 100 万亩。

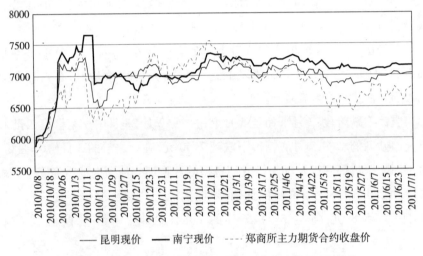

图 1-27 2010/2011 榨季食糖期现货价格走势图(元/吨)

数据来源:根据每日现货、近月期货报价数据整理。

(二)全球食糖供需形势分析与价格走势回顾

1. 国际食糖市场供需平衡格局由松偏紧,目前较为乐观

2010/2011 榨季初期,各主要机构普遍预测全球各主产国将大幅增产,然而随着世界多个主产国频受灾害天气影响,产量预期不断下调(表 1-28)。2011 年 2 月,国际糖业咨询机构 Kingsman 预测 2010/2011 榨季全球糖市产需缺口 280 万吨,国际糖市将连续三个榨季产不足需。2 月 28 日,国际糖业组织(ISO)将 2010/2011 榨季全球食糖市场供给过剩量下调至 19.6 万吨,供求基本平衡。至 3 月底,良好的天气条件使得巴西、印度、泰国等食糖生产前景重新转为向好。ABN Amro 银行 3 月 29 日认为,2011 年全球食糖供给偏紧的格局没有早些时候预期的那样严重,全球食糖市场的

供给缺口可能仅有 145 万吨左右(原糖值),只相当于早些时候预期的一半左右。虽然该机构仍然认为 2010/2011 年榨季全球食糖市场会供不应求,但其预测的供需缺口却在大幅缩小。

当前,全球食糖市场增产预期愈发强烈。7 月 13 日,巴西圣保罗州蔗产联盟(Unica)表示,巴西 6 月下旬中—南部食糖生产进度加快,6 月 16 日至 6 月 30 日期间,巴西中—南部地区食糖产量从上榨季同期的 255 万吨增加到 258 万吨;同日印度食品部部长也表示,由于主产区产量有望增加,估计拟于 9 月份结束的 2010/2011 榨季印度食糖产量有望从前期预测的 2420 万吨小幅增加到 2450 万吨。同时根据市场方面的消息,2010/2011 榨季截至 6 月 19 日,泰国已产糖 999.7 万吨(原糖值),远高于 2009/2010 榨季同期 720 万吨的产量。巴西由于雨水偏多可能导致的食糖产量潜在的减少部分完全可以被印度和泰国食糖的增产所填补。

表 1-28　2010/2011 榨季全球食糖生产与消费预测表

(单位:百万吨,原糖值)

预测机构	预测时间	产量	消费	剩余或缺口(+/-)
Kingmsan SA	2010 年 10 月 28 日	—	—	2.00
国际糖业组织(ISO)	2010 年 11 月 17 日	169	167.71	1.29
F.O.Licht	2010 年 11 月 18 日	—	—	1.70
Czarnikow	2010 年 11 月 29 日	—	—	-2.80
Kingmsan SA	2010 年 12 月	165.14	165.51	-0.37
ABN Amro 银行	2010 年 12 月 10 日	162.27	165.26	-2.99
Kingsman	2011 年 2 月	—	—	-2.80
国际糖业组织(ISO)	2011 年 2 月 28 日	168	167.8	0.196
Czarnikow	2011 年 3 月 1 日	165.6	168.7	-3.7
F.O.Licht	2011 年 3 月 22 日	166.90	165.60	1.30
ABN Amro 银行	2011 年 3 月 29 日	163.81	165.26	-1.45

数据来源:根据公开资料整理。

2. 国际糖价先扬后抑,5 月初开始重新上涨

本榨季初,世界各主要产糖国产糖量预期不断下调,致使国际糖价一路

上扬,虽然2010年11月中旬经历短暂调整,但糖价上涨趋势不改,至2011年2月2日美糖11号主力合约价格达到35.31美分/磅的最高点。之后,在巴西、印度、泰国等国家食糖纷纷增产消息的影响下,国际糖价开始下跌,2011年5月6日美糖11号主力合约价格触底20.47美分/磅低点。之后,现货需求旺盛、主产国发运不畅以及巴西食糖减产的预期完全遮蔽了巴西食糖产量潜在的减少部分完全可以被印度和泰国食糖增产填补的事实,纽约和伦敦两大期糖市场连续8周大幅上涨(图1-28)。生产和运输方面,至6月底,巴西港口拥堵仍未缓解,待运糖船增至75艘,两港口等待出口食糖增至43.5万吨,泰国港口也因船只搁浅堵塞,食糖发运不畅。同时,由于甘蔗品种老化和产量降低,巴西中—南部食糖产量将从先前预期的3400万吨下调至3300—3350万吨。此外,今年雨季提前来临,威胁到印度2011/2012榨季的生产。消费方面,伊斯兰国家斋月来临前白糖现货需求旺盛,有消息称欧盟可能进口50万吨白糖,而澳大利亚也将通过原糖进口弥补国内供应不足。

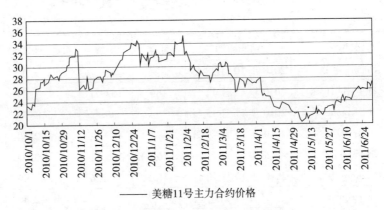

—— 美糖11号主力合约价格

图1-28　2010/2011榨季美糖11号主力合约价格走势图(美分/磅)
数据来源:根据每日期货报价整理。

(三)2011/2012榨季国内外食糖供需形势与价格走势展望

1. 国内糖价将持续高位运行,但能否创出新高取决于明年产量预期

截至6月底,全国食糖工业库存286.07万吨,同比减少4万吨,为五个榨季以来的最低水平（最近五个榨季的工业库存基本都在 300 万吨以上），月均供应量将不到 100 万吨，国内食糖供需紧平衡。随着国内糖市连续第三个榨季减产，今年的供求矛盾达到了顶点，供应量的紧张决定了国内糖价将持续高位运行。当前国际糖价一路飙升，进口糖成本已经超越国内糖价，大大化解了市场对进口糖冲击国内糖市的担忧情绪，后期国内食糖供应缺口的弥补将主要依赖国储糖的投放。如果后期总计投放量如预期的 30 万吨，加上工业库存，本榨季后期的食糖供应量将和去年基本持平（不计进口糖）。但是由于国内供应确实紧张，国储糖的投放将不再具有利空打压的性质，保障市场供应以及稳定市场价格将是其主要的目标。并且，对于后市的乐观预期加上市场确实存在的采购需求，将导致国储糖的成交不会出现低于预期的低价，而较高的价格则将对现货价格产生推动。本文认为，国内的良好基本面将支撑糖价继续高位运行，但后期糖价是高位震荡整理还是继续大幅上涨并创出新高，则主要取决于市场对于明年的产量预期。

2. 全球糖市预计供过于求，新榨季国际糖价可能出现回落

当前，受全球第一食糖生产国和出口国——巴西可能会因连续两个月的干旱后又遭遇潮湿天气而出现产量低于先前预期这一消息的影响，国际糖价无视印度、泰国等其他主要产糖国食糖增产及食糖出口量潜在增加的现状继续单边上涨，与机构的预期背道而驰。迄今为止，包括德国统计分析机构 F.O.Licht、瑞士糖业咨询机构 Kingsman SA 在内的绝大多数机构均预期（表 1 - 29），2011/2012 榨季全球食糖市场的供给过剩量将介于 570—1057 万吨，国际糖业组织（ISO）预期的供给过剩数字低一些，但也达到了300 万吨。因此，即使巴西的糖产量真的因为天气原因较最初的预期减少200 万吨，2011/2012 榨季全球食糖市场仍将处于供给过剩状态。因而，本文认为，当前国际糖价上涨与基本面弱相关，一旦市场回归理性，国际糖价将可能不具备进一步上涨的动力。

表 1 - 29 2011/2012 榨季全球食糖生产与消费预测表

(单位:百万吨)

预测机构	预测时间	产量	消费	剩余或缺口(+/-)
Kingsman	2011 年 5 月 12 日	174.45	163.88	10.57
荷兰拉博银行 (Rabobank)	2011 年 5 月 19 日	—	—	5.70
巴西 Itau 银行	2011 年 5 月 19 日	—	—	6.00—8.00
国际糖业组织(ISO)	2011 年 5 月 20 日	170.36	167.36	3.00
Czarnikow	2011 年 6 月 3 日	182.2	171.4	10.80

数据来源:根据公开资料整理。

决策咨询篇

一、全球金融危机爆发对蔗糖产业的影响与对策建议

虽然美国次贷危机早在 2008 年初就已经暴露,但真正扩散成为全球性金融危机还是始于 9 月中旬。从那时起,虚拟经济的恐慌通过"多米诺骨牌效应"不断传导至实体经济。作为国际上重要大宗软商品之一的食糖,自然也难以置身其外。本文将从短期冲击和长期影响两个层面,分析全球金融危机对世界特别是中国糖业发展的冲击与影响,并提出相应对策建议。

(一)全球金融危机对国内外糖业发展的短期冲击

全球性金融危机发生后,短期内,对国际和国内糖业的冲击主要表现在以下三个方面(图 2-1)。

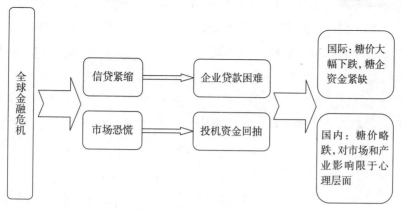

图 2-1 全球金融危机对国内外糖业短期冲击传导图

一是大宗商品市场投机资金回撤,国际食糖期货价格大幅下跌,一蹶不振。金融危机爆发后,活跃在国际大宗商品市场上的投机基金受其影响,纷纷迅速回撤资金变现,引发国际食糖期货价格在短期内剧烈下跌,并牵引现货价格迅速下挫。从 9 月 24 日至 10 月 24 日,ICE 11 号原糖期货主力合约0903 收盘价从 14.55 美分/磅跌至最低点 10.76 美分/磅,一个月内跌幅高达 26%,尽管 10 月底至 11 月初有所反弹,但市场依旧偏弱,13 美分/磅的关口并未突破。特别是在中国国庆节期间,国际原糖期货市场连续 3 个交易日大跌,跌幅高达 15%。而根据美国商品期货交易委员会统计,从 9 月 2日至 11 月 11 日,基金在 ICE 11 号原糖期货上的净多单持仓量从 13.3822万手锐减至 9.3079 万手,减幅达 30.4%。仅仅 10 月 1 日至 7 日,投机基金在原糖期货上持有的净多单就由 10.6025 万手减至 8.9978 万手,一周内减幅高达 15%。这表明,原糖期货市场的剧烈下跌与当时国际金融形势恶化、投机资金恐慌性抛售息息相关,而非当时供需基本面发生重大变化。因此,短期而言,如果国际金融市场形势不出现实质性好转,国际糖价依然会承受较大的压力。

二是信贷紧缩导致主产国制糖企业出现严重的资金短缺。由于各国金融机构在信贷危机中纷纷谨慎自保,再加之食糖价格萎靡,一些主产国制糖企业陷入困境,因资金链断裂而破产,大企业收购兼并小企业之风蔓延。在金融危机的冲击下,巴西圣保罗州一家上榨季入榨甘蔗 140 万吨的糖厂因为短期债务高达 1 亿美元,已于 11 月申请破产保护,巴西有关业内人士估计今年破产的糖厂数可能达到 10 家以上。而在糖厂资金紧张的情况下,为帮助农民支付 2008/2009 榨季的生产费用,巴西政府在承诺向农民贷款100 亿雷亚尔的基础上,已决定再向农民提供 10 亿雷亚尔的贷款。印度糖厂联盟也表示,银行拒绝向糖厂发放营运资本贷款,本月新榨季即将开始,印度糖厂将面临信贷危机。尽管资金紧张会同时影响到大、中、小型生产商,但资金雄厚的大企业可能会以此为契机整合行业资源,收购一些资金困难的小企业,提高行业集中度与控制力。

三是国内糖价和制糖产业受到金融危机的短期直接冲击较小,心理影响大于实际影响。2008 年 3 月以来,国内糖价持续下跌,这是国内 2007/2008 榨季供大于求的反映。尽管国庆节后的头几个交易日,受美国金融危机在假期内恶化、国际糖价大幅下跌的影响,国内白糖期货价格出现连续下跌,柳州、南宁、昆明市场糖价也应声而跌,但从10月10日开始,国内糖市便开始走出独立于国际糖市的强劲反弹行情。因此,全球金融危机对国内糖市主要是心理冲击而非实际冲击,这是因为:一方面,由于近两年我国食糖出口量不足总产量的2%,进口量也不足总产量的10%,国内外食糖市场实际上相对割裂,国际市场价格的波动对国内糖价影响较弱;另一方面,我国甘蔗转化燃料乙醇还未进入工业化生产阶段,食糖和原油的联动关系尚未建立,国际原油价格的下跌也没有对糖价形成冲击。

(二)全球金融危机对国内外糖业影响的中长期展望

从中长期来看,全球性金融危机会对国际、国内食糖供需形势产生深远的影响(图2-2),这主要表现在:

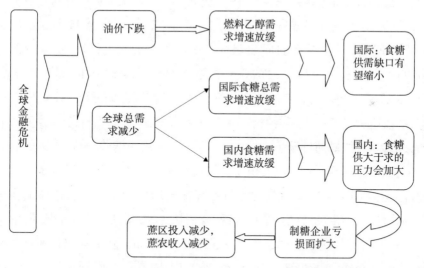

图2-2 全球金融危机对国内外糖业中长期影响传导图

第一,2008/2009榨季,全球食糖总需求量增速将放缓,供需缺口有望缩小。金融危机传导至实体经济以后,在美、欧等发达国家经济衰退的带动下,全球投资、消费出现双紧缩局面,全球性总需求增速放缓已露出端倪,全球经济衰退的担忧大大影响投资者和消费者信心。在这样的背景下,尽管食糖民用需求具有收入弹性小的特点,但作为食糖主要消费渠道的食品、饮料工业需求仍然会在经济萧条中出现增速放缓,从而导致全球食糖需求量增速放缓。历史上曾有此先例。1998年,由于亚洲金融危机、俄罗斯经济动荡等因素影响,主要国家食糖消费回落,再加之巴西产量增加,国际糖价曾在1999年一度跌至4.36美分/磅,为20世纪90年代的最低价。目前也有迹象显示出全球食糖消费放缓的趋势,10月份开始,世界第一大食糖出口国——巴西的食糖出口贸易已经出现交易清淡的局面,美国嘉吉公司等大贸易商数月前签订巴西产糖贸易合约也一直未能履约。

国际糖业组织(ISO)在11月11日发布的季度报告表明,2008/2009榨季全球糖产量预估同比下滑3.8%至1.623亿吨,全球糖消费量预估增加2.4%至1.659亿吨,2008/2009榨季全球食糖市场供不足需的缺口为360万吨。我们认为,总需求偏弱会降低全球食糖消费量增速,缩小2008/2009榨季的全球食糖供需缺口,供需缺口有可能缩减至250万吨左右。

第二,原油如果持续保持50—60美元/桶,会导致甘蔗制燃料乙醇需求增速下滑,从而为全球糖业发展腾出空间。从7月11日至11月18日,美国NYMEX 12月份交货的原油期货从最高价148.6美元/桶跌至最低价54.93美元/桶,四个多月内的跌幅高达63%。而受油价下跌影响,美国CBOT 12月份交货的燃料乙醇合约价格从2.9美元/加仑跌至1.6美元/加仑,跌幅达45%。一方面,油价的大幅下跌整体削弱了燃料乙醇替代石油的竞争优势,如果油价继续在50—60美元左右长期徘徊,燃料乙醇的总需求量会出现减少。另一方面,由于甘蔗制燃料乙醇成本远低于玉米、甜菜,油价大幅下跌无疑会提高甘蔗燃料乙醇在全球生物质燃料乙醇中的竞争力,从而扩大其市场份额。总体来说,我们认为,只要油价长期不低于40美元/桶,甘蔗制燃料乙醇的需求量将不会出现减少的趋势,但增长速度会有所放缓,在全球食糖2008/2009榨季、2009/2010榨季连续存在供需缺口的形势下,油价维持在低价将有可能为制糖业的发展腾出一定空间。

第三,受金融危机影响,我国投资、消费等宏观经济指标均呈现增速下滑,国内食糖消费可能同比不增反减,2008/2009榨季国内食糖产量若保持持平或略减,依然会出现较严重的供大于求。据国家统计局宏观经济月报,2008年1—10月,全国城镇固定资产投资同比增长27.4%,比1—9月低

0.2%,投资增速有所下滑。1—10月,社会消费品零售总额同比增长21.9%,增幅比1—9月低0.1%,消费增速也有所下滑。10月份当月,社会消费品零售总额同比增长21.1%,增幅比9月低2.1%,反映出消费的增长回落趋势。另外,由于相当多中小企业倒闭关门,就业受到较严重影响,劳动力回流已成定局,国家对2009年GDP增速的预估值降至8%。因此,随着全球金融危机对中国影响的不断深入,中国宏观经济出现回落已经不可避免,在这样的宏观经济背景下,再加之9月"三鹿奶粉事件"所引发的乳制品行业产销规模大幅下降,食品饮料行业必然会受到较大影响,并由此传导至食糖消费可能出现不增反减。

我们认为,2008/2009榨季,从产量来看,由于全国糖料播种面积达2757.25万亩,同比增长6.5%,尽管由于农民投入减少,平均单产有所下降,但如果今冬明春不出现大的自然灾害,估计甘蔗总产会继续增长,食糖产量将达到1500万吨,再加上上期库存和进口量,2008/2009榨季总供给量将达到1648.52万吨。而总需求方面,消费量预计会不增反减至1330万吨,再加上收储和少量出口,总需求量将保持1450万吨(表2-1)。预计2008/2009榨季,国内食糖市场会继续保持供大于求,且富余量将扩大至198.52万吨。因此,糖价承接较大的压力,估计在近期受季节性消费增长、新糖还未上市等因素的刺激上涨之后,随着新糖不断上市,糖价会继续下行至3000元/吨左右徘徊。这一形势无疑会对新榨季糖企收益和蔗农收入造成一定的影响。

表2-1 2008/2009榨季中国食糖供需形势预计　(单位:万吨)

项目 ＼ 榨季	2007/2008	2008/2009(估计)
上期结转库存(估计)	64	118.52
产量	1484.02	1500
一般贸易进口(估计)	40	30
总供给量	1584.02	1648.52
消费量	1350	1330
国家、地方收储	110	110
出口(估计)	5.5	10

续表

项目＼榨季	2007/2008	2008/2009(估计)
总需求量	1465.5	1450
期末库存	118.52	198.52

资料来源:中国糖业协会与本文估计。

(三)中国糖业应对全球金融危机影响的对策建议

尽管全球金融危机对我国糖业的直接冲击较小,但由于其对宏观经济的影响较大,从而又抑制了国内的食糖消费需求增长,这使得本已陷入供大于求的国内糖市在 2008/2009 榨季将继续承压,因此,中国糖业应主动行动,应对全球金融危机的影响。

一是政府有关部门要尽快建立中国糖业数据信息采集与监测预警系统,跟踪国际、国内甘蔗生产、食糖生产、食糖消费、进出口动态变化情况,及时为国家制定糖业宏观调控政策提供决策依据,避免糖业出现大起大落。

二是国家应在一定范围内对甘蔗制燃料乙醇产业化进行放开试点,一方面为未来燃料乙醇的发展开拓渠道,另一方面也有利于改善当前产业结构单一、波动较大的局面。

三是制糖企业应充分认识产业发展形势,由过去的粗放式增长模式转变为集约式增长模式。既要控制产业扩张速度,加大技术改进力度,发展循环经济模式,充分综合利用,扩大收益来源渠道,又要加大成本控制力度,尽量压低各项成本,赢得竞争力。

四是在食糖产业波动中要积极保护蔗农的利益,保证蔗农收入的持续稳定增长。以广西为例,如果将自己投工计入成本,即使以 2008/2009 榨季能达到 275 元/吨的蔗价计算,蔗农已处于亏损状态。因此,政府有关部门在稳定合理甘蔗收购价的同时,应考虑给予蔗农生产资料综合补贴。

二、2008/2009 榨季我国蔗糖产业形势分析与对策建议

(一)当前我国甘蔗产业形势分析

截至 2009 年 5 月中旬,2008/2009 榨季基本结束,2009 年甘蔗播种也基本完成。榨季期初,我国甘蔗产业和食糖市场总体形势可以概括为"三个转变":食糖供需形势由供过于求向供需基本平衡转变、食糖价格由下跌触底向逐步回升转变、蔗农收入由有一定利润向濒临亏本转变。

1. 2008/2009 榨季食糖大幅减产,消费有所回暖,缓解了供过于求局面

受 2008 年初冰冻灾害对宿根蔗的影响,农资、工价大幅上涨,蔗田耕管投入不足,导致上榨季我国甘蔗减产 1900 万吨,食糖总产 1240 万吨,减产 244 万吨,减幅达到 16.4%。

受全球金融危机和"毒奶事件"的影响,我国食糖消费不畅,2008 年下半年产销率远低于上个榨季。2009 年以来,国家扩张性财政政策和货币政策双管齐下,宏观经济出现局部反弹,也传导到实体经济,国内食糖消费有所回暖。据中国糖业协会统计,截至 3 月底,全国食糖累计产销率 49.04%,同比降低了 2.23 个百分点;但至 4 月底,累计产销率提高至 54.47%,同比提高 1.6 个百分点,这同今年 1 月 4 日、2 月 16 日中央、地方两次收储 120 万吨白糖,大大地刺激了本榨季的食糖需求有关。在食糖大幅减产、消费回暖、政府收储三大因素的综合作用下,2007/2008 榨季以来的供过于求局面逐步得到缓解,估计 2008/2009 榨季总供给量 1459.11 万吨,总需求量 1454 万吨,处于供需平衡状态(表 2-2)。

表 2 - 2　2008/2009 榨季中国食糖供需平衡表预计　　(单位:万吨)

项目 ＼ 榨季	2007/2008	2008/2009(估计)
上期结转库存	64	149.11
产量	1484.02	1240
一般贸易进口	66.55	70
总供给量	1614.57	1459.11
消费量	1350	1330
国家、地方收储	110	120
出口	5.46	4
总需求量	1465.46	1454
期末库存	149.11	5.11

资料来源:据中国糖业协会、海关总署相关数据与本文预测。

2. 今年国内糖价有所回升,食糖进口增加但影响不大

2008 年 10 月,迅速恶化的全球金融危机导致国际油价暴跌、巴西酒精锐减,巴西、印度上榨季蔗糖猛增,国际糖价从 19 美分/磅下跌至 10—12 美分/磅,与此同时,国内糖价也从本来预势的 3400 元/吨暴跌至 2600 元/吨的成本价之下。但是,2009 年以来,受中央、地方共收储 120 万吨白糖和广西减产的双重利好影响,再加上国家扩大内需政策的刺激,长期萎靡不振的糖市终于走入回升通道。昆明、南宁现货报价从 2009 年 1 月 4 日的 2800 元/吨和 2860 元/吨,上涨至 5 月 21 日的 3650 元/吨和 3760 元/吨,涨幅分别为 30.4% 和 31.5%。国内白糖期货价格比现货价格涨幅更大。1 月 5 日至 5 月 21 日,郑交所白糖期货指数收盘价从 2926 元/吨涨至 4032 元/吨,涨幅达 37.8%。

由于年初进口商对国内上榨季食糖产量大幅减产的预期和全球范围食糖产量大幅下滑的预期,在糖价出现回暖迹象时大量囤货,一季度进口量达 31.38 万吨,同比增长 131%,同期出口 10.16 万吨,同比增长 35%。随着国际原糖价格上升到 16 美分/磅,进口商心理预期均已落实,进口量将继续远远低于我国入世承诺量 194.5 万吨。

3. 蔗农积极性受挫,新榨季难有明显转机

2008/2009 榨季,蔗农纯收入出现较大幅度下降。一方面,2008 年,农资价格和人工费用大幅上涨,甘蔗生产成本大幅上升。以广西壮族自治区为例,该区糖料蔗亩平均总成本为 1290.67 元,同比增加 233.34 元,增幅 22.07%。其中每亩化肥费为 387.31 元,增幅 41.89%;人工费用每亩 513.11 元,增幅 15.87%;种子费每亩 81.96 元,增幅 4.45%;其他费用每亩 308.29 元,增幅 17.20%。2008 年,吨蔗生产总成本 270.2 元,比 2007 年实际 203.4 元增加 66.8 元,增幅 32.84%。另一方面,受 2008/2009 榨季前半段(11 月至 1 月)糖价低迷影响,2007/2008 榨季的保底蔗价 275 元/吨,广东湛江等地,甘蔗收购价则低于 220 元/吨。而且,糖厂给蔗农"打白条"现象死灰复燃。据国家甘蔗产业技术体系在云南和福建的岗位专家和试验站站长反映,截至 5 月中旬,云南各地糖厂还有 6000 万元蔗款、福建尚有 35% 蔗款未兑。成本上升、收益下降,再加之单产出现下降,使得 2008/2009 榨季蔗农利润空间受到两头挤压,只能在亏损边缘徘徊。2009 年以来,农资价格虽同比有所下降,但仍在高位运行;糖价虽有反弹,但蔗价尚未明确,糖厂对进厂原料蔗要求过高,克扣严重,蔗农信心尚未恢复。从全国范围来看,甘蔗苗情并不容乐观,广西倒春寒、云南、湛江的旱情都影响主产区甘蔗长势。据国家甘蔗产业技术体系综合试验站调查系统估计,2009 年全国甘蔗播种面积将在 2270 万亩左右。其中,广西植蔗面积 1500 万亩左右,持平略减;广东植蔗面积 190 万亩,略减 20 万亩;云南 450 万亩左右,略减 7 万亩;海南种植面积预计为 115 万亩,比上年也有所减少。

4. 全球食糖供给缺口扩大,国际糖价走出低谷

受各国纷纷调减产量预期的影响,全球食糖供给缺口呈继续扩大趋势。国际糖业组织(ISO)最新报告显示,估计 2008/2009 榨季全球食糖产量将从上一榨季的 1.673 亿吨降至 1.566 亿吨,而食糖消费量将从上一榨季的 1.613 亿吨增至本榨季的 1.644 亿吨,全球预计缺口将达到 780 万吨,扩大了其在 2 月底 427 万吨的供给缺口预测(表 2-3)。其中,预计印度食糖减产 44%,中国减产 16%,泰国减产约 8%,墨西哥减产 2.9%。在主产国大幅减产和国际食糖消费有增无减的影响下,2009 年以来,国际糖价正在逐步走出全球金融危机冲击后的低谷。2009 年 1 月 2 日至 5 月 21 日,纽约 11 号糖期货价格指数从 12.33 美分/磅涨至 15.31 美分/磅,涨幅达 24.2%。

表 2-3   2008/2009 年全球食糖生产与消费预测表

(单位:百万吨,原糖值)

预测机构	预测时间	产量	消费	剩余或缺口(+/-)
国际糖业组织(ISO)	2008 年 8 月 28 日	161.65	165.55	-3.90
F.O.Licht	2008 年 10 月 29 日	161.25	161.72	-2.15
国际糖业组织(ISO)	2008 年 11 月 5 日	162.26	165.88	-3.63
国际糖业组织(ISO)	2009 年 2 月 24 日	161.53	165.80	-4.27
F.O.Licht	2009 年 3 月 20 日	157.40	160.90	-3.50
国际糖业组织(ISO)	2009 年 5 月 6 日	156.60	164.4	-7.80

数据来源:根据公开资料整理。

(二)制约我国甘蔗产业稳定发展的瓶颈问题

1. 蔗区自然条件较差

我国蔗区地处桂、滇、粤丘陵红壤旱地、土壤贫瘠、雨量不均、大片蔗田难以实现机械化生产。而澳大利亚的昆士兰,巴西中南部的蔗区一马平川、雨量均匀,无需灌溉,100%实现机械化生产,因此必须按照《优势区域布局规划》加强耕地平整、优化布局。

2. 我国甘蔗产业基本处于传统农业状态,急需现代科技和先进装备提升产业研究水平

我国蔗农 6000 万人,而澳大利亚产糖为我国的一半,但蔗农仅 7000 人,我国蔗农总数为澳大利亚的 857 倍,而甘蔗加工厂的日处理量却为其 1/10。而且产品结构单一,工艺落后,分散的小农生产同工业化大生产形成严重矛盾。必须通过土地流转、成立大规模农民合作组织进行产业升级,并形成合理的工农利益分配机制。

3. 产业技术研发水平相对滞后

近十年来,我国甘蔗单产增加 7.9 吨/公顷,达到 75 吨/公顷,甘蔗蔗糖分提高 2.6 个百分点,达到 14.6%,甘蔗产糖率达到 12.5%,在种植面积增

加 46%的情况下,甘蔗糖总产增加 176%,达到 1371.9 万吨,单产、总产居世界第三位。从纵向看,具有跨越性进步,但从横向看,我国单产分别为澳、巴的 72.6%和 86.4%,甘蔗产糖率仅分别为其 88.5%和 88.6%,公顷产糖量仅 8.5 吨,分别为上述两国的 64.1%和 76.4%。但是吨蔗和吨糖生产成本却高于澳大利亚 56.9%和 99.8%,高于巴西 81.8%和 80.8%(表 2-4)。

表 2-4　世界主产蔗国家甘蔗产业技术经济参数一览表(USDA)

参数\国家	甘蔗单产(吨/公顷)	平均产糖率(%)	公顷产糖量(吨/公顷)	吨糖耗蔗量(吨/吨)	吨蔗成本(元/吨)	吨蔗收购价(元/吨)	吨糖成本(元/吨)
澳大利亚	97.0	13.67	13.27	6.60	153.0	224.0	1592.4
巴西	81.5	13.65	11.13	7.33	132.0	240.0	1759.2
美国	73.0	11.8	8.6	8.48	174.0	301.0	2952.5
印度	65.5	7.75	5.07	12.92	141.0	210.0	3109.0
中国	70.4	12.1	8.5	8.27	240.0	280.0	3181.0

注:表中中国数据为 2006 年统计数据,2007/2008 榨季我国甘蔗单产已达 75.0 吨/公顷,甘蔗产糖率达 12.3%;印度只统计白糖产量,未计红糖产量,所以印度资料数据偏低。

4. 宏观调控不及时,政策不到位

在世界农产品贸易中糖是最敏感、价格最不稳定的商品。据 USDA 20 年跟踪统计,国际平均糖价仅为世界 79 个蔗糖生产国制糖成本的一半。因此,没一个国家采用市场手段来组织本国糖业生产。净进口国家、自给国家和出口国家采用不同的政策干预国内糖业生产。从各方面判断,我国已从食糖净进口国转变为自给有余的国家,但是由于不具国际竞争力,中国糖业应定位国内市场,可不受国际糖价波动的影响。然而,自从 1992 年国内糖市放开经营后,蔗价、糖价大起大落,糖价高至 5400 元/吨,低至 1700 元/吨,甜蜜事业变成苦涩事业,政府、农民、企业苦不堪言。因此,国内食糖产业亟需在市场运行的同时加强宏观调控。

(三)稳定我国甘蔗产业发展的对策建议

当前,全球金融危机对我国经济的影响还未结束,作为关系着 3000 万

蔗农收入的甘蔗产业,迫切需要以中央扩大内需、产业振兴等重大举措为契机,从采取现代产业管理理念、现代科学技术和生产组织形式三个方面着手,改造传统产业,提高产业竞争力,促进蔗农增收,保障国家食糖供给安全。

第一,根据 WTO 规则要求,用足"绿箱"政策,大力支持国内甘蔗科研、技术推广包括生物防治技术补贴、健康种苗技术改进补贴与培训的财政支出;大力支持农民合作组织应用科学技术,采用先进设备,改进传统农艺、减轻劳动强度、提高劳动生产率、增加农民收入;大力支持制糖业产业升级技术改造,鼓励制糖企业进口先进设备和更新工艺流程,鼓励糖厂综合利用技术、全程自动化技术改进。据本体系人员云南调研,政府对农民的良种补贴、农机补贴和价格直补的总金额,蔗农比粮农每年每亩少277元。

第二,探索实行蔗糖生产配额管理,政府可以通过调研,根据总需求确定每年生产配额。政府只对配额内的糖(如 1250 万吨)实行政府保护,按国内市场价格销售;超出配额生产的糖,转到下一榨季销售。

第三,政府可在保障消费者和工农生产者基本利益的原则下,通过利益各方协商,确定国内常年食糖销售的"目标价格"(如 4000 元/吨是粮、油、肉、蛋的合理比价)。允许市场以"目标价格"为基准,根据市场供求状况,在一定范围内上下浮动(如±200 元/吨)。当糖价低于"目标价格"时,政府可按"目标价格"收储,提高进口关税,平抑糖价;当糖价高于"目标价格"时,政府可抛售储备糖,降低进口关税,平抑糖价,使糖价稳定在有利于产业生产和发展的合理区间。

第四,在全国范围内推广和改进"糖蔗联动、二次结算"的产业化经营模式,降低甘蔗收购价所挂钩的糖价标准,稳定二次结算联动系数,促进蔗农收入的稳定与提高。比如可以在广西实现甘蔗收购价 300 元/吨与 3000元/吨挂钩,将二次结算联动系数稳定在 6%左右。

第五,通过促进蔗区土地流转,引导和鼓励蔗农成立合作经济组织,进行规模化生产、专业化经营,吸纳蔗农合作经济组织代表参与政府每榨季糖料收购价格政策制定过程,尊重蔗农与糖厂的话语权和定价权。

三、2003/2004榨季以来我国蔗糖产业 发展形势与对策建议

（一）我国甘蔗产业发展现状分析

1. 我国甘蔗生产现状与趋势

（1）种植面积有所扩大，甘蔗占糖料面积比重略有增加。

近六年来，我国糖料和甘蔗播种面积总体呈现上升趋势。前三年从1872.11万亩扩大到2114.1万亩，后三年从2067.3万亩扩大到2334.89万亩。近三年种植面积扩大13.0%，这个面积含近200万亩果蔗，全国甘蔗和糖料种植面积都在3100万亩的最高控制线下（见图2-3）。甘蔗面积占糖料面积的比重从84.6%提高至87.6%，其中广西约1500万亩，云南500万亩，广东200万亩，海南100万亩，其他100万亩。

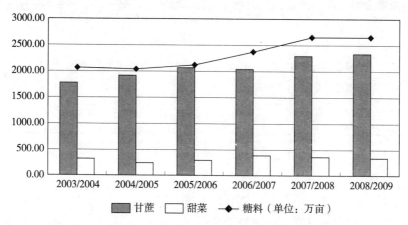

图2-3　2003/2004至2008/2009榨季我国甘蔗种植面积情况

资料来源：中国糖业协会。

（2）甘蔗单产和蔗糖分的改良推动总产的剧增。

近六年来,甘蔗总产从2004年的7655.20万吨增加到2008年的12415万吨,这主要得益于甘蔗品种单产和蔗糖分的改良,期间尽管旱灾、雪灾不断,但由于引进和自主创新品种的更新,甘蔗单产从2003年的4.268吨/亩提高到2008年5吨/亩,净增16.0%;甘蔗产糖率从11.31%增加到12.25%,净增1.24个百分点;吨糖耗蔗量从2003年的8.84吨下降到2007年的8.16吨,每吨蔗糖节约0.68吨甘蔗(表2－5和图2－4)。2007/2008榨季,由于南方50年一遇的雪灾,全国蔗糖减产300万吨,仅广西减产240万吨。即将开始的2009/2010榨季,由于上一榨季的冰冻灾害,当年宿根蔗受害严重、糖价蔗价下跌、农资上涨,蔗农亏损,积极性受挫预计全国产蔗尚难恢复。据调查,广西略减或持平,云南因秋冬旱将减产275万吨,广东持平。

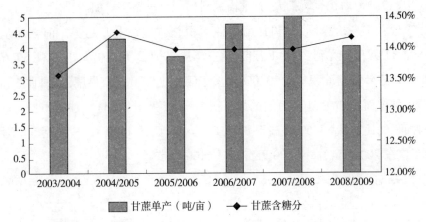

图2－4 2003/2004至2008/2009榨季我国甘蔗单产、含糖分

资料来源:中国糖业协会。

表2－5 2003—2008年我国甘蔗总产变化情况

项目 ＼ 榨季	2002/2003	2003/2004	2004/2005	2005/2006	2006/2007	2007/2008
糖料甘蔗面积(万亩)	1638.60	1760.70	1806.95	1821.55	1976.50	2282
工业压榨量(万吨)	8307.10	7655.20	6936.90	6619.90	8771.30	11479
工业单产(吨/亩)	5.07	4.35	3.84	3.63	4.44	5.00

榨季 项目	2002/2003	2003/2004	2004/2005	2005/2006	2006/2007	2007/2008
蔗糖总产(万吨)	939.60	943.57	857.10	800.80	1074.52	1369.71
甘蔗产糖率(%)	11.31	12.33	12.36	12.10	12.25	11.92
吨糖耗蔗量(吨)	8.84	8.11	8.09	8.26	8.16	8.40
消费量(万吨)	1000	1140	1050	1080	1250	1350

资料来源:中国糖业协会。

(3)甘蔗生产向优势区域集中,但优势产区的劳动力优势逐渐下降。

20世纪90年代初,我国"东蔗西移",主要依靠西部地区廉价劳动力优势。但是,随着甘蔗生产区域的集中,桂中南、滇西南和粤西琼北的甘蔗集中度超过95%,甘蔗工业从40个糖厂250个集团通过兼并优化成为247个加工厂44个集团。大工业加工与小农生产的矛盾逐步显现,尤其是近十年的农村劳动力结构发生变化,种蔗工价已经从当年的20元/天,上涨到60元/天以上,局部地区在春节期间已经雇不到砍蔗工人,糖厂断槽,砍蔗工价平均60元/天以上,贵时高达80—100元/天,占甘蔗成本的1/3以上,整榨季劳动成本超过总成本的60%以上,而收购价仅270元/吨,已导致分散的农民种蔗无利局面。

(4)蔗农种蔗处于亏本边缘,比较优势下降较快。

2006—2008年,由于我国甘蔗、食糖连年增产,糖价持续走低,这也部分传导至种植甘蔗的农民。与此同时,由于国际原油价格持续上涨所带来的农资价格上涨,加之农村劳动力大量转移后雇工成本增加,使得植蔗成本大幅提高,因此蔗农净利润近几年呈不断下降的趋势。据国家发改委《全国农产品成本收益资料汇编2009》统计,2006年,农户种植每亩甘蔗平均总产值为1334.25,总成本934.77元,净利润399.48元;2007年,亩均总产值略有增长,为1405.43元,但成本已增至1046.5,因此亩均净利润下滑至358.93元;2008年,全国甘蔗平均收购价261元/吨,与2007年基本持平,但由于平均单产减少6.8%,亩均产值仅1307.31元,同比减少了7%。而成本方面,2008年亩均物质成本同比增长11.4%,人工成本同比增长0.8%,亩均总成本同比增长6.2%至1046.5元。因此,2008年蔗农每亩净利润下滑至195.82元,同比减少了45.4%(表2—6)。据调查,尽管2009/2010榨季蔗农收益将在糖价上涨、农资价格下跌等因素的带动下出现一定程度的恢复性增长,但由于水稻、水果等其他作物的效益提高,甘蔗的比较优势与前几年相比急剧下降。

表2-6 近三年甘蔗生产成本收益情况

年份 项目	2006 年	2007 年	2008 年
单产(吨/亩)	5.02	5.29	4.93
收购价格(元/吨)	261	262	261
总产值(元/亩)	1334.25	1405.43	1307.31
总成本(元/亩)	934.77	1046.5	1111.49
其中:物质成本	424.15	460.4	513.04
人工成本	405.62	467.17	470.97
净利润(元/亩)	399.48	358.93	195.82

资料来源:发改委2009年《全国农产品成本收益资料汇编》。

2. 我国食糖生产、流通、消费、贸易发展现状与趋势

(1)食糖产量大起大落,消费稳步增长,价格呈周期性波动。

我国甘蔗仅用于加工蔗糖。近几年来,虽然甘蔗种植面积和自然灾害的影响波动较大,但由于市场、体制改革和科技进步的影响,我国蔗糖总体上呈现产量快速增长趋势,但也呈现较大波动。而随着我国居民消费水平的提高和食品工业的发展,人们对食糖的消费需求越来越大,消费量保持了稳定的增长态势。因此,一旦产量大减的年份,糖价就会大涨,而一旦产量大增的年份,又会导致糖价大跌,三年间,糖价从4500元/吨暴跌至2700元/吨,今年又暴涨到4500元/吨,从而造成了食糖价格的周期性波动。

从图2-5可以看出,2003/2004榨季至2008/2009榨季的6个年份间,食糖产量出现了"减产—增产—减产"的周期性变化,2003/2004榨季实现食糖产量1002.3万吨(其中甘蔗糖产量943.57万吨)。从2004/2005榨季因干旱连续两年减产,于2005/2006榨季达到低点881.5万吨(其中甘蔗糖产量800.8万吨),2006/2007榨季开始又连续两年增产,并于2007/2008榨季期间达到历史最高产量1484万吨(其中甘蔗糖1367.91万吨)。2008/2009榨季开始预计食糖又将进入新一轮减产周期。而食糖消费量却

比产量稳定得多。虽然也在 2004/2005 略有下降,但总体保持快速增长态势,至 2008/2009 榨季达到 1390 万吨,比 2003/2004 榨季增长了 21.9%。因此,在食糖减产与增产的波动中,由于消费量的刚性约束,食糖价格也呈现"上涨—下跌—上涨"周期性波动。2003/2004 榨季,全国食糖综合平均价为 2700 元/吨,在连续两年减产的基本面刺激下,食糖综合平均价连续两年上涨,并与 2005/2006 榨季达到 4523 元/吨的高点,随后两年,随着产量的大幅增长,价格又出现连续两年下跌,2007/2008 榨季的综合平均价仅 3449 元/吨,而 2008/2009 榨季减产的确认又提升了糖价,这个榨季的综合平均价格回升至 3664 元/吨。

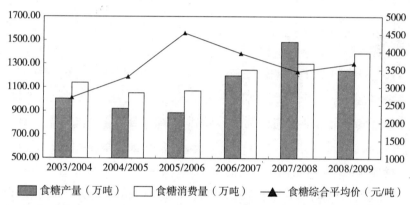

图 2-5 2003/2004 榨季至 2008/2009 榨季我国食糖产量、消费量与价格变化
资料来源:国家统计局。

(2)制糖工业发展较快,产业集中度进一步提高。

2000 年以来,我国糖业进行了史无前例的结构调整,国家拿出 140 多亿资金关闭破产 150 家制糖企业。国家还决定以发展规模制糖为重点,以资产为纽带和项目联合为基础,通过兼并联合、股份制改造、中外合资等方式,引导大型制糖企业实行强强联合,组建糖业大型集团,提高产业集中度,大大加快了制糖工业的发展。一是制糖企业数量减少,规模大幅增长。截至 2008/2009 榨季,全国共有制糖生产企业(集团)49 家,所属糖厂共 292 家,其中甘蔗糖生产企业(集团)44 家,糖厂 247 家,企业(集团)数量远少于 2000 年;二是生产能力扩容,销售收入增长。以广西为例,所有糖厂的甘蔗日榨能力已从 2000/2001 榨季的 27.6 万吨增加到

2008/2009 榨季的 61.87 万吨,全行业销售收入也增至 270 亿元;三是市场集中度进一步提高。经过几年的改组和改造,海南和广东制糖企业已完成了改制,8 家制糖企业(集团)完全控制了占广东产量 80% 的湛江食糖生产;广西制糖企业由原来单一的国有企业体制变成国有、民营、外资等多种经济成分、多元投资主体的产权结构。已组建成 17 家大型企业(集团),其中国有企业 4 家,民营企业 9 家,多元投资企业 2 家,外资企业 2 家,控股的糖厂 80 多家,这些大型企业(集团)生产的食糖占广西全区产糖量的 90% 以上。

(3)食糖流通较为顺畅,食糖贸易以国内市场为主。

1992 年,我国食糖流通体制便开始进行改革,本世纪以来,随着食糖流通领域市场化程度的不断提高,多元、开放、顺畅的食糖流通新格局已经形成,大大促进了食糖和糖料生产的发展。一是食糖流通主体实现多元化。许多社会投资纷纷介入食糖流通,食糖流通领域产生了大量的有限公司和个体、私营企业。据统计,目前国有食糖流通企业的比例下降到 5% 左右,而非国有食糖流通企业的比例则上升到 95%。二是食糖流通渠道日益丰富,已形成食糖现货市场、电子商务市场、期货市场三者相互促进、相互补充的市场体系。"广西糖网"、"昆商糖网"等食糖电子批发市场逐步建立健全,白糖期货交易于 2006 年在郑州商品交易所上市并成功运行,这些流通渠道在我国食糖流通中发挥着重要的作用。三是建立了中央和地方政府食糖储备制度。1991 年开始,食糖国家储备糖制度正式建立,2005 年 11 月起,广西壮族自治区地方食糖储备办法颁布施行。储备糖管理部门可通过收储或放储的方式,影响市场的即期供求关系,调节食糖价格变化,从而避免和减轻价格大幅波动给经济与行业发展造成的负面影响。近年来,中央和地方储备糖对于稳定食糖市场价格、促进供需平衡发挥了一定的作用。

近年来,尽管我国甘蔗与食糖产量增长很快,但进口贸易仅为入世承诺量的一半左右,由于我国食糖生产成本过高,其他国家进口关税又较高,食糖出口也处于微量水平,由于上一榨季减产 250 多万吨,本榨季平产或减产,预计今年进口量将超过 120 万吨(图 2-6)。

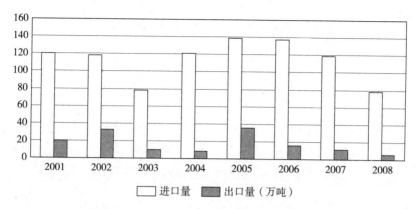

图 2 - 6　2001—2008 年我国食糖进出口量变化

资料来源:国家统计局。

(二)我国甘蔗产业发展面临的突出问题

1. 蔗田基础设施建设和产业技术研发水平相对滞后,自然风险抵御能力较弱

我国甘蔗种植立地条件差,蔗区地处桂、滇、粤丘陵红壤旱地、土壤贫瘠、雨量不均、大片蔗田难以实现机械化生产。而澳大利亚的昆士兰,巴西中南部的蔗区一马平川、雨量均匀,无需灌溉,100%实现机械化生产。我国蔗区地处亚热带,气候条件总体与世界主要产蔗国相近,但极端天气状况频发。雨量分布不均,春旱、秋旱现象普遍,时有冻灾、风灾的影响,自然灾害对我国甘蔗生产造成严重影响。例如,广西 90% 的甘蔗是种植在旱坡地上,是制约生产水平提高的重要因素,甘蔗单产仍偏低,产量不稳定,总产的增加依然以扩大面积为主,据统计,2008 年全区有灌溉的甘蔗面积只有 228 万亩,仅占 14.25%。我国糖料产业技术综合水平较低,这也制约了产量和综合效益的进步提高。一是品种严重单一化,"ROC" 系列品种占全国面积的 80%,其中最大产区广西占 92%,仅 "ROC" 22 号就占 60% 以上;二是病虫害严重,黑穗病、花叶病、宿根矮化病和黄叶病每年造成 20% 的经济损失;三是肥料施用方法和配比不科学,偏施滥施现象严重。我国甘蔗偏施滥施化肥超过世界平均水平的 3—4 倍,为巴西的 10 倍。

2. 甘蔗生产成本与制糖成本居高不下,产业市场风险抵御能力较差

我国甘蔗占糖料作物的92%,近年来,我国甘蔗生产技术水平不断提高,单产、产糖率等技术指标水平仅排在澳大利亚、巴西之后,居世界第三位。但是,据 USDA 统计,我国每吨甘蔗生产成本高达 240 元,远高于澳大利亚、巴西、美国、印度等主要国家的生产成本(表2-7)。我国制糖成本也高达 3181 元/吨,与和我国甘蔗收购价和吨糖耗蔗量差距不大的巴西相比,制糖成本高出了 1422 元/吨。甘蔗生产成本和制糖成本偏高的现实问题,大大缩小了我国蔗农和糖厂的利润空间,在这有限的利益空间农民没有定价权,没有话语权,在市场风险到来之时,他们必然成为牺牲者。造成这一问题的原因包括:一是我国甘蔗生产分散、组织化、机械化收获技术严重滞后。甘蔗生产成本中近一半为人工成本,没有规模效益。二是我国制糖企业制糖,技术改造力度不足。据调查,我国绝大多数糖厂仍采用亚硫酸法制糖技术,只生产原料白糖,产品单一,还有相当多糖厂的设施设备仍为 20 世纪 70—80 年代的水平。

表2-7 世界主产蔗国家甘蔗产业技术经济参数一览表(USDA)

参数 国家	甘蔗单产 (吨/公顷)	平均 产糖率 (%)	公顷 产糖量 (吨/公顷)	吨糖 耗蔗量 (吨/吨)	吨蔗成本 (元/吨)	吨蔗 收购价 (元/吨)	吨糖成本 (元/吨)
澳大利亚	77.4	13.98	13.27	6.60	153.0	224.0	1592.4
巴西	80.26	13.64	11.13	7.33	132.0	240.0	1759.2
美国	78.06	12.01	8.6	8.48	174.0	301.0	2952.5
印度	64.55	10.2	5.07	12.92	141.0	210.0	3109.0
中国	68.08	12.31	8.07	8.12	1405.6	274.0	3181.0

注:表中中国数据为 2006 年统计数据,2007/2008 榨季我国甘蔗单产已达 75.0 吨/公顷,甘蔗产糖率达 12.3%;印度只统计白糖产量,未计红糖产量,所以印度资料数据偏低;吨蔗成本、吨蔗收购价和吨糖成本采用广西数据。

3. 甘蔗收购环节利益分配机制不合理,制约农民增收

制糖企业和农民的利益分配机制是影响我国甘蔗生产和农民收入的重要因素。2002 年以来,在国家四部委颁布实施《糖料管理暂行办法》的推动下,广西全区及云南部分州市采取了"糖蔗联动、二次结算"的产业化经营机制,但目前利益分配格局仍然不利于蔗农增收,主要是糖厂计算收益时偏低估计,忽略了副产品和蔗渣的收入,因此在糖价上涨时农民分得的收益较少,糖厂利益大增,"赚一年吃三年",而在糖价下跌到成本之下时,糖厂保本,农民亏损却没有话语权,只有选择不种甘蔗的权利。其次是糖厂对原料蔗克扣现象严重,而农民没有话语权。例如,2009 年上半年糖价上涨了1000 元/吨左右,但因为达不到 3800 元/吨的"糖蔗联动"挂钩价,蔗农享受不到除保底收购价之外的二次分配,因此也分享不了糖价上涨的收益。据国家甘蔗产业技术体系调查,主产区广西壮族自治区的蔗农合作经济组织目前不到 10 家,而且,现有的大多数合作社只在技术服务领域实现了统一,未能在产品销售环节实现统一,他们在市场上没有发言权。

4. 宏观调控政策出台时机滞后,目标价格不合理

目前,政府储备糖制度是食糖市场价格宏观调控的主要手段。但是,从近几年国家收储政策来看,存在着政策出台时机滞后、收储价格与数量随意性大等问题,不能给予市场主体稳定的价格预期,影响了宏观调控效果。以2008/2009 榨季为例,2008 年 10 月 8 日左右,南宁现货价格就已在金融危机全面爆发的冲击下跌至 2700 元/吨以下,而此时距 2008/2009 榨季开榨还有 1 个多月的时间,中央政府若能在 11 月 15 日之前以 3300 元/吨的价格收储 80 万吨白糖,2008/2009 榨季的食糖价格将会在 12 月初就回升至3300 元/吨以上,这将大大提高整个食糖产业链的收益水平。但由于直至2009 年 1、2 月份才出台收储政策,3 月份糖价才回升至 3300 元/吨以上,2008/2009 榨季前几个月收获的农民和提前卖糖的制糖企业都承受了较大损失。另外,食糖调控的目标价格确定随意性较大,缺乏科学合理的目标价格确定程序。例如,如果考虑成本上涨、合理的利润空间等因素,2008/2009榨季的调控目标价格应高于 2007/2008 榨季的 200 元左右,但实际收储价格却反而降低了 200 元/吨。

(三)促进我国甘蔗产业持续健康发展的政策建议

当前,全球金融危机对我国经济发展的影响还未结束,作为关系着

3000万蔗农收入的甘蔗产业，尽管当前正从产业最低迷的困境中回升，但回升基础还不稳固，深层次问题并未得到解决。因此，迫切需要中央政府以扩大内需、产业振兴等重大举措为契机，从采取现代产业管理理念、现代科学技术和生产组织形式三个方面着手，构建我国食糖产业持续稳定发展的政策框架与长效机制，从而提高产业竞争力，促进蔗农增收，保障国家食糖供给安全。

第一，根据WTO规则要求，用足"绿箱"政策空间，大力支持国内甘蔗科研、技术推广，构建甘蔗生产自然风险防范体系。具体措施包括：支持农民合作组织购买大型农机，从2010年开始开展全国糖料高产创建活动，通过全套技术与优良品种集成大面积示范甘蔗生产技术；实施甘蔗生物防治技术补贴、健康种苗技术研发与推广补贴；大力支持制糖业产业技术改造，鼓励制糖企业进口先进设备和更新工艺流程，鼓励糖厂改进甘蔗综合利用技术与全程自动化技术。

第二，借鉴欧盟、美国等发达国家经验，在国内探索施行食糖生产配额管理。建议政府每榨季开始之前通过对市场需求的调研与分析基本确定总需求，根据总需求确定每年生产配额。政府只对配额内的糖（如1350万吨）实行政府保护，按国内市场价格销售；超出配额生产的糖，必须转到下一榨季销售。

第三，借鉴生猪调控经验，设置并颁布《防止食糖价格过度波动的调控预案》，给予市场主体明确合理的预期，构建我国甘蔗与食糖产业市场风险防范体系。建议政府可在保障消费者和工农生产者基本利益的原则下，通过利益各方协商，确定国内食糖销售的"基础价格"（如当前4000元/吨是粮、油、肉、蛋的合理比价），并允许市场以"基础价格"为基准，根据市场供求状况，在一定范围内上下浮动（如正负300元/吨），设置"基础价格+浮动限额"为"触顶价格"，"基础价格-浮动限额"为"触底价格"。当糖价持续低于"触底价格"时，政府可按"触底价格"收购储备糖，提升糖价；当糖价持续高于"触顶价格"时，政府可按"触顶价格"放储，平抑糖价，使糖价稳定在有利于产业生产和发展的合理区间。

第四，在全国范围内推广和改进广西"糖蔗联动、二次结算"的产业化经营模式，降低甘蔗收购价所挂钩的糖价标准，稳定二次结算联动系数，促进蔗农收入的稳定与提高。比如可以在广西实现甘蔗收购价 300 元/吨与 3200 元/吨挂钩,将二次结算联动系数稳定在 6% 左右。工农收益控制在 4∶6 左右。

第五,通过促进蔗区土地流转,引导和鼓励蔗农成立合作经济组织,进行规模化生产、专业化经营,吸纳蔗农合作经济组织代表参与政府每榨季糖料收购价格政策制定过程,提高蔗农和合作经济组织在甘蔗定价机制中的话语权。

四、2010年中国蔗糖产业发展趋势预测与政策建议

（一）2009年中国甘蔗产业发展的特点与存在问题

1. 2009年甘蔗产业发展特点

第一，甘蔗、食糖减产，食糖供需转向紧平衡。2008/2009榨季我国糖料和食糖产量均大幅减产。全国糖料产量减少约1900万吨，产糖量减少了240.9万吨，仅达1243.12万吨。本榨季食糖总供给量约1489万吨，而同期我国食糖消费量达到1390万吨，中央和地方实际收储90万吨左右，总需求量约为1480万吨，供需基本平衡。2009年我国食糖供需格局从供大于求转向供需紧平衡。第二，糖价进入上升通道，宏观调控力度明显加大。2009年，我国食糖价格走势总体上呈现恢复性回升状态。1—8月，南宁现货价从2860元/吨涨至4000元/吨，至12月末南宁现货价接近5000元/吨，相比年初涨幅达75%。政府对市场的宏观调控力度加大。年初，为了使糖价回升至合理水平，中央分两次收储了80万吨食糖，广西区政府也收储40万吨。但随着价格的不断攀升，12月份国家又分两次抛储了50万吨食糖。2009年宏观调控政策出台频率高、数量大，调控力度明显加大。第三，生产成本增加、蔗价基本不变，蔗农积极性受挫。尽管2009年糖价出现上涨，但农民拿到的蔗价基本未变，而2008/2009榨季的生产成本却大幅上升。据调查，由于人工成本与物质成本的大幅提高，吨蔗种植成本同比增加50.5%，亩均种植利润下降了70%—80%，若把自家投工计入成本，大部分蔗农濒临亏本，农民2009年甘蔗种植积极性受挫，种植面积缩减5%左右。第四，国际食糖供给较为紧张。2008/2009榨季，印度、泰国等主要产糖国

出现大幅减产,导致全球食糖从供过于求转向供不足需。据国际糖业组织9月份报告分析,2008/2009 榨季全球食糖供给量为 1.542 亿吨,需求量为1.646 亿吨,供给缺口达 1040 万吨。

2. 2009 年甘蔗产业发展中存在的问题

第一,甘蔗生产条件差,受干旱等自然风险影响大。我国甘蔗种植立地条件差,大多种植在旱坡地上,土壤贫瘠、雨量不均、基本无法灌溉。2009年云南、广西等地遭受了持续时间较长的严重秋旱,对甘蔗生长制约较大。第二,工农关系仍然不合理,蔗农未能分享糖价上涨的利益。由于糖厂计算收益时偏低估计,忽略了副产品和蔗渣的收入,因此在糖价上涨时农民分得的收益较少,糖厂利益大增。第三,品种退化与人工收获制约农民增收。部分地区品种退化导致单产下降,人工收获成本的不断增长又拉高了生产成本,从而制约农民增收。

(二)2010 年甘蔗产业发展趋势分析

1. 2010 年食糖供需形势将依然偏紧

2009/2010 榨季,预计全球食糖供给偏紧的格局将不会改变。巴西食糖产量会同比出现下滑,印度食糖产量仅能达到 1500 万吨左右,难以出现较大幅度恢复性增长。据国际糖业组织最新估计,预计全球食糖产量为1.599 亿吨,消费量为 1.671 亿吨,全球食糖供给缺口将达到 720 万吨。2010 年,预计国内食糖供需形势还将依然偏紧,一方面是由于 2009/2010榨季食糖将很有可能继续减产,而进口量增长空间有限,另一方面则是食糖消费的持续增长,有望达到 1450 万吨。

2. 食糖价格将趋于合理

2010 年,随着政府对食糖市场宏观调控的加强,加之 2010 年糖料种植面积将会有所扩大,食糖价格将趋于合理。预计 2010 年上半年将在4400—5000 元/吨的范围内波动,10 月份之后,若不遭受重大自然灾害,随着 2010/2011 榨季新糖的逐步上市,食糖价格将很有可能回到 4000—4500

元/吨的区间内。

3. 蔗农纯收入将有所增长,但增幅不大

2009/2010 榨季,农资等物质成本已经出现一定程度的下降,尽管人工成本仍在上升,但与 2008/2009 榨季相比,预计甘蔗总生产成本将下降 10%左右。甘蔗单产虽然较正常年份略低,但比 2008/2009 榨季将有所增长。而甘蔗收购价受糖价提升的带动,普遍上涨 10%—15%。因此,预计蔗农生产成本将略有下降,纯收入将有所增长。但是,由于甘蔗全部收获还有三四个月时间,单产仍然面临变数,预计纯收入增幅不大。

4. 食糖市场宏观调控手段将以抛储为主

目前国家已在 2009/2010 榨季初期分两批抛储 50 万吨以平抑糖价,但食糖价格仅小幅回调后仍然继续上涨,预期后期市场主体将存在囤糖惜售心理,食糖期货市场投机资金炒作会更加严重,国家在 2010 年上半年的宏观调控手段将以抛储为主,不排除会进行第三、第四次抛储,通过宏观调控避免糖价出现偏离基本面的暴涨。而直到 2010/2011 榨季开始之后,宏观调控策略才会根据 2010 年种植面积与甘蔗长势进行调整。

5. 甘蔗燃料乙醇有望成为调节食糖供需平衡的手段

2009 年年底,广西已经启动利用原料蔗年产 20 万吨燃料乙醇的可行性报告,旨在糖价较高时将部分原料蔗用于制造燃料乙醇,增加调控手段。随着国际原油价格的恢复性上涨,预计 2010 年国际油价将有可能在 80 美元/桶以上,这将为国内甘蔗燃料乙醇产业化提供契机,甘蔗燃料乙醇有望成为政府调控食糖供需平衡的一个手段。

(三)2010 年中国甘蔗产业发展的政策建议

1. 充分利用产业技术体系科技力量开展高产创建活动

国家甘蔗产业技术体系作为甘蔗产业技术研发的“国家队”,理应成为2010 年即将开展的糖料高产创建活动的技术支撑。建议充分利用体系的

科技力量,提高高产创建活动的质量与效率。一是要将体系内岗位科学家、试验站站长明确为高产创建的专家队伍,在设计创建方案、技术指导、测产评估等环节中发挥重要作用;二是要将体系建立以来研发、试验后确定成熟的新品种、新技术模式通过高产创建活动向全国主产区进行推广;三是要将体系内试验示范片和国家高产示范片的功能、特点进行有效整合,促进两类示范片在品种、技术和管理方式上的对接。

2. 开展农资综合补贴试点,提高比较收益水平

由于中长期来看我国食糖供需偏紧的格局将可能延续,当前亟需通过提高比较收益水平来稳定甘蔗面积,确保国家食糖供给安全。一是要针对农资价格高位运行的现状,由中央与地方财政共同投入,在部分优势主产县开展农资综合补贴试点;二是鼓励有条件的糖厂对所辖区内的蔗田进行农资综合补贴,以减轻物质成本上涨的压力。

3. 加大甘蔗健康脱毒种苗繁育基地建设力度

甘蔗健康脱毒种苗是当前形势下提高单产和含糖分的重要手段,必须引起重视。一是要在中央财政或省(区)财政中设立专项资金,在设备购置、人员引进、技术获得、宣传推广等方面加大甘蔗健康脱毒种苗繁育基地建设力度;二是要在有条件的优势主产县由糖厂和地方财政共同出资,对采用健康脱毒种苗的农户给予一定的补贴,补贴方式可参照粮食等作物的良种补贴方式。

4. 加快优良新品种研发速度

甘蔗品种更新是提高甘蔗产业自然风险防范能力的着力点。一是要加大现有甘蔗育种繁育基地和种质资源圃的建设力度,为育种单位的传统杂交育种提供更优良的条件;二是要加强国外新品种的引进,支持育种科研人员的国际交流;三是要规范新品种区域试验与评估办法,形成对新品种的科学合理评价机制,从而营造优良新品种脱颖而出的环境。

5. 加快甘蔗收获机械化进程

甘蔗收获机械化是提高我国甘蔗产业竞争力的根本所在。一是要继续

加强中小型甘蔗收获机械的引进开发力度,研发农机农艺配套技术,争取早日研发出适合我国大部分蔗田的收获机械;二是要通过政府引导,在一些条件成熟的地区建立对糖厂的激励机制,鼓励糖厂采用机收甘蔗榨糖,并给予机收甘蔗与人工收获甘蔗同等蔗价;三是要加大示范力度,鼓励农户使用已有机械收获甘蔗。

6. 提高食糖市场宏观调控水平,维持糖价稳定

建议有关部门借鉴生猪调控经验,设置并颁布《防止食糖价格过度波动的调控预案》,给予市场主体明确合理的预期,构建我国甘蔗与食糖产业市场风险防范体系。建议政府可在保障消费者和工农生产者基本利益的原则下,通过利益各方协商,确定国内食糖销售的"基础价格"（如当前4000元/吨是粮、油、肉、蛋的合理比价）,并允许市场以"基础价格"为基准,根据市场供求状况,在一定范围内上下浮动（如±300元/吨）,设置"基础价格+浮动限额"为"触顶价格","基础价格-浮动限额"为"触底价格"。当糖价持续低于"触底价格"时,政府可按"触底价格"收购储备糖,提升糖价;当糖价持续高于"触顶价格"时,政府可按"触顶价格"放储,平抑糖价,使糖价稳定在有利于产业生产和发展的合理区间。

7. 调整工农利益,建立合理利益分配机制

建议在全国范围内推广和改进广西"糖蔗联动、二次结算"的产业化经营模式,确保工农利益比例控制在4∶6左右。一是要在现有基础上降低甘蔗收购价所挂钩的糖价水平;二是要建立科学的糖厂、蔗农成本与收益核算方法,构建合理的各方协商机制;三是要稳定二次结算联动系数,严格按照二次结算方案进行兑付。例如可以在广西实现甘蔗收购价300元/吨与3200元/吨挂钩,将二次结算联动系数稳定在6%左右。

五、当前我国食糖市场与糖料生产：
形势、问题与对策

2008 年至 2010 年,我国糖料与食糖生产横跨了 2008/2009 和 2009/2010 两个榨季。尽管只有短短 14 个月的时间,我国糖料与食糖供需格局却发生了巨大变化,全球食糖供需格局也发生了大逆转,国内外食糖供给紧张的重合,导致了食糖价格的新一轮持续、快速上涨,从 2008 年 10 月的价格最低点至 2010 年 1 月 6 日最高点的涨幅高达 104%。由于全球金融危机爆发之前我国糖市就一直处于下跌,随着危机后中国经济的强劲复苏以及乳制品行业回复正常发展轨道,糖价一定程度的恢复性上涨是合理和正常的;但此次涨幅如此之高、涨速如此之快,也凸显了我国糖料生产与食糖供给体系的脆弱性,为国内食糖供给安全敲响了警钟。为了平抑食糖价格过快上涨,当前需要出台政策大力扶持糖料生产,继续投放国家和地方政府储备糖,促进食糖市场实现供求基本平衡,使食糖价格回到相对合理区间。

(一)2008 年 10 月以来我国食糖市场
供需形势与价格走势分析

1. 2008/2009 榨季食糖由供大于求转变为紧平衡,估计 2009/2010 榨季恢复性增产的概率不大

受 2008 年初大范围雨雪冰冻灾害以及台风、洪灾等自然灾害的影响,2008/2009 榨季我国糖料出苗率与糖分普遍偏低,加之 2008 年农资价格过高,农民生产资料投入不足,单产出现大幅下降,尽管播种面积有所扩大,但糖料和食糖总产量均大幅减产。据中国糖业协会统计,

2008/2009 榨季累计产糖量为 1243.12 万吨,减产 240.9 万吨,减幅高达 16.2%。全国糖料减产也高达 1900 万吨左右。与食糖供给大幅减少不同,尽管前期食糖需求受到全球金融危机和"三聚氰胺"事件的双重打击曾一度萎靡不振,但很快就从阴影中恢复过来。一方面,食糖销售情况从 2009 年一季度开始回暖,累计产销率开始逐步提高,并在 4 月份之后开始持续高于 2007/2008 榨季同期的产销率。截至 2009 年 9 月底,销糖量达 1206.15 万吨,销糖率达 97.03%,同比提高 7.43 个百分点。另一方面,食糖需求的好转在消费端——含糖食品的生产变化趋势中也得到了印证。据国家统计局对规模以上企业的统计,2009 年 1—11 月,国内主要含糖食品中,糕点、饼干等九大含糖食品累计产量与去年同期相比仍保持增长态势,其中,饼干、糖果、速冻主食品、罐头、碳酸饮料类(汽水)、果汁和蔬菜汁饮料类累计产量同比增幅在 10% 以上,糕点、冷冻饮品分别为 6.33% 和 6.88%。食糖供给的大幅减少与食糖需求的持续高速增长,造成了国内食糖市场供需格局的逆转。据测算(表 2-8),2007/2008 榨季期末,我国食糖可流通库存(即工业、商业库存)约为 150 万吨,而截至 2008/2009 榨季期末,可流通库存量仅有 27 万吨左右。食糖库存消费比大幅降低,食糖供求进入紧平衡状态。

表 2-8　近三个榨季中国食糖供需平衡表　　　(单位:万吨)

项目 ＼ 榨季	2007/2008	2008/2009	2009/2010(估计)
上期结转库存	64	149.11	27.23
产量	1484.02	1243.12	1220
一般贸易进口	66.55	80	60
国家、地方放储	0	0	150
总供给量	1614.57	1472.23	1457.23
消费量	1350	1390	1430
国家、地方实际收储	110	50	0
出口	5.46	5	5.2
总需求量	1465.46	1445	1435.2
可流通期末库存	149.11	27.23	22.03

虽然 2008/2009 榨季食糖供需格局逆转,价格有所上升,但大部分农民获得的糖料收购价并未提高,且单产出现下降,因此农民种植糖料的总收益减少。成本方面,由于 2008 年农资等物质成本大幅提高,人工成本也有所提高,糖料种植成本大幅上升,糖农利润空间出现较大幅度的减少,大大影响了 2009 年农民种植糖料的积极性。据各省农业部门统计数据与农业部农情调度,2009 年全国糖料面积估计减少了 260 万亩左右,减幅约 10%。在糖料种植面积减少的背景下,部分主产区又于 2009 年 8 月至 11 月遭受了长达三个多月的严重秋旱,当前糖料生长与食糖生产形势不容乐观。截至 2009 年 12 月末,2009/2010 榨季全国累计产糖 309.38 万吨,尽管与去年同期相比小幅增长 3.6%,但考虑到近期全球厄尔尼诺现象明显,极端气候频繁出现,南方蔗区出现冰冻灾害的可能性较大,估计 2009/2010 榨季糖料和食糖产量同比增长的概率不大,甚至有可能继续减产。

2. 国际食糖供需格局出现巨大变化,2008/2009 与 2009/2010 榨季均存供给缺口

2008/2009 榨季国际食糖市场供需格局也发生了巨大变化,大部分主产国均出现不同程度的减产。受严重干旱影响,世界第一大食糖消费国印度出现大幅减产,印度食糖产量由 2007/2008 榨季的 2630 万吨骤减至 1500 万吨,由净出口 580 万吨转变为净进口 200 万吨食糖,大大改变了世界食糖供需格局。除了印度减产 42.9% 之外,受各类气候灾害的影响,世界各国也纷纷出现减产,中国减产 16.2%,泰国减产 7.9%,北美减产 7.9%,欧盟减产 4.7%,仅巴西在面积持续扩张之下实现了 0.8% 的增产。需求方面,由于食糖消费的收入弹性较小,全球食糖需求量并未受到全球金融危机的实质性影响,因此,2008/2009 榨季全球食糖供给出现较大缺口。据国际糖业组织估计,2008/2009 榨季全球食糖供给缺口达 1040 万吨。2009/2010 榨季,虽然目前来看印度食糖产量会出现恢复性增长,巴西继续保持小幅增产,但全球食糖供需紧张局面仍会延续,供给缺口只能是略有缩小。据巴西和印度有关机构 2009 年 12 月底预计(表 2－9),2009/2010 榨季巴西食糖产量将达到 3400 万吨,印度食糖产量将仅能达到 1600 万吨。据国际糖业组织最新预计,2009/2010 年度,预计全球产糖量达 1.599 亿吨,消费量达

1.671亿吨,供给缺口将达到720万吨。

表2-9 国际糖业组织对近两个榨季全球食糖供需预测

(单位:百万吨,原糖值)

预测年度	预测时间	产量	消费	剩余或缺口(+/−)
2008/202009榨季	2009年9月2日	154.20	164.60	−10.40
2009/202010榨季	2009年11月14日	159.9	167.1	−7.20

数据来源:根据公开资料整理。

3. 食糖价格呈现新一轮持续、快速上涨,2010年10月之前将可能保持高位运行

受2007/2008榨季食糖严重供过于求和全球金融危机的影响,2008年下半年开始,我国食糖价格曾在2800元/吨附近徘徊了近五个月的时间,并于当年10月8日以2650元/吨的价格创下了2006年以来的最低点。2008年11月至12月,正值2008/09榨季开启之初,各方普遍对该榨季食糖生产持乐观态度,而对受金融危机冲击后的国内食糖消费持悲观态度,因而糖价仍然低迷。为了救市,中央和广西地方政府分别于1、2月出台了共计120万吨收储计划,拉动糖价回升至3000元/吨以上。3月以后,随着2008/2009榨季食糖生产的不断开展,2008/2009榨季食糖生产远低于预期,大幅减产的担心逐渐变为现实,再加之食糖消费的逐步回暖,糖价出现了较大程度的反弹回升。2009年4月初,糖价突破3500元/吨。5月以后,国内食糖产量尘埃落定,国际食糖供需格局也逐渐清晰,印度等国大幅减产得到确认,随后的几个月里,国际糖价不断创新高,国内糖价也随之在8月中旬突破4000元/吨。8月底至11月,南方蔗区遭受严重秋旱,部分地区甘蔗长势较差,2009/2010榨季产糖量预期不断调低,导致糖价继续上扬,虽然12月国家连续两次投放储备糖共50万吨平抑市场,但糖价仍然如火如荼,并于2010年1月6日涨至近年来的最高点5400元/吨。预计在2009/2010榨季糖料和食糖生产难以大幅回升的背景下,即使国家继续加大放储力度,食糖供需紧平衡的局面仍难在较短时间内缓解,因此预计2010年10月之前国内糖价都将可能保持高位运行。

(二)当前我国糖料生产面临的突出问题及其原因分析

自 2008 年 10 月以来的新一轮食糖价格持续、快速上涨,一方面具有其合理性。在 2007/2008 和 2008/2009 榨季糖农利益因为价格低迷严重受损后,糖农给予了市场相应的反应,从而导致了近两个制糖期的减产;另一方面,糖价上涨也有其他一系列综合因素,包括国际食糖供需格局的剧烈变化,期货市场投机资金的推波助澜,政府市场调控政策的频繁出台等等。总体而言,此轮食糖价格持续快速上涨的根源还在于,在极端气候发生日益频繁、食糖价格波动日益加大、国内外食糖市场越来越紧密的大背景下,我国糖料生产的政策支持体系、技术支撑体系还显得较为脆弱,利益分配机制、市场调控机制等还有待完善。

1. 糖料生产成本与制糖成本居高不下,价格波动风险抵御能力较差

以占我国产糖量 92% 的糖料作物甘蔗为例,近年来,我国甘蔗生产技术水平不断提高,单产、产糖率等技术指标水平仅排在澳大利亚、巴西之后,居世界第三位。但是,据 USDA 统计,我国每吨甘蔗生产成本高达 240 元,远高于澳大利亚、巴西、美国、印度等主要国家的生产成本。我国制糖成本也高达 3181 元/吨,与和我国甘蔗收购价和吨糖耗蔗量差距不大的巴西相比,制糖成本高出了 1422 元/吨。甘蔗生产成本偏高和制糖成本偏高的现实问题,大大缩小了我国蔗农和糖厂的利润空间,也降低了它们在糖价、蔗价波动中的风险抵御能力。造成这一问题的原因包括:一是我国甘蔗机械化收获技术严重滞后。甘蔗生产成本中近一半为人工成本,由于我国甘蔗收获机械引进、制造及其配套技术研发近年才开始起步,全面推广还需解决诸多技术难题,机械化收获水平还极其低下。二是我国制糖企业制糖技术停步不前,技术改造力度不足。据调查,我国绝大多数糖厂仍采用亚硫酸法制糖技术,还有相当多糖厂的设施设备仍为 20 世纪 70—80 年代的水平,技术研发投入力度不足。

2. 基础设施建设和产业技术水平较低,自然风险抵御能力较弱

一方面,我国糖料种植立地条件差,多为红、黄壤旱坡地、沙洲地等贫瘠土壤,基础设施建设滞后,平均有效灌溉率低于 20%。我国蔗区地处亚热带,气候条件总体与世界主要产蔗国相近,但极端天气状况频发。雨量分布不均,春旱、秋旱现象普遍,时有寒、风灾害的影响,自然灾害对我国糖料生产造成严重影响。例如,广西 90%的甘蔗是种植在旱坡地上,是制约生产水平提高的重要因素,甘蔗单产仍偏低,产量不稳定,总产的增加依然以扩大面积为主,据统计 2008 年全区有灌溉的甘蔗面积只有 228 万亩,仅占14.25%。另一方面,我国糖料产业技术综合水平较低,这也制约了单产和综合效益的提高。以主要糖料作物甘蔗为例,一是品种严重单一化,"ROC"系列品种占全国面积的 80%,其中最大产区广西占 92%,仅"ROC"22 号就占 60%以上;二是病虫害严重,黑穗病、花叶病、宿根矮化病和黄叶病每年造成 20%的经济损失;三是肥料施用方法和配比不科学,偏施滥施现象严重。我国甘蔗偏施滥施化肥超过世界平均水平的 3—4 倍,为巴西的10 倍。

3. 糖料收购环节利益分配不合理,制约糖农收入增长与糖料比较收益提高

制糖企业和农民的利益分配机制是影响我国糖料生产和农民收入的重要因素。2002 年以来,在国家四部委颁布实施《糖料管理暂行办法》的推动下,广西全区及云南部分州市采取了"糖蔗联动、二次结算"的产业化经营机制,但目前利益分配格局仍然不利于蔗农增收,主要表现在糖价上涨时农民分得的收益较少,糖厂对原料蔗克扣现象严重。例如,2009 年上半年糖价上涨了 1000 元/吨左右,但因为达不到 3800 元/吨的挂钩价,蔗农将享受不到除保底收购价之外的二次分配,因此也分享不了糖价上涨的收益。造成这一问题的主要原因是蔗农生产规模较小,甘蔗合作经济组织发展滞后,蔗农和糖厂的谈判能力较弱,特别是在各地政府在榨季之初制定糖料蔗收购保底价与挂钩糖价、联动系数标准时,广大蔗农表达利益的渠道相对缺乏,对收购价格的影响力明显弱于制糖企业。据国家甘蔗产业技术体系调查,主产区广西壮族自治区的蔗农合作经济组织目前不到 10 家,而且,现有的大多数合作社只在技术服务领域实现了统一,未能在产品销售环节实现统一。

4. 市场调控政策有待完善

目前,政府储备糖制度是食糖市场价格宏观调控的主要手段。但是,从近几年国家收储政策来看,存在着政策出台时机滞后、收储价格与数量随意性大等问题,不能给予市场主体稳定的价格预期,影响了宏观调控效果。以2008/2009榨季为例,2008年10月8日左右,南宁现货价格就已在金融危机全面爆发的冲击下跌至2700元/吨以下,而此时距2008/2009榨季开榨还有一个多月的时间,中央政府若能在11月15日之前以3300元/吨的价格收储80万吨白糖,2008/2009榨季的食糖价格将会在12月初就回升至3300元/吨以上,这将大大提高整个食糖产业链的收益水平。但由于直至2009年1、2月份才出台收储政策,3月份糖价才回升至3300元/吨以上,2008/2009榨季前几个月收获的农民和提前卖糖的制糖企业都承受了较大损失。另外,食糖调控的目标价格确定随意性较大,缺乏科学合理的目标价格确定程序。例如,如果考虑成本上涨等因素,2008/2009榨季的调控目标价格应高于2007/2008榨季,但实际收储价格却反而降低了200元/吨。

(三)促进我国糖料生产持续稳定发展的政策建议

未来较长一段时间,随着粮食价格的逐步提高以及其他高效农业的发展,我国食糖供给所面临的挑战将逐年加大,而我国食糖消费却保持刚性增长,供需矛盾将日益突出,因此需要下大力气抓好糖料生产,确保立足于国内糖料生产保障食糖供需基本平衡。建议以"稳价格、稳面积、增单产、提糖分"为政策目标,建立促进我国糖料生产持续稳定发展的长效机制。

1. 稳定食糖价格,确保糖农合理收益

(1)提高食糖市场宏观调控水平。

建议有关部门借鉴生猪调控经验,设置并颁布《防止食糖价格过度波动的调控预案》,给予市场主体明确合理的预期,构建我国甘蔗与食糖产业

市场风险防范体系。建议政府可在保障消费者和工农生产者基本利益的原则下,通过利益各方协商,确定国内食糖销售的"基础价格"(如当前4000元/吨是粮、油、肉、蛋的合理比价),并允许市场以"基础价格"为基准,根据市场供求状况,在一定范围内上下浮动(如±300元/吨),设置"基础价格+浮动限额"为"触顶价格","基础价格-浮动限额"为"触底价格"。当糖价持续低于"触底价格"时,政府可按"触底价格"收购储备糖,提升糖价;当糖价持续高于"触顶价格"时,政府可按"触顶价格"放储,平抑糖价,使糖价稳定在有利于产业生产和发展的合理区间。

(2)调整工农利益,建立合理利益分配机制。

建议在全国范围内推广和改进广西"糖蔗联动、二次结算"的产业化经营模式,确保工农利益比例控制在4:6左右。一是要在现有基础上降低甘蔗收购价所挂钩的糖价水平;二是要建立科学的糖厂、蔗农成本与收益核算方法,构建合理的各方协商机制;三是要稳定二次结算联动系数,严格按照二次结算方案进行兑付。例如可以在广西实现甘蔗收购价300元/吨与3200元/吨挂钩,将二次结算联动系数稳定在6%左右。

2. 降低生产成本,提高比较收益水平,尽快恢复并稳定糖料面积

(1)加快甘蔗收获机械化进程,降低人工成本。

甘蔗收获机械化是降低糖料生产成本、提高我国糖料与食糖竞争力的根本所在。一是要继续加强中小型甘蔗收获机械的引进开发力度,研发农机农艺配套技术,争取早日研发出适合我国大部分蔗田的收获机械;二是要通过政府引导,在一些条件成熟的地区建立对糖厂的激励机制,鼓励糖厂采用机收甘蔗榨糖,并给予机收甘蔗与人工收获甘蔗同等蔗价;三是要加大示范力度,鼓励农户使用已有机械收获甘蔗。

(2)开展农资综合补贴试点,降低物质成本。

由于中长期来看我国食糖供需偏紧的格局将可能延续,当前亟需通过提高比较收益水平来稳定甘蔗面积,确保国家食糖供给安全。一是要针对农资价格高位运行的现状,由中央财政投入,在部分优势主产县开展农资综合补贴试点;二是鼓励有条件的糖厂对所辖区内的糖料进行农资综合补贴,以减轻物质成本上涨的压力。

3. 改良品种,提高单产与含糖分,增强糖料自然风险抵御能力

(1)结合现代农业产业技术体系专项开展糖料高产创建活动。

国家甘蔗产业技术体系和国家甜菜产业技术体系作为糖料生产技术研发的"国家队",理应成为 2010 年即将开展的糖料高产创建活动的技术支撑。建议充分利用体系的科技力量,提高糖料高产创建活动的质量与效率,从而提高糖料生产科技进步率。一是要将体系内岗位科学家、试验站站长明确为高产创建的专家队伍,在设计创建方案、技术指导、测产评估等环节中发挥重要作用;二是要将体系建立以来研发、试验后确定成熟的新品种、新技术模式通过高产创建活动向全国主产区进行推广;三是要将体系内试验示范片和国家高产示范片的功能、特点进行有效整合,促进两类示范片在品种、技术和管理方式上的对接。

(2)加大甘蔗健康脱毒种苗繁育基地建设力度。

甘蔗健康脱毒种苗是当前形势下提高单产和含糖分的重要手段,必须引起重视。一是要在中央财政或省(区)财政中设立专项资金,在设备购置、人员引进、技术获得、宣传推广等方面加大甘蔗健康脱毒种苗繁育基地建设力度;二是要在有条件的优势主产县由糖厂和地方财政共同出资,对采用健康脱毒种苗的农户给予一定的补贴,补贴方式可参照粮食等作物的良种补贴方式。

(3)加快糖料优良新品种研发速度。

品种更新是提高糖料生产自然风险防范能力的着力点。一是要加大现有育种繁育基地和种质资源圃的建设力度,为育种单位的传统杂交育种提供更优良的条件;二是要加强国外新品种的引进,支持育种科研人员的国际交流;三是要规范新品种区域试验与评估办法,形成对新品种的科学合理评价机制,从而营造优良新品种脱颖而出的环境。

六、新一轮糖价上涨：特点、成因与政策建议

2009 年以来，由于国内外多种因素叠加影响，国内糖价连创历史新高，目前仍保持高位运行，"糖高宗"现象已成为社会关注的焦点问题之一。本文在回顾 2009 年以来食糖价格走势及其特征的基础上，分析背后的深层次原因及其对产业稳定发展的影响，并提出食糖产业稳定发展的政策建议。

（一）2009 年以来食糖市场价格走势及其特点

2008 年年底，受 2007/2008 榨季国内食糖严重供过于求和全球金融危机爆发的双重影响，我国食糖价格长期低迷，南宁现货价格于 10 月 8 日创下了 2006 年以来的糖价最低点 2650 元/吨。2009 年以来，食糖价格走势大致可分为三个阶段（图 2-7）：第一阶段为 2009 年 1 月至今年 2 月，糖价呈现持续较快上涨。南宁现货价格分别在 2 月、8 月、12 月连续突破 3000 元/吨、4000 元/吨和 5000 元/吨，于 2 月底涨至 5475 元/吨，这一阶段涨幅达 92.3%；第二阶段为 2009 年 3 月至 5 月，糖价出现小幅回调。南宁现货价格由 3 月 1 日 5475 元/吨降至 5 月 31 日的 5065 元/吨，跌幅约为 7.5%，但始终稳定在 5000 元/吨之上；第三阶段为 2009 年 6 月至 11 月，食糖价格重回上涨轨道，呈现快速拉升的势头。南宁现货价格迅速突破 6000 元/吨和 7000 元/吨两道关口，并于 11 月 11 日创下 7650 元/吨的历史高点，短短 4 个月涨幅高达 50%。11 月 18 日以来，在国家稳定消费价格总水平的各项政策综合干预下，食糖价格有所回调，但目前仍维持在 7000 元/吨左右高位运行。

与新世纪以来的前两轮食糖价格上涨（第一轮上涨从 1999 年 12 月至

图 2 - 7　2009 年以来国内食糖现货价格走势图（单位：元/吨）

数据来源：中国食糖网南宁现货报价。

2001 年 4 月,第二轮上涨从 2003 年 7 月至 2006 年 2 月)相比较,2009 年以来的这一轮食糖价格上涨呈现出以下几个方面特点:一是涨价幅度最大。从 2008 年 10 月至 2010 年 11 月中旬,南宁食糖现货价格上涨幅度高达189%,而第一轮和第二轮糖价上涨幅度分别为 134% 和 162%,均小于本次上涨幅度。二是上涨速度最快。今年 6 月至 11 月是近十年以来糖价上涨最快、食糖市场最为疯狂的时期,仅 5 个月时间糖价上涨了 50%,这一速度是前两轮糖价上涨时没有发生过的。三是上涨期间回调次数最少(图 2 - 8)。以往每一轮糖价上涨过程中,往往会经历多次回调,积蓄能量后再重新回到上涨趋势,但本轮糖价上涨除了在 3—5 月有短暂的窄幅整理之外,其他时间段内一直保持持续较快上涨。

(二)本轮糖价上涨的原因分析

造成本轮糖价上涨,既有宏观经济方面的原因,也有产业自身发展的问题,是多重因素综合推动的结果,主要包括以下几个方面:

第一,糖料与食糖连续两年大幅减产。受 2008 年初雨雪冰冻以及台

图 2 - 8　1999—2010 年国内食糖市场价格走势图(单位:元/吨)

数据来源:万德资讯。

风、洪涝等自然灾害的影响,2008/2009 榨季我国糖料长势较差,出苗率与含糖分偏低,且农民生产资料投入不足,单产普遍大幅下降,糖料和食糖均大幅减产。2009 年,由于西南地区秋冬春三季连旱和上榨季自然灾害对宿根蔗的继续影响,加之北方甜菜面积缩减,糖料与食糖产量继续呈周期性下降。2008/2009、2009/2010 榨季全国产糖量仅为 1243.12 万吨和 1073.83 万吨,同比分别减少 16.2%和 13.6%。

第二,食糖需求呈现刚性增长。"十一五"以来,随着中国经济的持续快速增长和人口的不断增多,加之居民消费习惯逐步改变,含糖食品消费量不断提高,食糖消费量也随之快速增长。据中国糖业协会估计,"十一五"期间食糖消费量年平均增长率保持在 5%左右。2008/2009 榨季全国食糖消费量达 1390 万吨,同比增长 7%。2009/2010 榨季,尽管高糖价以及淀粉糖等替代品的使用增加在一定程度上抑制了食糖需求,但食糖消费量仍然达到 1375 万吨。食糖连续减产与消费量稳步增加扩大了供给缺口,从 2008/2009 榨季至 2009/2010 榨季,国内食糖供给缺口已从 150 万吨扩大至 200 万吨,虽然有期末库存、净进口和国储糖投放来填补缺口,但食糖供需仅能维持紧平衡。

第三,国际食糖市场供不应求、价格上涨传导到国内推升糖价。

2008/2009 榨季,由于世界主要产糖国巴西遭遇连续降雨,印度、泰国持续干旱,全球食糖产量减少,尤其是印度减产幅度高达 50%,从一个净出口国变身为净进口国,全球食糖供需格局从供过于求向供小于求转变。据国际糖业组织估计,2008/2009 榨季全球食糖供给缺口达到 1040 万吨。2009/2010 榨季,尽管巴西有一定程度增产,印度食糖产量出现恢复性增长,但由于泰国、俄罗斯、墨西哥、澳大利亚、巴基斯坦均因天气原因出现不同程度减产,全球食糖供给仍然存在缺口。据德国咨询机构 F.O.Licht 估计,2009/2010 榨季全球食糖供给缺口约为 770 万吨左右。国际食糖市场连续两年供不应求刺激了糖价上涨,2009 年以来,ICE 11 号原糖期货近交割月合约收盘价持续上扬,在 2 月初创下 29 美分/磅的近三十年最高点,5 月底,在印度和巴西食糖产量不断调整的影响下,国际糖价曾一度回落至 15 美分/磅,但在随后的几个月里,国际食糖供应再度趋紧,糖价于 11 月 9 日创下 30.56 美分/磅的新高点。2009 年以来国外与国内食糖供需形势偏紧的叠加,导致国内外糖价联动性明显增强,国外糖价的波动对国内糖价产生了较强的传导作用。

第四,投机资金在现货、中远期市场与期货市场的炒作。金融危机爆发以来,为刺激经济复苏,我国货币政策相对较为宽松,加之人民币升值预期导致部分境外资金流入,货币流动性过剩现象重新出现。大量游资从受政策压力较大的房地产市场流出,转向大宗农产品期货市场及农产品中远期电子批发市场。由于食糖生产区域集中度高,糖料生产较为脆弱,易受天气等自然灾害影响,炒作空间相对较大,吸引了大量投机资金进入。投机资金采取在现货市场上囤货居奇,在中远期市场和期货市场上不断发布减产消息炒作远月合约等手法,期望在价格暴涨中获利,加剧了食糖市场的紧缺预期。今年 10 月至 11 月中旬,郑州商品交易所白糖期货主力合约出现了持仓量与成交量暴增、价格猛涨的局面,每日持仓量从 20 余万手增至 50 余万手,每日成交量从不到 10 万手猛增至 200 余万手,价格飞速上涨已经严重脱离基本面,具有明显的投机炒作痕迹。

(三)本轮糖价上涨所暴露的深层次问题与政策建议

本轮糖价上涨虽然已在各类政策的综合打压下出现一定程度回落,但这次剧烈波动却暴露了产业链各环节以及政府宏观管理、调控方面存在的诸多深层次问题。总的来看,有以下几点需要决策者和业界认真反思与把握。

第一,本轮糖价持续大幅上涨是糖料生产长期受到忽视的集中爆发,未来几年高糖价可能成为常态。我国糖料中甘蔗品种单一化严重,覆盖面最广的新台糖系列品种至今未能超越,甜菜自主育种能力基本丧失,糖料品种抗病虫害能力、抗逆性逐年弱化;糖料生产基础条件薄弱,灌溉条件差,去年年底和今年年初西南地区的秋冬春三季连旱暴露了水利设施严重不足、年久失修等问题;甘蔗收获机械化难题长期未得到解决,在劳动力成本上升的背景下制约了农民植蔗积极性,糖料面积持续两年下滑。如果未来糖料生产方面的投入不能实现大幅增加,基础设施、关键技术与品种、机械化等问题得不到有效解决,糖料与食糖产量难以出现大幅度增长,面对不断增长的需求,高糖价将可能在未来几年成为一种常态。

第二,食糖"金融产品化"需要引起重视。随着食糖期货市场与中远期电子批发市场的迅速发展,食糖已越来越超越传统的商品属性,更加具备金融属性,食糖"金融产品化"趋势明显,投机资金炒作导致的短期内价格大起大落对于产业稳定发展带来了威胁。作为一个关系着 3000 万糖农生计和国家物价总体水平的基础性农产品,如何防止其过度金融产品化、如何加强对食糖中远期和期货市场的监管亟需研究探索。

第三,农民虽然从糖价上涨中获益,但食糖产业利益分配机制仍不合理,亟待变革。据中糖协统计,2009/2010 榨季甘蔗收购价格平均每吨上涨 81 元,全国糖农增收 50.16 亿元,糖农从糖价上涨中获益。但考虑到地租、农资、劳动力成本上升因素,糖农纯利润增长幅度不超过 30%,而同期全国制糖业实现利税总额 122.82 亿元,同比增加 81.72 亿元,增幅高达 200%。农民在"糖蔗联动、二次结算"的利益分配机制中缺少定价话语权,糖厂对进厂原料蔗克扣等问题依然存在。

第四,储备糖的储备数量、投放时机与节奏仍值得改进。在本轮糖价上涨的宏观调控中,储备糖投放虽然从一定程度上缓解了供需偏紧的局面,但由于中央食糖储备量不足、地方储备机制不完善、储备糖投放过于分散、部分投放时机欠妥、每次投放量过小等问题,未能从根本上通过储备调节抑制糖价过快上涨,反而给予了投机资金借宣称政府储备不足进行炒作的空间。

因此,针对本轮食糖价格上涨,政府应从以下几方面入手加大产业支持与调控力度,防止食糖价格大起大落,促进产业持续稳定发展。

一是要大力支持糖料生产基础设施建设、品种创新与收获机械化,构建糖料生产自然风险防范体系。在优势主产区继续加大糖料基地县建设,把建设重点放在提灌取水防旱等环节;扩大高产创建活动的规模与范围,促进甘蔗产业技术体系专家队伍与高产创建活动的有机结合;大力实施甘蔗脱毒健康种苗示范项目,探索良种补贴有效形式;整合现有育种资源,采取集中杂交、分期选种的方式,积极鼓励科研单位在遗传设计、育种方法、亲本选配等方面联合,避免盲目重复,加快优良新品种研发速度;继续开展全程机械化示范试点,使之成为甘蔗收获机械化推广和示范平台。大规模引进国外甘蔗收获机型并改造成为适合我国甘蔗经营规模的机械,重点解决好农机与农艺相结合、收获机械配套等问题。积极培育甘蔗机收专业户和专业公司,将优秀的国外引进机型和国产机型列入农机具购置补贴,引导蔗农采取机械化收获方式,鼓励糖厂在收购时将机收甘蔗与人工砍收甘蔗同等对待。

二是要完善糖料产业利益分配机制,保障蔗农合理收益。推广和改进广西"糖蔗联动、二次结算"的产业化经营模式,降低甘蔗收购价所挂钩的糖价标准,稳定二次结算联动系数,促进蔗农收入的稳定与提高。可在广西探索实行甘蔗收购价400元/吨与糖价5400元/吨挂钩,将二次结算联动系数稳定在6%左右。促进蔗区土地流转,引导鼓励蔗农成立合作经济组织,进行规模化生产、专业化经营,吸纳蔗农合作经济组织代表参与政府每榨季糖料收购价格政策制定过程,提高蔗农的话语权。

三是要制定并颁布《防止食糖价格过度波动调控预案》,提高食糖市场调控水平。尽快制定并公布《防止食糖价格过度波动调控预案》,在保障消费者和工农生产者基本利益的原则下,通过利益各方协商,参考与粮食等农产品的比价关系,确定国内食糖销售的"基础价格",并允许市场以"基础价格"为基准,根据市场供求状况,在一定范围内上下浮动,设置"基础价格+浮动限额"为"触顶价格","基础价格−浮动限额"为"触底价格",并以此为原则开展食糖市场调控。

四是要加强食糖市场调控政策与货币政策、期货市场监管政策的协同性,增强调控效果。适当增加国家食糖储备规模,提高食糖收储、放储等市场调控政策的针对性与有效性;将食糖市场调控政策与货币政策统筹考虑,增强两者之间在时机和力度上的协同效应,形成政策合力。加强对食糖中远期电子批发市场、期货市场交易异动的监控与监管,在市场投机氛围较浓的时候及时采取调整保证金标准、涨跌停板幅度等手段限制投机资金过度炒作。

七、持续严重干旱对云南蔗糖
产业的影响与政策建议

——基于对临沧、保山、红河三市（州）的实地调研

2009 年 9 月以来，云南省大部分地区发生秋、冬、春三季连旱，持续旱情严重影响了该省的蔗糖生产。为了解持续干旱对该省蔗糖产业的近期与中长期影响，为有关部门出台扶持政策提供参考，4 月 1 日至 7 日，农业部农村经济研究中心、国家甘蔗产业技术体系产业经济研究室调研组赴云南省临沧市、保山市、红河州，深入田间地头，对政府有关部门、制糖企业、蔗农等主体进行了调查，并在昆明市与省农业厅、工信委、农科院、糖业协会等机构的有关人员以及云南英茂糖业集团负责人进行了座谈。调查结果表明：持续干旱不仅对该省 2009/2010 榨季蔗糖生产和蔗农、糖厂生产经营效益产生较大冲击，还将严重影响该省 2010/2011 榨季的蔗糖生产，甚至会威胁到近两至三年国内食糖有效供给和食糖价格的稳定。因此，当前需要出台一揽子短期应急措施和中长期扶持政策，促进云南蔗糖产业恢复性发展。

（一）对 2009/2010 榨季云南蔗糖产业的冲击

1. 甘蔗单产大幅下降，蔗糖预计减产 22％

由于去年秋冬连旱正值甘蔗大生长期，缺水导致甘蔗伸长严重不足，部分受旱严重地区茎长、茎粗均明显低于上榨季水平，单产大幅下降。据云南省农业厅统计，截至 3 月 25 日，全省甘蔗受灾面积达 354 万亩，占 2009 年甘蔗总面积的 77.5％，成灾面积 295 万亩，绝收面积达 60 万亩以上。据云南省农业厅有关人士预计，2009/2010 榨季全省甘蔗将减产 385 万吨，亩均

减产 0.84 吨,单产比 2008/2009 榨季减少 20%,食糖减产将达到 45 万吨,减幅达 22%。分地区来看,临沧市、德宏州等受旱相对较轻的地区减产幅度相对较小,但红河、保山、玉溪等重灾区则减产非常严重。据临沧市云县幸福糖业有限公司负责人介绍,该糖厂 2009/2010 榨季已结束,由于甘蔗长势较差,83000 亩甘蔗总计减产 41500 吨,亩均减产 0.5 吨,减幅达 14.9%,产糖量减少 5395 吨,减幅为 14%。而保山市农业局预计,全市 2009/2010 榨季入榨面积仅为 49.58 万亩,同比减少 20%,入榨甘蔗产量仅 115 万吨左右,同比减少 50%。据红河州开远市明威糖业公司反映,该厂 2009/2010 榨季与上榨季甘蔗面积相当,但由于受干旱影响,新植蔗中 70%绝收,宿根蔗长势较差,入榨甘蔗中有 50%的是株高不到 1 米"口袋甘蔗",到收榨时止,甘蔗入榨量比上个榨季减少 50%,其中受灾最严重的一个专业植蔗村减产幅度甚至达 60%以上。

2. 植蔗收入大幅减少,砍收成本提高,蔗农面临亏损

旱灾导致的甘蔗单产大幅下降对植蔗农户收入带来了严重的影响。一方面,尽管部分地区甘蔗收购价较去年有所上涨,但农户植蔗收入仍然大幅减少。据云南省农业厅统计,全省蔗农收入损失在 10 亿元以上。以云县幸福糖业公司蔗区为例,该蔗区共有 5300 户蔗农,农户总减收额 1058.3 万元,户均减收 1996 元,亩均减收 127.5 元。另一方面,由于今年雇工工资高于去年,加之单位时间内可以砍收的甘蔗量减少,变相增加了甘蔗砍收成本,使农户甘蔗生产成本有所上升。受旱地区农户植蔗利润受到成本上升与收入下降两方面的挤压,出现较大幅度下降。调研组对保山市昌宁县卡斯乡某蔗农的调查显示,他家 2009/2010 榨季的成本投入(含自有劳动力投工折价)比上年度增加了 9.5%,但植蔗收入同比下降了 40.7%,因而植蔗利润降幅高达 65.4%。另外,由于部分受旱严重的农户单产减幅较大,种植甘蔗已处于亏损状态。据调查,昌宁县卡斯乡某蔗农 2008/2009 榨季植蔗净利润(成本含自有劳动力投工折价)为 58.25 元/亩,而 2009/2010 榨季则每亩亏损了 18.92 元。

3. 制糖企业销售收入锐减,制糖成本提高,利润有所下降

尽管 2009/2010 榨季食糖价格持续高位运行,但由于蔗糖大幅减产,制糖企业开工能力不足,企业生产经营效益仍然受到较大影响。一是糖厂销售收入锐减。据统计,全省制糖企业销售收入减少 20 亿元。保山市恒盛糖业集团公司反映,该企业 2009/2010 榨季产糖量仅 32500 吨,比正常年景减少 25000 吨,以 5000 元/吨的平均销售价格来计算,销售收入减少 1.25 亿元。二是由于入榨量减少,制糖企业开工时间明显缩短,但直接工资、固定资产折旧等均未减少,因而吨糖所摊销的生产成本和管理费用、销售费用、财务费用有所增加。据恒盛糖业集团公司估算,该公司 2009/2010 榨季由于没有形成规模效益,每吨食糖的含税完全成本上升 1000 元左右,企业净利润减少 2300 万元,比上个榨季减少了 75%。

(二)对 2010/2011 榨季云南蔗糖产业的影响

云南省秋冬春三季连旱,不仅对 2009/2010 榨季的蔗糖产业造成了严重冲击,也对 2010/2011 榨季产生了诸多不利影响。一方面,大部分宿根蔗出苗情况较差,部分宿根蔗甚至已经坏死,已下种的新植蔗出苗也较差,部分面积需补种或翻掉改种;另一方面,仍有一些计划新植的面积由于干旱无法下种,如果四月底之前仍无充足雨水,农户可能将直接改种玉米。即使四月底之前能有降雨,也会由于种植时间推后影响最终单产。因此,初步判断 2010/2011 榨季云南省甘蔗收获面积将出现较大幅度萎缩,单产有可能继续降低,蔗糖产量将持续减少。

1. 部分新植蔗和绝收补种蔗无法下种,种植面积预减 12.5%

由于甘蔗的种植是边砍收、边翻地新植,在持续干旱、缺少雨水的影响下,农户准备春季新植的甘蔗大量无法下种,另外,去年秋冬新植但未出苗的甘蔗和绝收的宿根蔗也急需翻掉补种,也无法下种。4 月是适合云南省甘蔗种植的最后一个月份,如果 4 月中下旬不出现大范围显著降雨,2010/2011 榨季的甘蔗种植面积将出现较大幅度萎缩。临沧市云县幸福糖业公司预计其 2010/2011 榨季总种植面积将减少 18000 亩,减幅 25%。开远市明威糖业公司则更为悲观,该公司预计去年 36000 亩种植面积将在 2010/2011 榨季仅能达到 24000 亩,萎缩 1/3 的面积均会改种玉米等其他作物。据云南省有关人士预计,2010/2011 榨季全省甘蔗总种植面积仅能达到 400 万亩,包括 200 万亩宿根蔗和 200 万亩新植蔗,与 2009/2010 榨季相比将减少 12.5%。

2. 新植蔗和宿根蔗出苗情况普遍较差,单产将可能继续下降

调研组从各地了解到,2009 年 10 月份秋冬种开展以来,已下种的新植蔗出苗情况普遍较差,不出苗、出苗不齐的现象屡见不鲜,必将影响甘蔗最终产量的形成。据临沧市云县幸福糖业公司农务经理介绍,该企业甘蔗面积常年保持在 8 万亩左右,每年新植 2 万亩。截至 2010 年 3 月底,该企业蔗区已下种的 18000 亩新植蔗中仍有 6000 亩未出苗,占总新植面积的 33%,绝大部分已经坏死,等待补种或改种。除此之外,宿根蔗的出苗情况也非常不理想,相当一部分宿根蔗无法出苗。红河州开远市明威糖业公司农务部介绍,该企业蔗区的 3 万亩宿根蔗中,完全不能出苗的有 2000 亩,严重缺苗(2000 苗/亩以下)的有 1500 亩。另外,即使 5 月份之前能抢种一部分新植蔗,也会由于种植节点推迟影响甘蔗生长发育,直至影响最终单产。综上所述,初步判断如果后期甘蔗生长条件与去年持平,2010/2011 榨季收获的甘蔗单产将可能在本榨季的基础上再下降 5% 左右。

3. 大部分地区种苗供应较为充裕,但农户留种积极性在下降

尽管最适宜种植甘蔗的时间只有不到一个月时间,种苗供给是否充裕依然是决定新植蔗面积能否保住的关键。我们在各地的调研发现,大部分受旱地区的糖厂都通过各种补贴措施做好了预留种苗的准备,种苗供给较为充裕。据保山市隆阳区农业局介绍,该区 12 万亩甘蔗,2010 年预计新植 5 万亩,需要种苗 4 万吨,糖厂通过加价 50 元/吨鼓励农民留种,现有 1 万亩甘蔗作为留种尚未入榨。据云南省英茂糖业集团公司介绍,该集团有多家糖厂分布在各州市,虽然部分重旱县如元阳县没有留种,但一旦需要进行大面积补种,该集团有能力从其他受旱较轻的糖厂调运种苗。也有少部分地区出现留种少、种苗可能出现紧缺的情况。据开远市明威糖业公司介绍,

该企业虽然有 400 亩左右的蔗地预留种苗 900 多吨,但如果 4 月中下旬出现大范围降水,可能出现种苗紧缺的情况。总的来看,受旱程度较轻、收榨较晚的蔗区要比受旱程度重、收榨早的蔗区种苗供应充裕,大集团对于各个糖厂之间的调种能力要强于单个小制糖企业的调种能力。但是,由于甘蔗种苗需要鲜活保存,持续干旱导致农户留种风险加大,农户担心所留甘蔗旱死,希望能及早入榨。随着时间的推移,农户留种积极性在不断降低。

(三)促进云南蔗糖产业恢复性发展的政策建议

目前,云南省 2009/2010 榨季蔗糖生产大局已定,2010/2011 榨季甘蔗新植也已到最后关头。虽然 3 月底、4 月初局部地区有少量降雨,但持续严重旱灾短时期内难以缓解,抗旱形势依然十分严峻。建议农业部尽快采取短期应急政策措施,力争将旱灾对云南蔗糖产业造成的损失减小到最低程度,同时也应着眼长远,积极与有关部门沟通,出台一批中长期扶持政策,促进云南蔗糖产业的恢复性发展。

1. 短期应急性政策建议

第一,密切关注旱情发展,做好省际种苗调运预案。一是要加强与云南省农业行政主管部门的沟通,密切关注云南天气变化和旱情发展,建立灾情、受灾损失旬报制度,及时针对旱情变化研究应对措施,做好减灾技术指导。如有降雨,要及时对甘蔗采取地膜覆盖,保持土壤水分,应对春夏连旱。二是要协调广西、广东等省(区)农业部门,在部分条件适宜的地区做好鲜活种苗储备,做好省际种苗调运预案,以备在 4 月中、下旬抓住时机下种。

第二,协助省级农业部门做好技术指导,加强甘蔗田间管理。一是要引导蔗农抓住下雨时机补种、抢种,大力宣传蔗地机械深耕深松技术、地膜覆盖栽培技术、蔗叶还田技术等抗旱增产技术措施;二是要加强宿根蔗和新植蔗的田间管理,及时开坑松蔸与施肥,及时查苗补苗匀苗;三是要针对旱灾后易爆发病虫害的历史经验,高度重视主要病虫害的发生情况,加强预防预报,及时提出病虫害防治措施。

第三,加快开展糖料高产创建活动,提高甘蔗单产。一是要继续做好全国糖料高产创建活动方案的设计,不断完善技术方案、实施办法;二是要加强与财政部、发改委等部门的沟通,尽快落实 2010 年糖料高产创建活动专项经费,及时下达至示范县和示范片;三是要根据云南省受灾情况,在开展高产创建活动时给予受灾严重的州、市一定政策倾斜。

第四,及早谋划今年甘蔗秋冬植。一是要密切跟踪国内外食糖供需形势,根据对 2011/2012 榨季国内食糖供给目标的预测,为甘蔗秋冬植面积提供指导性意见。二是要加强与地方政府和行业协会的沟通协调,引导制糖企业通过种植补贴、种苗调运补贴、免费机耕服务等措施,加大对秋冬植的扶持力度,刺激蔗农生产积极性。

2. 中长期扶持政策建议

第一,加大中央财政投入力度,以"坡地改梯田"建设、提灌站建设为突破口,改善云南省旱坡地甘蔗的灌溉条件。一是要在"十二五"期间增加资金投入,引导地方政府和制糖企业投入资金,集中改造 200 万亩左右植蔗旱坡地为梯田,增加蔗地保水能力。二是要以提灌站建设为突破口,在"十二五"期间集中建设 500 个左右的提灌站,争取覆盖 100 万亩蔗区,改善这些近水源蔗区的灌溉能力。

第二,积极争取糖料良种补贴,争取将甘蔗间套种玉米、马铃薯纳入粮食作物良种补贴覆盖范围。一是要着力推广一批抗旱能力强、综合性状好的甘蔗品种,并积极争取与上述品种挂钩的良种补贴,良种补贴标准可设定为 10 元/亩;二是要争取给予与甘蔗间套种的玉米、马铃薯等粮食作物应获得的良种补贴,鼓励农户实施间套种。

第三,扩大蔗区政策性保险试点范围,将旱灾纳入保险公司承保范围。要与保监会等有关部门合作,在有条件的蔗区扩大政策性农业保险试点范围,争取两至三年之间实现政策性保险在蔗区的全覆盖。同时,要将旱灾、冻灾等常见自然灾害纳入甘蔗政策性农业保险承保范围,会同保监部门监督保险公司做到应赔尽赔、快速理赔。

八、2011 年中国蔗糖产业发展 趋势预测与政策建议

(一)2010 年甘蔗产业发展特点、问题

1. 2010 年甘蔗产业发展特点

2009/2010 榨季甘蔗与食糖产业发展呈现"两减两增、缺口扩大、价格飙涨、产业增收"的总体特征,具体表现为以下几个方面:第一,甘蔗、食糖连续第二年大幅减产,食糖产需缺口扩大。继上榨季减产之后,2009/2010 榨季我国糖料和食糖产量连续大幅减产。全国产糖量仅达 1073.83 万吨,减少 13.6%,其中甘蔗糖仅有 1013.83 万吨,减产 12.1%,而同期我国食糖消费量达到 1379 万吨,尽管同比减少 0.8%,但产需缺口依然从 2008/2009 榨季的 146.9 万吨扩大至 305.17 万吨。第二,国储糖抛售频繁,宏观调控力度明显加大。为稳定市场价格、保证市场供应、弥补供需缺口,从 2009 年 12 月至 2010 年 9 月,国家发改委、商务部等累计抛售八批共计 171 万吨的国家储备糖,实际成交量 170.39 万吨,国储糖的投放补充了主销区的货源,满足了食品企业的部分食糖需求,从一定程度上缓解了供需矛盾。第三,食糖进口猛增,进口量接近 150 万吨。从 2010 年 5 月份起,由于国内 2009/2010 榨季国内食糖产量已完全明朗,食糖供给紧缺获得进口商认同,加之国内糖价上涨速度与幅度逐步开始超过国际糖价,因此,我国进口原糖数量大幅增长,创下近 15 个榨季以来最高进口量记录。据海关统计,2009/2010 榨季,我国累计进口食糖 147.6 万吨,同比增长 44.2%。第四,食糖价格大幅飙升,创下国内糖价历史新高。在供求格局偏紧的刺激下,加之部分投机资金在期货市场和中远期电子批发市场的炒作,2009/2010 榨

季国内食糖价格大幅飙升。从 2009 年 10 月初至 2010 年 10 月末,南宁现货价格由 4220 元/吨涨至 7275 元/吨,涨幅高达 72.4%,昆明现货价格由 4080 元/吨涨至 7100 元/吨,涨幅高达 74%。第五,制糖企业、蔗农收益均有所增长。由于 2009/2010 榨季食糖价格持续上涨,制糖企业、糖农收益均有所提高。据中糖协统计,2009/2010 榨季甘蔗收购价格平均每吨上涨 81 元,全国糖料种植农户增收 50.16 亿元,全国制糖业实现利税总额 122.82 亿元,同比增加 81.72 亿元。第六,全球食糖供给缺口略有缩小,国际糖价仍在高位运行。由于巴西甘蔗生产较为良好,印度种植面积扩张,全球食糖供需形势略有缓解。2009/2010 榨季,全球食糖市场的供给缺口从年初预计的 940 万吨缩减至年底预计的 495 万吨。2010 年年初,由于国际食糖市场供应偏紧,并且期货市场预期在未来几个月内供应仍将十分紧缺,原糖期货价格一路走高,至 2 月 1 日,ICE 原糖近月合约价格触及 29 年来的最高点 30.40 美分/磅,在经历了 2—5 月的急速下跌后,国际糖价又回升至 23 美分/磅左右高位运行。

2. 2010 年甘蔗产业发展中存在的问题

一是基础设施薄弱,防灾减灾能力较差。我国甘蔗大多生长在旱坡地、荒地,土壤贫瘠,雨量不均,农田基础设施薄弱,灌溉条件差,2009 年年底以来西南三省(区)秋冬春三季连旱暴露了蔗地水利设施严重不足、年久失修等问题,提高甘蔗防灾减灾能力已迫在眉睫;二是品种单一化问题依然严重。虽然近几年有一些新品种在产区推广,但新台糖系列品种仍然占全国甘蔗总面积的 80% 以上,第一大产区广西的新台糖系列品种占比高达 93%,品种单一化问题导致原料蔗成熟期过于集中,平均出糖率不能达到合理水平,且易造成病虫害大面积传播,加大了甘蔗生长的自然风险。三是人工成本大幅提高,甘蔗收获机械化进程缓慢。据调查,目前蔗区砍蔗成本已从几年前的 40 元/吨涨至 80—100 元/吨,且由于甘蔗收获劳动量大、环境恶劣,砍蔗工人越来越短缺,而我国甘蔗收获机械化又面临着农户经营规模、现有栽培技术与大型收获机械不适应,国内自主研发的甘蔗收获机械不成熟等问题,甘蔗收获机械化问题已成为甘蔗产业发展面临的一大瓶颈制约。四是食糖市场调控难度明显加大。2010 年是国内食糖价格创历史新高的年份,糖价快速大幅上涨,既受减产、需求刚性增长等传统因素影响,又受到国际糖价传导、投机资金炒作等非传统因素影响,政府通过储备糖调控食糖市场的难度越来越大。五是甘蔗产业利益分配机制仍不合理。尽管糖农从糖价大幅上涨中获益。但考虑到地租、农资、劳动力成本上升因素,糖农纯利润增长幅度不超过30%,而同期全国制糖企业实现利税总额同比增幅高达200%。农民在"糖蔗联动、二次结算"的利益分配机制中缺少定价话语权,糖厂对进厂原料蔗杂质克扣严重等问题依然存在。

(二)2011年甘蔗产业发展趋势分析

1. 糖料面积有所扩大,2010/2011榨季产糖量有望达到1150—1200万吨

由于2009/2010榨季各地糖料收购价格普遍出现上涨,刺激了2010年糖料种植,云南等省虽然在年初出现持续严重干旱,但在后期天气转好后补种力度加大,基本维持了原计划的糖料面积,因此,2010年糖料种植面积有所扩大。据农业部农情调度,糖料面积较2009年扩大180万亩左右。中国糖业协会统计显示,2010/2011榨季糖料种植面积达2548.21万亩,比2009/2010榨季扩大5.61%,其中甘蔗种植面积2268.71万亩,扩大3.03%,甜菜面积279.5万亩,扩大31.5%。另外,2010/2011榨季糖料生长虽在早期受到恶劣气候影响,但中后期雨水较多,天气条件较适宜生长,预计平均单产水平不会低于2009/2010榨季,食糖产量将达到1150—1200万吨,较上榨季增产10%左右。

2. 食糖消费将稳步增长,净进口量将略有下降

据预计,2011年我国食品工业将保持23%以上的增速,随着人们生活水平的继续提高和饮食习惯的进一步改变,各类含糖食品产量普遍将保持15%—20%的增速,加之糖价11月中旬以来的急速下跌压缩了淀粉糖等替代品的替代空间,预计2010/2011榨季食糖消费将增长51万吨左右,消费量有望达到1430万吨。而随着国内糖价的回落,进口糖到岸价格与国内糖价之间的差价将有所缩小,因此,净进口量将会有所下降。但考虑到国内食

糖供给偏紧格局依然不会得到改变,估计净进口量下降幅度将会较小。

3. 市场调控政策将依然以国储糖投放为主,但投放量将有所减少

截至 2010 年 12 月,虽然在国家控制物价总水平的各项政策打压下,糖价已从 11 月中旬的 7600 元/吨回调至 7000 元/吨左右,但考虑到即将迎来春节消费旺季,加之 2010/2011 榨季食糖产量仍然存在一定变数,糖价反弹上升的动力依然存在。因此,在 2010/2011 榨季国家已经分两批投放储备糖 41 万吨的基础上,预计后期国家食糖市场调控政策措施将依然会以储备糖投放为主,但在国储糖总库存量的制约之下,预计投放量将会有所减少,投放频率也将会有所下降。

4. 国内食糖供需格局依然偏紧,糖价将继续保持高位运行

根据 2010/2011 榨季供需平衡表预计,假设本榨季一般贸易净进口110 万吨、国家储备投放 150 万吨、消费量达到 1430 万吨,如果 2010/2011榨季国内食糖产量仅能达到 1150 万吨,则国内食糖市场将继续维持供小于求的局面,且供给缺口将扩大至 36.62 万吨;如果 2010/2011 榨季国内食糖产量能达到 1200 万吨,则国内食糖市场将呈现基本平衡、略有剩余的供需格局,供给过剩量达到 18.38 万吨。考虑到食糖期货市场投机炒作资金因货币政策趋紧和市场监管政策严厉逐渐离场,糖价将逐步回归基本面,但在供需格局依然偏紧的格局下,本榨季前半段糖价将很难跌到 6000 元/吨以下,在 6000—7000 元/吨区间内波动的概率较大。随着 2011 年糖料种植面积的明确,糖价走势将可能在 2011 年 3 月后出现变化。

5. 农户植蔗利润将基本持平,制糖行业仍将处于历史最好时期

虽然糖价将在 2011 年上半年依然会维持高位运行,全国平均甘蔗收购价格可能达到 400 元/吨以上,但由于农资价格上涨、雇工费用猛增,植蔗成本上行压力较大,预计 2010/2011 榨季农户植蔗利润将与 2009/2010 榨季基本持平。制糖企业在经历了 2009/2010 榨季利润大幅上升之后,受益于高糖价的刺激,2010/2011 榨季将会继续保持较高盈利水平,制糖行业仍将处于历史最好时期。

6. 国际食糖市场仍然存在变数，供给缺口可能继续存在

尽管 2010 年度大部分国际机构都预测 2010/2011 榨季国际食糖市场将出现供给过剩，但 12 月份以来，由于巴西、印度等主产国大部分地区天气不利于甘蔗生长，国际机构已纷纷调整预期，全球食糖市场供给缺口可能连续第三年出现。据国际糖业咨询机构 Kingmsan SA 预计，2010/2011 榨季全球食糖产量将从原来预期的 1.6772 亿吨减至 1.6514 亿吨，食糖消费量则将从原来预期的 1.6420 亿吨增至 1.6551 亿吨，供求状况将从原来预期的供给过剩 352 万吨调整为供给不足 37 万吨。ABN Amro 银行 12 月 10 日也发布报告，估计 2010/2011 榨季末全球食糖供给缺口可能达到 299 万吨，而该机构曾估计年全球食糖供给将过剩 120 万吨。

（三）2011 年甘蔗产业发展建议

1. 加大高产创建支持力度，促进产业技术体系与高产创建的有机结合

建议在已启动 40 个高产创建示范片的基础上，2011 年在优势主产区增加 10 个高产创建示范片，扩大示范片辐射范围，提高示范片补贴资金标准，提升新品种、新技术集成示范能力，增强示范效果。加强产业技术体系专家队伍对高产创建示范片的包片指导，明确责任，加强督导，及时将体系筛选的新品种、新技术尽快吸收到高产创建活动中，实现产业技术体系成果创新与高产创建活动无缝对接。

2. 大力实施甘蔗脱毒健康种苗示范项目，探索良种补贴有效形式

支持甘蔗优势主产区建设若干个甘蔗健康种苗示范项目区，开展健康种苗扩繁补贴试点，通过试点示范，加快扩繁和推广应用甘蔗脱毒健康种苗，逐步建立健全甘蔗脱毒健康种苗育、繁、推三级扩繁体系；制订甘蔗脱毒健康种苗标准化生产技术规程，加强对健康种苗扩繁生产各环节的监督管理和种苗质量检测，逐步提高脱毒健康种苗供种能力，为探索实施甘蔗良种补贴奠定基础。

3. 支持科研单位联合攻关,加快优良新品种研发速度

继续加大对国家糖料(甘蔗)改良分中心的建设力度,增加现代农业(甘蔗)产业技术体系专项对甘蔗育种的支持,争取制糖企业对甘蔗育种的投入,形成装备先进的育种设施设备和年龄结构合理、创新能力强的育种队伍。继续引进国外优质种质资源,加大对国家甘蔗种质资源圃和全国甘蔗育种及杂交制种基地建设,扩大育种材料选择范围。整合现有育种资源,采取集中杂交、分期选种的方式,积极鼓励科研单位在遗传设计、育种方法、亲本选配等方面联合,避免盲目重复现象。

4. 继续开展全程机械化示范试点,加快甘蔗收获机械化进程

建设好全国六个甘蔗全程机械化示范基地,使之成为甘蔗收获机械化推广和示范平台,将国家糖料基地县项目、甘蔗高产创建项目、甘蔗产业技术体系专项、公益性行业科技专项等基建和财政专项向示范基地倾斜。大规模引进并改造适合现有甘蔗经营规模的收获机型,重点解决好农机与农艺相结合、收获机械配套等问题。积极培育甘蔗机收专业户和专业公司,将优秀的国外引进机型和国产机型列入农机具购置补贴,引导蔗农采取机械化收获方式,鼓励糖厂在收购时将机收甘蔗与人工砍收甘蔗同等对待。

5. 提高食糖市场宏观调控水平,维持糖价基本稳定

一是建议尽快制定并颁布《防止食糖价格过度波动调控预案》,在保障消费者和工农生产者基本利益的原则下,通过利益各方协商,参考与粮食等农产品的比价关系,确定国内食糖销售的"基础价格",并允许市场以"基础价格"为基准,根据市场供求状况,在一定范围内上下浮动,设置"基础价格+浮动限额"为"触顶价格","基础价格-浮动限额"为"触底价格",并以此为原则开展食糖市场调控。二是要将食糖市场调控政策与货币政策统筹考虑,增强两者之间在时机和力度上的协同效应,形成政策合力。三是加强对食糖中远期电子批发市场、期货市场交易异动的监控与监管,在市场投机氛围较浓的时候及时采取调整保证金标准、涨跌停板幅度等手段限制投机资金过度炒作。

6. 调整工农利益分配机制,提高蔗农定价话语权

推广和改进广西"糖蔗联动、二次结算"的产业化经营模式,提高首付价格,稳定二次结算联动系数,促进蔗农收入的稳定与提高。考虑到糖价可能在较长时期内高位运行,建议在广西探索实行甘蔗收购价 400 元/吨与糖价 5400 元/吨挂钩,将二次结算联动系数稳定在 6% 左右。促进蔗区土地流转,引导鼓励蔗农成立合作经济组织,进行规模化生产、专业化经营,吸纳蔗农合作经济组织代表参与政府每榨季糖料收购价格政策制订过程,提高蔗农的定价话语权。

九、促进我国糖料产业持续
稳定发展的对策建议

我国是食糖生产大国和消费大国,但糖料产业发展面临诸多制约因素,国家需要加大政策扶持力度,推动糖料产业稳定发展,以保障国家食糖供给安全和促进农民就业增收。

(一)我国糖料产业发展现状

1. 糖料生产现状与趋势

第一,种植面积逐年增长,甘蔗所占比重提高。我国糖料和甘蔗播种面积波动较大,但总体呈现扩大趋势。据国家统计局数据,2003/2004 榨季糖料种植面积 2485.5 万亩(甘蔗 2113.5 万亩、甜菜 372 万亩);2009/2010 榨季,糖料面积增至 2826 万亩(甘蔗 2545.5 万亩、甜菜 279.5 万亩);甘蔗面积占比从 85% 提高至 90%,甜菜面积占比从 15% 降至 10%。

第二、单产、总产、含糖分在波动中提高。我国甘蔗单产水平提高速度加快,但受自然灾害等因素影响,单产波动较大。据国家统计局数据,2003/2004 榨季甘蔗单产 4.35 吨/亩,2004/2005 榨季降低至 4.26 吨/亩,后续三个榨季单产持续提高,2007/2008 榨季达到 4.75 吨/亩,但 2008/2009 榨季又降至 4.54 吨/亩,预计 2009/2010 榨季单产仍会下降。2009 年甘蔗总产达到 11558.7 万吨,比 2004 年增长 28.7%。从 2003/2004 榨季至 2008/2009 榨季,甘蔗平均含糖分从 13.56% 提高至 14.15%,2009/2010 榨季含糖分预计仍会略有提高。

第三,糖料生产向广西、云南等优势区域集中。随着传统种蔗大省广东、福建的劳动力、土地成本不断提高,甘蔗生产已通过"东蔗西移"完成向西南优势区域的集中。截至 2009/2010 榨季,广西甘蔗种植面积、食糖产量已连续 16 个榨季位居全国首位,甘蔗种植业已经成为广西各级政府财政收入和农民收入的主要来源之一。云南跃居第二甘蔗大省。2009/2010 榨季广西、云南产糖量已分别占全国的 66% 和 16.5%。

第四,糖农种植利润呈减少趋势,比较优势有所下降。受甘蔗价格增长乏力和植蔗成本大幅提高的影响,近几年蔗农净利润呈不断下降趋势。据统计,2006 年,农户种植甘蔗每亩净利润 399.48 元,2007 年下滑至 358.93 元,2008 年下滑至 195.82 元。尽管在高糖价的带动下 2009/2010 榨季蔗农收益出现了一定程度的恢复性增长,但由于其他作物的效益提高,甘蔗的比较优势与前几年相比仍然有所下降。

2. 食糖生产、流通、消费、贸易发展现状与趋势

第一,食糖产量大起大落,消费稳步增长,价格呈周期性波动。近几年,食糖产量快速增长,但波动较大,容易导致食糖价格的周期性波动。2003/2004 榨季食糖产量 1002.3 万吨,2005/2006 榨季降至 881.5 万吨,2007/2008 榨季增至 1484 万吨,2008/2009 榨季和 2009/2010 榨季又连续两年减产,降至 1243 万吨和 1073.8 万吨,基本上呈现"两(年)增三(年)减"的波动规律。食糖消费量稳定增长,2008/2009 榨季为 1390 万吨,2009/2010 榨季预计能达到 1450 万吨,比 2003/2004 榨季增长 27.2%。由于供需不平衡现象时有发生,食糖价格波动剧烈。2003/2004 榨季全国食糖综合平均价为 2700 元/吨,2005/2006 榨季达到 4523 元/吨,2007/2008 榨季下降到 3449 元/吨,2008/2009 榨季回升至 3664 元/吨,2009/2010 榨季预计能提高至 4800 元/吨左右。尤其是 2009 年以来,在连续两个榨季减产和 2010/2011 榨季减产预期的刺激下,食糖价格连续跃上 4000 元/吨、5000 元/吨和 6000 元/吨三个大关,目前已处于历史高位。

第二,制糖工业发展较快,产业集中度进一步提高。2000 年以来,我国政府对糖业进行了史无前例的结构调整,关闭破产 150 家制糖企业;同时,以发展规模制糖为重点,组建糖业大型集团,提高产业集中度。截至 2008/2009 榨季,全国共有制糖生产企业(集团)49 家,所属糖厂共 292 家,

企业(集团)数量远少于 2000 年。全国 27 家重点制糖企业集团产糖量已占总产糖量的 70%以上。

第三,食糖流通较为顺畅,对外贸易持续逆差。目前,多元、开放、顺畅的食糖流通新格局已经形成,国有食糖流通企业数量比例下降到 5%左右,非国有食糖流通企业上升到 95%。近年来,我国食糖贸易一直处于逆差状态,进口规模与国内生产形势紧密相关。2003—2005 年,由于国内食糖持续减产,食糖进口量逐年递增;2006—2008 年,随着国内食糖增产,食糖进口量又持续递减;近两年来,在国内食糖供给缺口扩大的影响下,进口量不断增加。2009 年进口量增至 106.4 万吨,2010 年 1—8 月已累计进口食糖101.3 万吨,预计全年将进口 115 万吨以上。

(二)我国糖料产业发展面临的主要问题

1. 农田基础设施建设和产业技术研发水平相对滞后,自然风险抵御能力较弱

一方面,我国甘蔗种植立地条件差,蔗区地处桂、滇、粤丘陵红壤旱地,大片蔗田难以实现机械化生产。同时,蔗区极端天气状况频发,雨量分布不均,春旱、秋旱现象普遍,时有冻灾、风灾,自然灾害对甘蔗生产造成严重影响。广西 90%的甘蔗种植在旱坡地上,2008 年全区有灌溉的甘蔗面积只有228 万亩,仅占 14.25%。另一方面,糖料产业技术综合水平较低,制约了单产和综合效益的提高。以甘蔗为例,一是品种严重单一化,"ROC"系列品种占全国面积的 80%,其中最大产区广西占 92%;二是病虫害严重,黑穗病、花叶病、宿根矮化病和黄叶病每年造成 20%的经济损失;三是肥料施用方法和配比不科学,我国甘蔗偏施滥施化肥超过世界平均水平 3—4 倍,为巴西的 10 倍。

2. 糖料生产成本与制糖成本居高不下,产业市场风险抵御能力较差

近年来,我国甘蔗单产、产糖率等技术指标水平排在澳大利亚、巴西之后,居世界第三位。但据 USDA 统计,我国每吨甘蔗生产成本高达 240 元,远高于澳大利亚、巴西、美国、印度等主要国家;我国制糖成本高达 3181

元/吨,比巴西高出 1422 元/吨。我国甘蔗生产成本和制糖成本偏高的主要原因包括:一是甘蔗机械化收获技术严重滞后。我国甘蔗收获机械引进、制造及其配套技术研发近年才开始起步,全面推广还需解决农机与农艺结合、土地适度集中等诸多难题,机械化收获水平极其低下,甘蔗生产成本中近一半为人工成本。二是我国制糖企业制糖技术停步不前,技术改造力度不足。绝大多数糖厂仍采用亚硫酸法制糖技术,还有相当多糖厂的设施设备仍为上世纪 70—80 年代的水平。

3. 糖料收购环节利益分配机制不合理,制约农民增收

2002 年以来,广西全区及云南部分州市采取了"糖蔗联动、二次结算"的产业化经营机制,这一模式的发展取得了一定的效果。但目前的利益分配格局仍然不利于蔗农增收,主要表现在糖价上涨时农民获益较少,糖厂对原料蔗的克扣现象严重。2009 年上半年,糖价上涨了 1000 元/吨左右,但因为达不到 3800 元/吨的挂钩价,蔗农享受不到除保底收购价之外的二次分配。造成这一问题的主要原因是蔗农生产规模较小,甘蔗合作经济组织发展滞后,蔗农的谈判能力较弱,特别是在各地政府制定糖料蔗收购保底价与挂钩糖价、联动系数标准时,蔗农的利益表达渠道相对缺乏。据调查,广西壮族自治区的蔗农合作经济组织目前不到 10 家,而且现有大多数合作社只在技术服务领域实现了统一,未能在产品销售环节实现统一,没有参与到糖料收购价格的制定中来。

4. 宏观调控政策出台时机滞后,目标价格不合理

政府储备糖制度是食糖市场价格宏观调控的主要手段,但国家储备政策存在着政策出台时机滞后、收(放)储价格与数量随意性大等问题,在一些情况下尚不能给予市场主体稳定预期,影响了宏观调控效果。以 2008/2009 榨季为例,2008 年 10 月 8 日左右,南宁食糖现货价格跌至 2700 元/吨以下,此时距 2008/2009 榨季开榨还有一个多月,但直至 2009 年 1、2 月份国家才出台收储政策,3 月份糖价才回升至 3300 元/吨以上,而此时已近收榨。2008/2009 榨季前几个月砍收的糖农和提前卖糖的制糖企业都承受了较大损失。另外,食糖调控的目标价格确定随意性较大,缺乏科学合理

的目标价格确定程序,未与农资价格形成联动机制,农民获得的实惠相对较小。例如,如果考虑成本上涨等因素,2008/2009榨季的调控目标价格应高于2007/2008榨季,但实际收储价格却降低了200元/吨。

(三)促进我国糖料产业持续健康发展的政策建议

1. 用足"绿箱"政策空间,大力支持国内甘蔗科研、技术推广,构建甘蔗生产自然风险防范体系

扩大糖料高产创建规模,加大资金支持力度,通过技术品种集成、大面积示范来提高甘蔗生产技术水平;实施甘蔗生物防治技术补贴、健康种苗技术研发与推广补贴,探索实施糖料良种补贴;支持建设若干个甘蔗生产全程机械化示范基地,研制并推广适合国情的甘蔗收获机械,推动农机与农艺结合;大力支持制糖企业技术改造,鼓励制糖企业进口先进设备和更新工艺流程,引导糖厂改进甘蔗综合利用技术与全程自动化技术。

2. 借鉴欧美发达国家经验,在国内探索施行食糖生产配额管理

建议在每榨季开始之前通过对食品工业的调研与分析基本确定总需求,根据总需求确定每年生产配额。政府只对配额内的糖实行政府保护,按国内市场价格销售;超出配额生产的糖,必须转到下一榨季销售。

3. 制定并颁布《防止食糖价格过度波动调控预案》,构建我国甘蔗与食糖产业市场风险防范体系

建议政府在保障消费者和工农生产者基本利益的原则下,通过利益各方协商,参考与粮食等农产品的比价关系,确定国内食糖销售的"基础价格",并允许市场以"基础价格"为基准,根据市场供求状况,在一定范围内上下浮动,设置"基础价格+浮动限额"为"触顶价格","基础价格-浮动限额"为"触底价格"。当糖价持续低于"触底价格"时,政府可按"触底价格"收购储备糖,提升糖价;当糖价持续高于"触顶价格"时,政府可按"触顶价格"放储,平抑糖价,使糖价稳定在有利于产业发展的合理区间。

4. 完善糖料产业利益分配机制，保障蔗农合理收益

一是推广和改进广西"糖蔗联动、二次结算"的产业化经营模式，降低甘蔗收购价所挂钩的糖价标准，稳定二次结算联动系数，促进蔗农收入的稳定与提高。可以在广西实行甘蔗收购价 300 元/吨与糖价 3200 元/吨挂钩，将二次结算联动系数稳定在 6% 左右。二是促进蔗区土地流转，引导鼓励蔗农成立合作经济组织，进行规模化生产、专业化经营，吸纳蔗农合作经济组织代表参与政府每榨季糖料收购价格政策的制订过程，尊重蔗农的话语权。

十、2011 年我国蔗糖产业发展现状、问题与对策

——基于对云南德宏、保山、临沧三州市的实地调查

2011 年 7—8 月,在食糖价格持续走高、2010/2011 榨季甘蔗压榨即将结束之际,国家甘蔗产业技术体系产业经济研究室赴云南临沧市、保山市和德宏州开展了调研。调研结果显示:2010/2011 榨季农户收益要好于上榨季,农户种植愿望增强,2011/2012 榨季种植面积略有增加;甘蔗生产面临的突出问题是劳动力短缺和农资、劳动力价格大幅上涨,推动种植成本的大幅提升,在 2011/2012 榨季食糖价格波动情况下,需采取有力措施保障蔗糖产业的稳定发展。

(一)2010/2011 榨季云南蔗糖产业现状

1. 甘蔗种植面积稳中有增

截至 2011 年 6 月底,临沧市甘蔗种植面积达 148.74 万亩(含境外种植 8.9 万亩),比上榨季略有增长,涨幅为 1.1%。其中,新植蔗 36.67 万亩(其中,秋植 4.03 万亩,冬植 9.5 万亩,春植 23.14 万亩)。从蔗区类型来看(表 2-10),水田蔗 31 万亩,水浇地蔗 12 万亩,旱地蔗 104 万亩(占种植面积 71%)。截至 2011 年 6 月底,保山市甘蔗种植面积达 51.21 万亩,同比增加 0.27 万亩,增长 0.5%。总体来看,云南甘蔗种植面积呈稳中有增的态势。

2. 食糖产量小幅增长,出糖率有所下降

从食糖生产状况来看(表 2-10),2010/2011 榨季临沧市甘蔗入榨面积 144.3 万亩,比上榨季增 8.21%;甘蔗实际入榨 511.71 万吨,比上榨季增

10.82%;平均入榨单产 3.55 吨/亩,比上榨季增 0.08 吨/亩;生产食糖 63.41 万吨,比上榨季增 3.39 万吨;生产酒精 3.72 万吨,比上榨季减少 0.23 万吨;平均出糖率 12.39%,比上榨季下降 0.61 个百分点。保山市甘蔗实际入榨 137.75 万吨,比上榨季增 10.56%;平均单产 3.02 吨/亩,比上榨季增 10.62%;生产食糖 16.58 万吨,比上榨季增 0.22 万吨;平均产糖率偏低,为 12.33%,比上榨季下降 0.51 个百分点,主要是受到雨水偏多、光照不足的影响。德宏州甘蔗收获面积 81.6 万亩,比上榨季增 9.75%;甘蔗农业总产 399 万吨,比上榨季增 9.11%;入榨甘蔗 358.9 万吨,比上榨季增 10.93%;生产食糖 45.8 万吨,比上榨季增 6.51%;生产酒精 2.8 万吨,比上榨季增 8.53%。

表 2-10　2010/2011 榨季临沧、保山和德宏制糖企业生产指标

(万亩、万吨)

地区 指标 \ 榨季	临沧市			保山市			德宏州		
	本榨季	上榨季	同比增减	本榨季	上榨季	同比增减	本榨季	上榨季	同比增减
入榨面积	144.31	133.36	8.21%	45.62	45.53	0.2%	81.6	74.35	9.75%
甘蔗入榨量	511.71	461.75	10.82%	137.75	124.50	10.56%	358.9	323.55	10.93%
平均入榨单产	3.55	3.47	2.41%	3.02	2.73	10.62%	4.40	4.35	1.07%
出糖率	12.39%	13%	-0.61	12.33%	12.84%	-0.51%	—	—	—
食糖产量	63.41	60.02	5.64%	16.58	16.36	1.34%	45.8	43	6.51%
酒精产量	3.72	3.95	-5.74%	—	—	—	2.8	2.58	8.53%

资料来源:根据临沧、保山市和德宏州调研数据整理而成。

3. 蔗农毛收入明显提升,净利润小幅增加

2010/2011 榨季,随着食糖价格上升,原料蔗价格明显上升,促进了蔗农增收。鉴于近年来农资价格、劳动力价格同期上涨,推动甘蔗种植成本持续上升,食糖价格上升背景下成本上升抵消了农户的一部分收益。

第一,农户毛收入明显提升,提升幅度约为 15%—30%,净利润有小幅增加。从临沧、保山和德宏 8 位被访的典型农户情况来看,仅一位农户因有 30 亩五年宿根蔗和 100 亩新植蔗,单产较低致使净利润小幅下降,其他农户净利润均有所上升(表 2-11)。

第二,农户部分毛收入被成本增加所抵减。从调研情况来看,蔗农每亩成本至少提高了15%,成本平均上涨大约19%,蔗价平均上涨20%以上,因此,2010/2011榨季食糖价格上涨抵消了甘蔗成本的上涨,使得农户获得了较好的收益,从而使甘蔗成本上涨未成为突出的问题。

第三,在云南各地区蔗农生产成本上升的同时,制糖企业都采取化肥、机械和人工补贴等措施进行了适当弥补,这在一定程度上保障了农户收益。

第四,甘蔗生产成本主要由人工(包括种蔗、田间管理和砍收环节)、地租、农资等几部分组成。被调查农户给我们算了一笔经济账,据他们讲,生产成本变动如下:①包括种蔗、田间管理和收蔗环节甘蔗人工费上涨180元/亩;②种苗和化肥农药等农资价格上涨明显,将相关费用分摊后该环节每亩至少上涨20元;③土地租金成本上升平均约20元/亩,质量好的土地租金上升幅度更大。

第五,从水田和旱地的收益比较来看,水田在种植甘蔗方面具有较高的比较优势,主要是由单产较高所带来的。德宏州蔗糖生产办公室提供的数据资料表明,水田蔗亩平均效益1881元,旱地蔗亩平均效益1145元,每亩水田亩效益至少超过旱地736元。

表2-11 代表性农户每亩收入和每亩净利润状况

农户 罗某	榨季	收获面积(亩)	单产(吨/亩)	平均售价(元/吨)	总毛收入(万元)	每亩收入(元)	每亩净利润
	2009/2010	60	4	260	6.24	1040	157
	2010/2011	80	3.9	360	11.23	1404	211
农户 罗某	榨季	收获面积(亩)	单产(吨/亩)	平均售价(元/吨)	总毛收入(万元)	每亩收入(元)	每亩净利润
	2009/2010	130	3.5	280	12.74	980	295.5
	2010/2011	130	3	350	13.65	1050	248
农户 申某	榨季	收获面积(亩)	单产(吨/亩)	平均售价(元/吨)	总毛收入(万元)	每亩收入(元)	每亩净利润
	2009/2010	100	4.4	300	13.20	1320	523.5
	2010/2011	100	4.3	360	15.480	1548	525.5

资料来源:根据调研数据加工整理而成。种蔗环节成本按照4年进行分摊。

(二)当前蔗糖产业发展中面临的突出问题

1. 2011/2012 榨季农户种蔗成本上涨迅猛

据调查农户和糖厂反映,2011/2012 榨季原料蔗成本涨幅较大。仅种蔗环节,每亩生产成本比 2010/2011 榨季已上涨 50 元左右,主要是种植环节人工费、种苗和机耕费用上涨引起。同时,中耕环节和砍收环节成本也有所上升。

2. "蔗工荒"问题日趋严重,困扰甘蔗生产

根据基层干部和农户反映,不仅人工成本、农资价格上涨快,他们还面临着种蔗和砍收环节"蔗工荒"问题。本村居民多数都种甘蔗,还有一些农民外出打工,砍蔗因为劳动强度大,老人和孩子干不了,尤其是甘蔗种植和砍收环节往往很难雇到足够的劳动力。据他们介绍,村里的一些小户自觉自发组织了互助小组,互相帮助砍收。某农户因为自己要跑运输,家里人手不足,甚至从外地引进劳动小队进行种蔗、砍蔗以保证劳动力的供应,暂时缓解了"蔗工荒"问题;还有农户由于没有找到可靠稳定的劳动小队,所以到了砍收季节就需要雇佣季节性短工。目前,劳动力短缺已成为困扰甘蔗产区的突出问题,随着劳动力外出打工的进一步加剧、打工价格的进一步提高以及 2011/2012 榨季种植面积的增加,劳动力短缺问题将日趋严峻。

3. 食糖价格波动较大,甘蔗产业稳定发展的长效机制有待建立

近年来,食糖价格波动比较大,原料总量不稳定,制糖企业开工率不足,甘蔗产业呈现波浪式发展态势。与此同时,其他产业发展与甘蔗用地争地矛盾突出,比如在保山市,香蕉、人参果、水稻和香料烟亩种植收益分别为1360 元、2034. 75 元、546. 09 元和 402. 23 元,这些对于甘蔗产业形成强有力的竞争。德宏州冬玉米、西瓜、水稻、马铃薯、香料烟、咖啡是甘蔗的强有力竞争作物,这些作物占地时间短,可以两茬连作,合计效益较高。临沧市的玉米也是甘蔗的强有力竞争作物,其占地时间短,可以两茬连作,用工相对较少。此外,烤烟产业多通过强有力的政府措施或奖励政策推动,与之比

较,甘蔗产业基本属于自力更生,缺乏稳定发展的长效机制。

4. 农田水利基础设施薄弱,"靠天吃饭"的发展模式未根本改变

以保山市为例,一是蔗区水利化程度较低,全市现有 50.94 万亩甘蔗,有效灌溉面积仅 11.06 万亩,占 21%;二是蔗区道路等级低,蔗区道路除少部分可利用国道、省道和县乡公路外,80%的蔗区道路由制糖企业自己修建、自己维护,多数路段均为晴通雨阻,砍运榨期间,只要一遇降雨,就无法运输,既影响当季效益,还影响下季生产,形成恶性循环。基层干部群众反映,改善农田水利基础设施,培养产量高、抗逆性强的种苗,构建早、中、晚熟品种搭配且适应当地地形地貌特征的甘蔗品种,已成为当务之急。

5. 甘蔗收获机械化进程缓慢

以德宏州为例,在当地,机耕、机耙、机开沟已经在全州蔗区普及,部分蔗区还在推广机培土。由于劳动力紧缺,每逢榨季收砍季节,靠本地劳动力不能满足生产需要,因此,对于机械化收砍的需求十分迫切。德宏英茂公司曾于 2009 年引进一台甘蔗收割机进行试验收砍,但目前砍收质量仍然较差。据干部群众反映,当前迫切需要适应地形地貌、砍收效果较好的机械,同时,要在做好机收的同时做到不影响下榨季单产,才会赢得市场。

(三)促进蔗糖产业持续稳定发展的政策建议

1. 抓紧研发适合当地特点的甘蔗收获机械

劳动力价格上涨已成为不可逆的趋势,且出现"蔗工荒"现象。鉴于此,建议抓紧推出能应用于砍收环节、适应当地特点的多样化的甘蔗机械,如大型机械、小型或半自动化机械、水田机械和旱田机械,缓解劳动用工紧张的现象。在实践中,部分富有创造力的农民,往往能够较好地结合生产实践,制造出简易却又非常实用的农用机械。因此,建议在有关促进甘蔗种植机械化的资金和项目支持方面,拿出一部分经费鼓励科研人员和农民联合

开展发明创造,对机械研发和推广给予补贴补助。

2. 构建蔗糖产业稳定发展的长效机制

对于近几年食糖价格波动较大、国内国际供求形势错综复杂的局面,应尽量避免高价时集中大量进口食糖的现象发生,这类似于高价补贴国际市场。建议立足国内食糖产业发展、适当进口食糖作为补充。同时,要加快完善蔗糖产业政策体系,构建包括价格政策、贸易政策、储备政策、生产政策、信贷政策等一系列政策在内的政策体系,以促进国内蔗糖产业的持续发展。

3. 大力加强蔗区农田水利等基础设施建设

紧扣 2011 年中央一号文件的精神,加大对蔗区农田水利基础设施建设的投资,加大坡改梯、吨糖田、小水窖建设投入力度,增强抵御自然灾害能力,保障甘蔗生产稳定发展,促进甘蔗单产大幅提升。

4. 培育和发展甘蔗收获专业化服务组织,缓解"蔗工荒"现象

采取多种措施,鼓励成立砍蔗自助小组,引导从外地引进砍蔗服务组织,通过政府、协会、糖厂、村组织、合作社联合的方式构建甘蔗生产发展的新模式。

十一、2012 年中国蔗糖产业发展 趋势预测与政策建议

（一）2011 年甘蔗产业发展特点、问题

1. 2011 年甘蔗产业发展特点

2010/2011 榨季甘蔗与食糖产业发展呈现"三年减产、缺口扩大、价格高企、产业增收"的总体特征,表现为以下几个方面:一是甘蔗、食糖连续第三年大幅减产,产需缺口扩大。2010/2011 榨季全国食糖产量为 1045.42 万吨,自 2008/2009 榨季起连续三年大幅减产。其中蔗糖仅为 966.04 万吨,同期全国食糖消费量为 1358 万吨,产需缺口达 312.58 万吨,产需缺口进一步扩大。二是国储糖频繁抛售,宏观调控力度明显加大。2010/2011 榨季国家发改委等共向市场投放了 9 批共 186.67 万吨国家储备糖,平均成交价为 7084.83 元/吨,从一定程度上缓解了供需矛盾。三是食糖进口猛增,是近 15 年内进口最多的年份。由于我国供需缺口较大且糖价高企,国内食糖进口大幅增加。据海关统计,今年 1—10 月份累计进口食糖 200.66 万吨。四是食糖高位持续平稳运行。2010/2011 榨季国内食糖现货价格长时期维持在 7000—7600 元/吨的价位区间内高位运行,是自 1991 年以来食糖市场放开以来,糖价运行较为平稳的制糖期之一。五是蔗农和糖厂均明显增收。2010/2011 榨季全国平均收购价格 476 元/吨,带动农民种植糖料收入同比增加 109.8 亿元。其中,广西壮族自治区甘蔗平均收购价格为 497 元/吨(地头价,不含运费与补贴),农民种蔗总收入 276.53 亿元,同比增加 77.02 亿元。2010/2011 榨季全国制糖行业销售收入 784.45 亿元、实现利税总额 172.81 亿元,同比增加 207.81 亿元和 49.99 亿元。六是全球

食糖供需紧平衡,国际糖价在 20—35 美分/磅区间内运行。由于年初各主要产糖国产糖量预期不断下调,加上流动性过剩和美元贬值,致使国际糖价一路上扬,至 2011 年 2 月 2 日达到 35.31 美分/磅的最高点。之后,随着巴西、泰国等国家产量预期增加和印度产量的确定,国际糖价下跌至 5 月 6 日 20.47 美分/磅的低点。之后,纽约和伦敦两大期糖市场连续大幅上涨并恢复到 30 美分/磅以上。随着欧盟经济危机的蔓延和美元升值、整体经济预期信心不足,食糖价格开始有所下降。

2. 2011 年甘蔗产业发展中存在的问题

2011 年甘蔗产业发展存在的主要问题包括:一是农资、人工等成本上涨迅猛,农户生产成本刚性增长。据调查,2011/2012 榨季原料蔗成本涨幅较大。仅种蔗环节,每亩生产成本同比已上涨 50 元左右,主要是种植环节人工费、种苗和机耕费用上涨引起。同时,中耕和砍收环节成本也有所上升。二是“蔗工荒”问题日趋严重,成为困扰甘蔗生产的瓶颈问题。甘蔗种植和收获环节因为劳动强度大和时间相对集中,很多蔗区根本难以雇到合适且足够的中青年劳动力,出现日益严峻的“蔗工荒”现象。三是竞争作物优势明显,产业稳定发展的长效机制并未形成。据调查,云南某地今年香蕉、人参果、水稻和香料烟亩均种植收益分别为 1360 元、2034.75 元、546.09 元和 402.23 元,这些对于甘蔗产业形成强有力的竞争。同时,食糖价格波动仍较频繁,甘蔗收购价波动风险依然存在。四是甘蔗产业防灾减灾能力较弱,大部分蔗区仍然“靠天吃饭”。大多数蔗区水利化程度较低,部分县市有效灌溉面积仅 20% 左右。蔗区道路等级低,80% 的由制糖企业修建、维护,多数路段晴通雨阻。基层干部群众反映,改善农田水利基础设施,培养产量高、抗逆性强的种苗,构建早、中、晚熟品种搭配且适应当地地形地貌特征的甘蔗品种,已成为当务之急。五是甘蔗机械化需求日趋增强,甘蔗收获机械化进程缓慢。我国甘蔗收获机械化面临着农户经营规模、各地地形差异、现有栽培技术与大型收获机械不适应、国内自主研发的甘蔗收获机械不成熟等问题,甘蔗收获机械化亟须破题。六是甘蔗定价机制仍不合理,制约农民增收和产业发展。2010/2011 榨季,尽管糖农从糖价大幅上涨中收益有所增长。但考虑到地租、农资、劳动力成本上升因素,糖农纯利润增长幅度不超过30%,而同期全国制糖企业净利润同比增幅约达172%。

(二)2012年甘蔗产业发展趋势分析

1. 糖料面积有所扩大,2011/2012榨季产糖量预期为1200万吨

2011年,我国糖料播种面积为2716.39万亩,同比增长7.28%。其中,甘蔗种植面积2379.32万亩,增长6.13%;甜菜种植面积337.07万亩,增长16.11%。截至目前,由于天气状况较好,糖料生产较为顺利,据中糖协预计,2011/2012榨季我国食糖产量约为1200万吨,同比增加154.58万吨,增长14.8%。其中蔗糖1090万吨,甜菜糖110万吨。若后期天气正常,2011/2012榨季糖料量可能小幅增长。

2. 食糖消费继续稳步增长,净进口量将略有增加

2012年我国食品工业和含糖食品产量保持平稳增速,预计2011/2012榨季食糖消费约为1400万吨,比上年增长20万吨左右。因国内产量不能满足国内产需缺口,且下一市场年度国内糖供应缺口将达200万吨左右,中国食糖进口量仍然较大。

3. 市场调控政策将依然以放储为主,但调控力度将有所减弱

根据当前供需形势分析,2011/2012榨季国内食糖供需缺口比上榨季将有所减少,且食糖价格回落,本榨季投放数量比上榨季有所降低。由于市场供给缺口以及国内外食糖价差的长期存在,国内食糖进口愈加活跃。

4. 国内食糖供需格局依然偏紧,糖价将在6000元/吨以上平稳运行

根据2011/2012榨季供需平衡表预计,假设一般贸易净进口100万吨、国家储备投放100万吨、消费量达到1400万吨,如果国内食糖产量为1200万吨,则国内食糖市场将处于供求基本平衡的供需格局;如果2011/2012榨季国内食糖产量为1180万吨,仍将处于供小于求的局面,供给缺口为20万吨。考虑到国际市场的影响,国内糖价在6000元/吨以上运行的概率较大。

5. 农户植蔗利润将基本持平或稍有回落,制糖行业利润有所下滑

虽然全国平均甘蔗收购价格基本处于 500 元/吨(广西、广东 500 元/吨,云南 420 元/吨,海南 550 元/吨),但由于农资价格上涨、雇工费用猛增,植蔗成本上行压力较大,预计 2011/2012 榨季农户植蔗利润将与 2010/2011 榨季基本持平或稍有回落。制糖企业在经历了 2010/2011 榨季利润大幅上升之后,受成本上涨、食糖价格回落影响,2011/2012 榨季利润水平将有所下滑。

6. 国际食糖市场仍然存在变数,供大于需是基本态势

据国际糖业咨询机构预测,考虑到欧洲国家食糖产量增加,估计 2011/2012 榨季全球食糖产量将为 1.771 亿吨(原糖值),全球食糖供给过剩量将增至 610 万吨。根据美国农业部估计,全球食糖产量和消费量分别为 1.68 亿吨、1.59 亿吨,过剩 892.7 万吨。

(三)2012 年甘蔗产业发展建议

1. 抓紧研发具有推广价值的甘蔗收获机械

鉴于劳动力价格上涨不可逆,建议在引进大型收获机械在平原地区、大型农场进行试验示范的基础上,抓紧推出能够适应当地特点、解决砍收环节难题的多样化甘蔗机械,如大型机械、小型或半自动化机械,缓解劳动用工紧张的现象。在实践中,发现部分富有创造力的农民,能够较好地结合生产实践,制造出简单实用的农用机械。建议政府在促进甘蔗种植机械化的资金和项目安排中,拿出一部分经费用于鼓励科研人员和农民联合研发,并对研发和推广给予一定的补贴补助。

2. 整合资源,加大甘蔗育种科研投入

整合现有育种资源,采取集中杂交、分期选种的方式,积极鼓励科研单位在遗传设计、育种方法、亲本选配等方面联合,避免盲目重复现象。继续加大对国家糖料(甘蔗)改良分中心的建设力度,增加现代农业(甘蔗)产业技术体系专项对甘蔗育种的支持,争取制糖企业对甘蔗育种的投入,形成装备先进的育种设施设备和年龄结构合理、创新能力强的育种队伍。继续引进国外优质种质资源,加大对国家甘蔗种质资源圃和全国甘蔗育种及杂交制种基地建设,扩大育种材料选择范围。

3. 大力加强蔗区农田水利基础设施建设

落实2011年中央一号文件精神,加大对蔗区农田水利基础设施建设的投资,加大坡改梯、吨糖田、小水窖建设投入力度,增强抵御自然灾害能力,保障甘蔗生产稳定发展,促进甘蔗单产大幅提升。

4. 着力完善蔗糖产业发展的政策体系

对于近几年食糖价格波动较大、国内国际供求形势错综复杂的局面,应尽量避免高价时集中大量进口食糖的现象发生,这类似于高价补贴国际市场。建议立足国内食糖产业发展、适当进口食糖作为补充。同时,要加快完善蔗糖产业政策体系,构建包括价格政策、贸易政策、储备政策、生产支持政策、信贷支持政策等在内的政策体系,形成政策合力,促进国内蔗糖产业的持续发展。

5. 鼓励构建新型甘蔗生产经营组织形式

采取多种措施,鼓励成立砍蔗自助小组,引导从外地引进砍蔗专业化服务组织,推动解决"蔗工荒"问题。大力发展蔗农专业合作社,通过政府引导、糖厂联结等方式构建合理的甘蔗产业利益联结方式,形成产业发展的内生动力。

专题研究篇

一、广西发展蔗糖产业化经营的经验与启示

1992 年我国食糖市场放开之后的十年里,作为蔗糖主产省之一的广西壮族自治区,一直被糖价剧烈波动所带来的甘蔗收购秩序混乱所困扰。当时的一大特点是,糖价涨时蔗价涨幅小,糖价跌时蔗价猛跌,蔗农收益出现大起大落,而蔗农收益的波动又通过播种面积影响甘蔗产量和食糖产量,从而使整个产业陷入所谓"发散型蛛网"困境。2002 年以来,在国家四部委颁布实施《糖料管理暂行办法》的推动下,广西蔗糖业探索出一条以"订单+农户"为主要模式的产业化经营之道,构建了政府、糖企、蔗农"三赢"的利益格局,目前全区订单覆盖率高达 95% 以上,履约率高达 98% 以上,制糖工业反哺蔗区的机制已初步建立,其做法和经验正在向广东、云南蔗区扩散。我们的调研一直关注着以下两个问题:为什么蔗糖业发展产业化经营能够取得成功? 还有哪些产业可以借鉴其经验?

(一)广西蔗糖产业化经营的经验与做法

1. 蔗糖产业的特殊属性是基础

在蔗糖产业链中,无论是生产糖蔗的农业环节,还是生产食糖的工业环节,都具有非常特殊的属性,从而决定了糖厂和蔗农、地方政府之间天然具有较高的依存关系,政府具有维护工、农间紧密联结关系的激励机制。一是糖蔗具有不耐储藏的特性,一般要在收获后 24 个小时之内送入压榨车间,否则会出现较严重的糖分流失。因此不允许蔗农惜售,蔗农内在需要稳定的销售渠道;二是糖厂具有季节性生产特征,从当年 11 月至来年 5 月才能开榨生产,为了降低成本,必须在一定的原料收集半径内购入甘蔗,以保证

充足供应,因此,糖厂需要拥有稳定的原料基地,并有动力通过反哺基地建设,提高甘蔗糖分和甘蔗单产,以增强其核心竞争力;三是由于甘蔗原料收集半径短,糖厂一定是设在主产区,这能给主产区地方财政带来大量的税收,而广西区本来工业不太发达,于是糖厂的兴衰直接影响某些主产县(市)的财政收入,因此,主产区地方政府出于自身利益最大化的考虑,对于发展壮大蔗糖业具有强烈的动机。据调查,以2007/2008榨季为例,每生产一吨白糖地方政府能获得税收400元左右。在广西区第一主产县扶绥县,2007年财政收入5.37亿元,其中制糖工业贡献3.1亿元,贡献率高达57.7%,可见地方财政对蔗糖业的依赖程度之高。

2. 各级政府的强力推动是关键

尽管蔗糖产业的特性决定其有发展产业化经营的基础,但放开糖业的头十年里,并没有形成稳定的利益联结机制,糖厂打白条,互相抬价抢原料蔗的情况时有发生。而从2002年以来发生的变化,与各级政府特别是广西壮族自治区政府的强力介入密不可分。政府通过建设制度、行政监督、完善机制,充分发挥了政府在推动农业产业化发展、维持订单农业稳定方面的重要作用,成为蔗糖产业化健康发展的关键。

第一,中央和地方政府以行政法规的方式确立了蔗糖产业化经营的模式。2002年,国家四部委发布实施的《糖料管理暂行条例》,以行政法规的形式明确"公司+农户"的产业化经营模式是糖料生产经营的方向,并对糖料产区划区管理、制糖企业的权利和义务、糖料生产者的权利和义务乃至糖料收购合同内容、收购价格的确定方法、糖料交售与运输管理等作了详细的规定,细化了政府监督惩罚的手段和措施。中央政府对糖料从生产到收购进行如此广泛而深入的管理,这在所有农产品中几乎是绝无仅有的。2002年11月,广西区很快出台了《广西壮族自治区糖料蔗管理实施细则》,并在随后的几年里针对发生的新情况、新问题发出《关于加强糖料蔗管理严禁跨区抢购的紧急通知》、《广西壮族自治区人民政府关于进一步加强蔗糖业管理工作的通知》等一系列行政命令,有力地保障了订单农业的发展。

第二,广西区各级政府对农户、糖厂的订单履约起到了重要的第三方监督作用。广西区政府成立了糖业管理工作联席会议办公室,每个榨季开始前,地、县级政府还会成立由主要领导担任总指挥的"甘蔗砍、运、榨工作指挥部",专门负责糖业协调管理。一方面,政府向糖厂收购车辆发放"甘蔗道路运输通行证",组织工商、公安、交通、农业等各部门严格查处跨蔗区运蔗、私运甘蔗,保证糖厂在基地收蔗的稳定性。另一方面,地方政府蔗糖主管部门也向农民承诺,严格管理糖厂的收购行为,不允许合同糖厂拒收农民一根甘蔗。这一系列行政手段对监督订单签订双方的机会主义行为,确保高履约率起到了重要作用。

第三,政府通过制订"保底价收购"与"糖蔗联动、二次结算"的定价机制,促进了订单的稳定。从 1998/1999 榨季至 2000/2001 榨季,广西区物价局每年都出台糖料蔗收购政府指导价,规定各市、县可在 10% 的浮动范围内自行确定,并对良种蔗加价办法进行了统一规定。从 2001/2002 榨季开始至今,在全区实行保底价收购,在保底价上体现优质加价、劣质减价,还连续实施蔗糖价格挂钩联动办法。以 2007/2008 榨季为例,政府规定每吨普通糖料蔗收购首付保底价格为 260 元/吨,优良品种加价分为 10 元、15 元、20 元三个档次。保底价格与一级白砂糖平均含税销售价格 3800 元/吨挂钩联动,联动加价系数值为 6%。即糖价超过 3800 元/吨的部分,制糖企业按 6% 的比例与蔗农进行二次结算;当糖价低于 3800 元/吨时,不再实行二次结算,蔗农不需将多得的蔗价款退还制糖企业。这种糖蔗联动、二次结算的机制使每个榨季的糖蔗收购价成为公开透明的信息,让农民吃下"定心丸",既有利于保护蔗农利益,又有利于促使糖厂和蔗农成为"利益共享、风险共担"的共同体。根据我们对崇左市、来宾市 60 户蔗农的问卷调查,100% 的农户认为,"保底价收购"加上"糖蔗联动、二次结算"的定价机制有利于蔗农收入的稳定。

3. 制糖龙头企业对蔗区、蔗农的反哺是核心

订单农业的稳定发展,核心是建立龙头企业和农户之间紧密的利益联结关系。如果糖厂和蔗农之间仅仅是停留在购销关系层面上,即使有政府行政监督,出台定价机制,也难以把两者利益真正统一起来,而广西蔗糖产业化经营模式的成功,核心正是在于通过龙头企业对农户的反哺,形成了"资产专用性投资",从而增加了除购销之外更多元化的利益联结纽带,从

而将两者牢牢地绑在了一起。

　　根据我们对扶绥县东亚扶南糖厂、东门南华糖厂的调查,企业对蔗农的反哺主要体现在以下几个方面。一是为所属蔗区农民免费进行技术指导和培训。东亚扶南糖厂以每个蔗区(通常为1—2个乡镇)为单位配备两名技术员,在深耕、地膜覆盖、灌溉等关键环节进行上门指导,还帮助农民利用赤眼蜂进行生物防治病虫害。东门南华也会在每个种植季的关键环节向蔗农发放"明白纸",组织培训班进行技术培训。二是通过赊销化肥、农药的形式为农民提供生产贷款。两家糖厂都利用自有资金先购进化肥、农药,并以同样价格赊销给农民,等到甘蔗进厂结算时再抵扣农民蔗款。三是进行新品种、新技术的试种和推广,以改进品种抗逆能力,提高蔗区甘蔗单产和糖分,对于试种新品种的农民,糖厂会给予一定的补贴。据来宾市永鑫华糖有限公司介绍,他们为了提高所属蔗区农民的积极性,除了提供以上三项服务以外,还对蔗农提供了100元/亩的机耕补贴,并于2005/2006、2006/2007、2007/2008连续三年反哺蔗区7000万元,用于农田水利、运蔗道路等基础设施建设。糖厂对蔗区的反哺,赢得了广大蔗农的欢迎。我们对崇左市、来宾市60户蔗农的问卷调查结果表明,96.7%的蔗农接受过糖厂的技术培训和技术服务,91.7%的蔗农享受过糖厂的生产资料赊销服务,98.3%的蔗农对"龙头企业+农户"的生产经营方式表示满意。

4. 制糖企业精巧的农务组织管理体系是保障

　　在多年实施"企业+农户"的产业化经营模式中,制糖企业探索出一套从上至下精巧的组织和管理体系,成为每年从事农务管理、甘蔗收购与运输管理、蔗款发放的稳定渠道,为糖厂和千家万户蔗农之间搭起了沟通的桥梁。

　　一是建立了"制糖企业集团+糖厂+乡镇甘蔗站+村级蔗管员+蔗区农户"的组织结构。目前广西区内大型制糖企业集团平均拥有糖厂4—5家,集团负责财务管理、经营销售,糖厂只负责糖蔗加工和蔗区农务,糖厂农务部门又在每个乡镇设立一个派出机构——甘蔗站(通常有4—5人),甘蔗站在每个行政村聘请一名本村兼职蔗管员(或称联络员)。通过构建这一整套上传下达的渠道,糖厂对蔗区的管理和服务能力大大增强。

二是摸索出一套电子化甘蔗种植、砍运、结算管理系统。每年春天糖厂通过蔗管员向蔗农发放、回收收购合同,合同约定面积、产量、质量等要素,并将其输入农务管理系统。在开榨之前,蔗管员前往蔗田核定地点、品种、质量以及生长情况,报入管理系统,糖厂根据品种早、中、晚熟特性提前安排砍蔗进度,并通过蔗管员提前告知大致砍蔗日期。砍蔗日临近前,糖厂将砍运通知单派发给甘蔗站,甘蔗站又委托蔗管员发放给有关农户,与此同时,糖厂运蔗车司机持有与砍运通知单对应的派车单,直接与农户联系,根据砍运通知单约定的时间准时交货。司机将甘蔗运至糖厂过磅、扣杂,自动生成对应的结算单。农民无需跟车前往,可以通过语音查询系统得知自家甘蔗的价格与销售收入,糖厂在一个星期内兑付农民蔗款。通过这个管理系统,有效地实现了对砍蔗进度的管理,既方便了糖厂,又方便了蔗农。

(二)对我国农业产业化经营发展的几点启示

广西蔗糖产业化经营之所以能够取得成功,客观上虽然与其品种特性和加工工业特性有关,但关键还在于制糖企业与蔗农利益联结机制的不断创新,让二者之间形成了多元化、紧密的利益联结纽带。因此,应充分吸取广西蔗糖产业化经营的成功经验,推进我国农业产业化经营的健康发展。

1. 要充分考虑不同产品、产业的特殊属性,有针对性地探索不同的产业化经营模式,不能"一刀切",也绝不能违背其产品特性

甘蔗、番茄、苹果、杨梅、荔枝、龙眼等农产品易腐、易变质、不耐储藏,种植专业化程度高,购销环节相对较少,有一定的加工半径,属于龙头企业和农民依赖型天然较高的农产品,适合"公司+农户"、"公司+基地+农户"的产业化经营模式;而像小麦、玉米、水稻、棉花等大宗粮食、经济作物,其产品耐储存,种植相对分散,购销环节较多,龙头企业和农民的机会主义违约行为成本较低,适合由龙头企业领办合作社、专业协会,推行"公司+合作社+农户"与"公司+专业协会+农户"的模式。

2. 要高度重视政府在推进农业产业化发展中的重要作用

广西蔗糖产业化经营的经验表明,政府的作用并不仅限于评定农业产业化龙头企业、组织实施合作社示范项目,落实各项财税、金融综合扶持政策,还应充分扮演第三方监督的角色,指导合同签订,监督合同双方履约,对于一些生产、加工区域集中度高的特色产业,比如内蒙古自治区的奶业、新疆维吾尔自治区的番茄业、陕西的苹果业,可以借鉴广西蔗糖业的经验,在相对封闭的区域内,探索由政府监督龙头企业构建保底价收购机制、原料与产成品价格联动与二次分配机制、龙头企业的原料基地划区管理办法、政府第三方履约监督机制。

3. 要创新利益联结纽带,构建龙头企业反哺农户的长效机制

广西制糖龙头企业之所以投入资金对蔗农进行技术服务与培训,建设蔗区基础设施,为蔗农垫付生产资料资金,是因为两者已突破单纯的产品购销合同关系,向包括技术服务、金融服务、风险保障在内的多纽带、多形式利益联结方式延伸。因此,对于全国农业产业化经营的发展而言,一方面要针对龙头企业和农民相互依赖型天然较强的产品、产业,通过以奖代补的形式鼓励龙头企业开展原料基地基础设施建设,促使其对合同农户开展技术指导、统防统治、机耕机播、生产资料垫付等社会化服务,加大工业反哺农业的力度。另一方面,要针对相互依赖性天然较弱的产业,引导建立股份合作型的利益联结机制,支持农民以土地、资金等要素入股方式参与产业化经营,通过股份分红等形式完成龙头企业对合同农民的反哺。

二、白糖期货市场服务蔗糖产业问题研究

——以蔗糖业为突破口,实施期货市场服务"三农"试点工程

2004 年以来,党中央提出把解决好"三农"问题作为工作的重中之重。农产品期货市场作为发现农产品价格与规避农业市场风险的重要场所,对于解决我国"三农"问题具有重大意义,已得到中央决策层的重视。在近年连续出台的 5 个中央一号文件中,都对农产品期货市场如何围绕"三农"开展建设提出了要求。特别是在党的十七届三中全会通过的《关于推进农村改革发展若干重大问题的决定》中,中央再次提出"加强农产品期货市场建设",并将其作为"建立现代农村金融制度"中的一部分。这一政策动向显示,中央对农产品期货市场的认识取得新的突破,农产品期货市场将会在未来的农村改革发展中发挥更加重要的作用。中国证监会等有关部委也已开始着手探索推动期货市场服务"三农"的目标与任务、机制与措施。然而,由于中国期货市场发展时间较短,相关制度建设不甚完善,加之农产品现货市场基础条件比较薄弱,客观上决定了推动期货市场服务"三农"将是一项长期的、复杂的系统工程,在当前条件下期货市场如何服务"三农"是亟需面对的课题。笔者认为,以蔗糖产业为突破口,构建和实施期货市场服务三农"试点"工程是当务之急。

(一)期货市场服务"三农"需要寻找突破口

期货市场服务"三农"的机理是通过其价格发现、风险规避功能的发挥,引导农业生产,调整农户种植结构,提高农业生产标准化程度,提高涉农

企业的资信水平,稳定涉农企业和农户收入。但要达到这些目标,首要任务是让更多的微观主体——涉农企业和农民了解期货市场的基本原理,学会利用期货价格信息作为经营决策参考,正确使用期货市场管理价格风险。

国际经验表明,农户要参与和利用期货市场,无非通过三条途径,一是直接关注和参与期货市场,二是以合作社或行业协会间接参与期货市场,三是以合同农业的形式间接通过农业企业参与期货市场。目前,与发达国家相比,我国农户规模总体上依然较小,农民素质相对较低,农村信息化水平不高,农户对专业性强的期货市场认知程度非常低,农户在短期内直接参与和利用期货市场将非常困难。另外,我国农村合作经济组织虽然发展较快,但《中华人民共和国农民专业合作社法》去年刚刚颁布,法人地位初步确立,工商登记注册尚未完成,合作社参与期货市场的案例在国内少之又少。在这样的一系列制约条件下,当前最可行的应当是第三种途径:培育农业产业化龙头企业直接参与和利用期货市场。一方面,龙头企业利用期货市场价格信息作为决策参考,另一方面,龙头企业通过期货市场套期保值管理原料或产品价格风险,农户则参与农业产业化经营与龙头企业形成利益共同体,一方面通过龙头企业分享最新的市场与价格信息,另一方面通过龙头企业的订单"二次结算"机制、反哺生产基地机制间接获取稳定的收入。

但是,对处在不同地区、从事不同产业的农户和农业企业而言,其规模、素质、产业化发展程度各有差异,对期货市场的了解、参与程度也高低不同。因此,这客观上要求推进期货市场服务"三农"不能"一刀切",需要寻找到某一个或几个基础条件好的产业作为突破口进行试点,先行先试,并在此基础上积极推广。

(二)蔗糖产业是期货市场服务"三农"的突破口

要寻找到能够在期货市场服务"三农"上取得突破的产品和产业,关键看它是否满足以下几个条件:一要产业化程度高,企业和农户的利益联结关系紧密,分配机制合理;二要产业集中度高,企业规模相对较大;三要产品价格波动频繁,企业对规避价格风险的需求强烈;四要该产业内企业对期货的认知和参与程度高。满足了上述条件,实际上就打通了农户、农业企业与期货市场之间的障碍,为各方推动农产品期货市场服务"三农"试点工程奠定了基础。笔者通过实地调研后发现,蔗糖产业是满足上述四个条件的产业。

第一,在所有已上市期货的农产品中,白糖所对应的甘蔗生产、加工的产业化程度非常高。以产蔗量、产糖量均超过全国63%以上的广西壮族自治区为例,政府建立了对糖厂和蔗农订单履约行为的第三方监督机制,创造了全区统一的"保底价收购"加"糖蔗联动、二次结算"定价机制,大部分糖厂建立了以乡镇联络站、村级蔗管员为支脉的蔗区农务组织管理体系,创新了对蔗区基础设施建设的反哺机制,这使得蔗农和糖厂的利益联结关系非常紧密,全区的订单平均履约率高达97%以上。根据我们对崇左、来宾两地、市100位蔗农的问卷调查,对当前"公司+农户"的生产组织形式表示满意或基本满意的农户比例高达95%,

第二,通过一系列的兼并重组之后,原有糖企规模小、数量多的局面已经改变,目前制糖业是一个产业集中度相对较高的行业。以广西为例,2007/2008榨季,全区共有35家制糖企业,下辖97间糖厂。其中,产能排名前八位的企业累计产糖量、实现销售收入、实现利税分别占全区制糖业的73.5%、73%和78.42%。产糖量在5万吨以上的22家企业榨蔗量、产糖量占全区总量的96.83%和97.22%。

第三,制糖企业具有较强的价格风险管理需求。食糖作为一个需求弹性较小的产品,很容易由于甘蔗生产发生自然灾害等因素而导致价格剧烈波动。对于制糖企业而言,一方面,产成品食糖的价格波动频繁,另一方面,不论糖价如何波动,每年政府都要求糖企必须按规定的保底价对蔗区甘蔗进行收购,因此,在企业经营中,如何规避食糖价格波动的风险显得尤为重要。根据我们对产能排名前八位制糖企业的问卷调查,75%的企业认为,食糖和甘蔗价格波动的风险,是所有风险中对企业经营效益影响最大的。而在对所有面临风险的排序中,100%的企业把食糖和甘蔗价格波动的风险排在了前两位。

第四,2006年白糖期货推出以后,糖企对期货的认知和接受程度较高,目前的参与程度也较高,制糖企业利用期货管理价格风险的效果已经显现。根据我们对产能排名前八位的制糖企业问卷调查,100%的企业表示知道白糖期货,100%的企业表示经常关注白糖期货价格,75%的企业参与了期货市场交易。对于期货市场的印象,调查显示,50%的企业认为它可以在一定程度上规避价格风险,50%的认为它可以作为企业经营决策参考,但不能帮企业规避风险。在已参与期货交易的企业中,83.3%的企业表示仅仅是为了套期保值,16.7%的企业表示视情况决定是进行投机、期现套利交易还是套期保值交易。对于参与期货交易给企业带来的绩效,66.7%的企业认为化解了白糖期货价格波动风险,使企业现金流变得更为稳定,16.7%的企业表示用白糖期货进行期现套利,不仅降低了风险,而且盈利丰厚,只有16.7%的企业认为白糖期货没有化解价格波动风险。

综上所述,一方面,蔗糖产业具有较成熟的"龙头企业+农户"产业化经营模式,订单稳定,履约率高,能使企业通过期货管理价格风险后获得的稳定收益传导至蔗农;另一方面,龙头企业规模较大、集中度高,对风险管理工具的需求较高,对市场信息的分析能力较强,而且具备对期货市场较高的认知能力和娴熟的运用能力,因此,应选择蔗糖产业为突破口,开展期货市场服务"三农"试点工程。

(三)白糖期货服务"三农"试点工程实施方案

为了尽快铺开期货市场服务"三农"工作,作为国内期货市场的主管部门,中国证监会应与国家发改委、农业部、中国糖业协会等部门、单位加强协调配合,着力组织中国期货业协会、郑州商品交易所以及一批诚信稳健、在农产品期货方面有专长的期货公司,以蔗糖产业为突破口,实施白糖期货服务"三农"试点工程。

1. 基本原则

期货市场服务"三农"试点工程应遵循以下原则:

一是统筹兼顾、有所侧重原则。期货市场价格发现和风险规避两个基本功能互相补充,都能为农户和龙头企业服务。既应统筹发挥两大功能,又要注意重点。对农户要更侧重预期价格信息传播,对企业要侧重使用期货工具进行套期保值的原理、方法。

二是体制机制创新原则。试点工程是新时期探索我国农产品期货市场如何服务好"三农"的一项基础性工程,带有一定的试验示范性质。要通过大胆探索,创新体制机制,完善管理模式,增强发展活力,发挥示范带动作用,总结适合不同地区、不同产业的期货市场服务"三农"最优途径。

三是易于推广原则。试点工程既要保持领先性,又要具有可推广性。参加试点示范的龙头企业应在期货知识教育培训、期货信息传播、期货工具使用等方面探索最佳方式,以便向未参加示范的中小企业进行全方位推广。

2. 建设目标

通过 2009—2010 年为期两年的试点工程建设,以制糖龙头企业为依托平台,建设企业套期保值交易与风险控制综合支持体系;以试点企业所属乡镇联络站、村级蔗管员为依托,建设农户风险教育培训与价格信息传播体系。

一是在广西区培育 4 家规模较大的制糖企业作为试点工程建设单位。要求通过试点建设,企业风险状况明显改善,风险管理能力大幅提高,内部控制能力大大增强,现金流稳定性明显增强,企业对蔗农的二次结算和对蔗区的基础设施投入能够制度化、稳定化。

二是依托试点企业在乡镇设立的联络站和村级蔗管员队伍,建设 100 个乡镇级教育培训与信息传播综合服务平台,在综合服务平台上直接培训村级蔗管员 1000 人次,培训蔗农 1 万人次,使蔗农对价格信息的获取率大幅提高。

3. 重点任务

一是"政府官员培训计划"。由中国证监会、农业部、广西区政府组织、郑州商品交易所、中国期货业协会具体实施,聘请国内著名专家学者、专业人士、套期保值业绩优秀的企业经营者主讲,每季度举办一次培训班,对自治区、地(市)、县等各级甘蔗生产、制糖业主管部门、农业产业化主管部门、农村合作经济组织主管部门领导开展轮训,培训内容包括白糖期货、期权基本知识,套期保值基本理念,企业利用期货管理风险的成功案例,国外政府支持农业企业和农民利用期货市场的做法与经验等。

二是"风险评估计划"。由郑州商品交易所和试点企业联合聘请国内知名风险评估机构,对试点企业进行全方位风险评估,并出具风险评估报告,了解当前原材料、产品价格风险状况及其在公司面临风险中所占的地位。

三是"套期保值方案指导计划"。由中国期货业协会和郑州商品交易所组织业绩优秀、在农产品期货研究方面有专长的期货经纪公司研发人员，组团上门辅导，破解试点企业在以往套期保值操作中的困难，为试点企业量身定做套期保值方案，确定最优套保比率，并及时跟踪市场变化，指导企业对方案进行调整。

四是"管理技术人员培训计划"。由郑州商品交易所定期组织有关专业人士，集中对试点企业高管在风险管理意识方面进行培训。通过定期开展风险管理、内部风险控制等方面的培训，帮企业培养一支稳定的交易员、研究员队伍和风险控制人员队伍。

五是"机构设置与内控制度帮扶计划"。由中国证监会牵头，会同中国糖业协会、郑州商品交易所，帮助试点企业成立互相独立的期货交易部门和风险控制部门，指导试点企业设计和实施"套期保值交易管理办法"和"企业内部控制流程与管理办法"。

六是"信贷机构培训与支持计划"。由中国证监会、中国期货业协会、郑州商品交易所组织专业人士培训与试点企业有信贷关系的金融机构。同时，组织有关研发机构为信贷机构建立一套专门针对参与期货套期保值企业的动态风险评估预警模型，使银行等信贷机构可参考该模型来决定是否对试点企业进行贷款，或者当期货市场出现风险时，决策是否应给予企业保证金信贷支持。

七是"市场信息进村入户计划"。由郑州商品交易所投入物力、财力，依托试点企业在乡镇一级的甘蔗联络站，在每个乡镇建设1个综合服务平台，其功能包括农户风险管理教育培训与期货信息传播，辐射该乡镇所有的村级蔗管员和普通蔗农。在每个综合服务平台聘请一名乡镇甘蔗联络员作为兼职信息员，配备一台电脑，装一套行情分析软件。由中国期货业协会、郑州商品交易所组织专业人员，首先在综合服务平台对兼职信息员和10名村级蔗管员开展风险管理和信息利用方面的教育培训，普及期货基本知识，培训他们如何参考利用期货价格信息。在每个乡镇培育10位信息"能人"的基础上，再由"能人"为村内10位种蔗大户展开培训和信息服务，有关单位给予信息"能人"一定的劳务补贴。

三、我国甘蔗燃料乙醇的生产潜力与发展思路

能源紧缺和环境污染成为现代化进程中的两大社会问题。作为替代石化能源的绿色可再生能源,燃料乙醇越来越受到各国重视。它是可再生能源,作为一种清洁能源,其抗爆性能好,用作车用燃料时燃烧更完全,减少尾气排放量,降低对环境的污染。甘蔗是燃料乙醇最重要的原料之一,甘蔗燃料乙醇已经在巴西、印度、泰国等国大规模生产,在中国利用甘蔗生产燃料乙醇同样具有良好的发展潜力与前景。

(一)世界甘蔗燃料乙醇发展现状

燃料乙醇大致可分为以甘蔗、甜高粱、甜菜等糖质为发酵底物,以玉米、木薯、甘薯等淀粉为原料和以秸秆、蔗渣等纤维素、半纤维素经糖化或酶解燃料乙醇三种。在国内外,前两种乙醇的发酵工艺均为成熟技术,世界上投入商业化、工业化、规模化生产的主要是甘蔗乙醇和玉米乙醇。而以纤维素、半纤维素为原料的燃料乙醇生产尚处于中试阶段,产业化技术没有形成。至今,世界上尚无利用纤维素工业化生产燃料乙醇的企业。

1. 甘蔗燃料乙醇在世界生物质燃料乙醇生产中的地位

进入新世纪以来,甘蔗燃料乙醇在世界生物质燃料乙醇生产中一直占据将近半壁江山。根据 USDA 统计,1975 年世界生物燃料乙醇产量仅 5 亿升,均为甘蔗乙醇;2001 年总产达 200 亿升,2006 年达 420 亿升,其中巴西甘蔗乙醇 160 亿升,美国玉米乙醇约 140 亿升,其余为印度、泰国和中国的糖蜜乙醇,欧洲和中国的玉米、小麦等谷物淀粉乙醇。据 F.O.Licht 统计,

2008年,世界生物质燃料乙醇总产750.0亿升,其中甘蔗燃料乙醇达307.3亿升,占40.9%;各种淀粉类作物生产的燃料乙醇为442.7亿升,占59.1%。世界燃料乙醇总产中,美洲和拉丁美洲占75%、亚太地区占15%、欧洲占9%、非洲占1%。其中,美国的燃料乙醇大部分以玉米作为原料,而巴西燃料乙醇则以甘蔗作为原料。

从贸易格局来看,巴西是燃料乙醇出口量最大的国家,2005年出口量达到25亿升,远远高于美国和南非。由于巴西燃料乙醇出口量非常大,因此,在世界生物质燃料乙醇贸易中所占比重非常之高。据F.O.Licht统计,2006年世界乙醇总贸易量为58亿升,其中燃料乙醇占77%,饮用乙醇占15%,工业乙醇占8%。2007年世界乙醇贸易总量增至65亿升,其中仅巴西甘蔗乙醇的出口量就达到35亿升,创历史新高。巴西甘蔗乙醇出口国中,美国占24.11%,欧盟占29.06%,日本占10.69%。据国际权威机构预测,2008年,巴西甘蔗乙醇出口量将继续增加15%,达到40亿升。到2015年,世界乙醇贸易总量将达到130亿升,其中巴西乙醇出口量将达到70亿升。

2. 我国甘蔗燃料乙醇的发展现状

为消化陈化粮及发展石油替代能源,中国从2000年起逐步展开了燃料乙醇的开发推广工作。燃料乙醇工程是中国"十五"十大重点工程之一,根据《变性燃料乙醇及车用乙醇汽油"十五"发展专项规划》,政府批准建设了4家以消化陈化粮为主的燃料乙醇生产企业,即吉林燃料乙醇有限责任公司、河南天冠集团、安徽丰原生物化学股份有限公司和中粮生化能源(肇东)有限公司(原黑龙江华润酒精有限公司),其中河南天冠集团主要以小麦为原料,其他3家都以玉米为原料。4家企业核定总生产能力为每年102万吨,2006年4家企业总产量在120万吨左右。目前,乙醇汽油消费量占全国汽油消费量的20%,中国已成为仅次于巴西、美国的第三大燃料乙醇生产和使用国。2006年10月中国政府审批的第五个燃料乙醇生产装置,也是唯一的一个非粮作物燃料乙醇装置——广西木薯乙醇一期工程(表3-1),已正式启动并于今年12月投产,除此之外,中国政府已停止新批玉米燃料乙醇企业,开始大力鼓励发展非粮食作物为原料的燃料乙醇。但是,甘蔗燃料乙醇立项投产一直未得到政府有关部门批准,目前仍处于技术中试阶段。

表 3-1   中国政府批准的燃料乙醇生产企业基本情况

名称	吉林燃料乙醇有限公司	河南天冠集团	安徽丰原生物化学股份有限公司	中粮生化能源(肇东)有限公司	广西中粮公司木薯一期工程
股东构成	中石油 55%;吉粮 25%;中粮 20%	天冠 60%;中石化 20%;河南建投 20%	上市公司,中粮控股 20.74%;丰原集团 3.96%	中粮集团全资控股	中粮、中石化共同持有,中粮控股
原料	玉米	小麦	玉米	玉米	木薯
核定产量	30 万吨/年	30 万吨/年	32 万吨/年	10 万吨/年	20 万吨/年
乙醇供应地区	本省销售 10 万吨,其余 20 万吨调往辽宁	本省销售 13 万吨,其余 17 万吨调往湖北和河北 13 个地市	本省销售 10 万吨,其余 22 万吨调往山东、江苏和河北 14 个地市	全部在本省使用	广西

资料来源:根据公开报道整理。

(二)甘蔗原料的优势与我国甘蔗燃料乙醇生产潜力

近几年,甘蔗乙醇占世界生物质乙醇总量的 41%—47%,是生物质乙醇最重要的组成部分,这主要因为甘蔗作为燃料乙醇原料具有下述五大优势,成为最有竞争力的原料作物。而正是这些优势,使得它在国内具有较大的发展潜力。

1. 甘蔗作为燃料乙醇原料的竞争优势

第一,甘蔗适应性广,适宜边际性土地,是粮食作物的先驱作物。甘蔗适应性广、抗逆性强、耐连作、适应山坡地、沙洲地和盐碱地等边际性土地,我国蔗区 80% 为红壤土坡旱地。在计划经济时期,蔗田的水利工程完成之后,土地就让位于粮食作物,所以,甘蔗历来不与粮争地,是粮食作物的先驱作物。

第二,甘蔗是第一代乙醇中唯一的多年生 C4 非粮作物。在世界已有的糖质和淀粉质燃料乙醇原料中,甘蔗是唯一的多年生草本 C4 作物,单位面积生物量号称大田作物之首。C4 光合系统是人类迄今已知光合作用效率最高的,具有最大的把光能转化为生物能的光合途径,甘蔗也是迄今栽培作物中可发酵量最高、生物量(220—280 吨/亩)最高的作物,公顷甘蔗乙醇产量最高可达 29 吨。同时,由于甘蔗具有地下根茎,为多年生草本植物,一次种植可收获多年,在国外,一般可宿根 3—5 年不减产,这就意味着同样产出的情况下,投入更少的人力和物力,宿根是精简栽培技术,还有利于环境保护,因此,比一年生的植物具有明显的优势。

第三,甘蔗能量转化效率最高。净能比是衡量不同生物质乙醇能量效率的最好指标,就不同乙醇原料的能量输出/输入(Energy output/Energy input,比值大于 1 为能量阳性)来看,甘蔗能量效率最高,比值达到 8.31,原因在于:甘蔗光合产物为蔗糖,酒精酵母可直接利用蔗糖作为发酵底物,因此,在酒精生产中,甘蔗酒精比淀粉酒精省去两个耗能的生化过程,而且,蔗渣也可用于锅炉燃烧发电或酶解发酵转化为乙醇。从不同原料对比来看,甘蔗能量效率最高,柳枝稷生物量的能量效率第二,但目前还缺乏大规模工业化生产的试验资料;甜菜的能量效率第三,达 1.8;玉米的能量效率排名第四,达 1.36(图 3-1)。

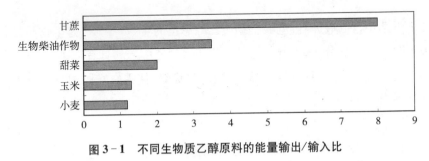

图 3-1　不同生物质乙醇原料的能量输出/输入比

资料来源:美国农业部。

第四,甘蔗乙醇生产成本最低。根据国际权威机构 2004 年有关"燃料乙醇生产成本"[①]的调查结果,利用传统的糖质和淀粉质原料生产乙醇的成

① Cost of Production Survey,F.O.Licht,2004.

本中,原料成本占总成本的 60%—70%。而其在 2006 年对世界主要生物质燃料乙醇的原料成本调查结果显示(表 3-2),巴西最低的甘蔗乙醇成本,仅为 \$ 0.20/L;其次是泰国木薯乙醇和美国玉米乙醇,分别为 \$ 0.24/L 和 \$ 0.25/L;再次为澳大利亚的甘蔗制糖废蜜制乙醇成本为 \$ 0.30/L;最昂贵的是欧盟的甜菜和小麦乙醇,分别为 \$ 0.48/L 和 \$ 0.43/L。从国内情况来看,甘蔗燃料乙醇生产的原料成本也远低于玉米制燃料乙醇。以 2007/2008 年生产期广西平均甘蔗收购价 275 元/吨计算,按 13 吨达到工艺成熟期的甘蔗制 1 吨乙醇,每吨甘蔗乙醇的原料成本为 3575 元;同期国内玉米吨价已超过 1700 元,按 3.3 吨制 1 吨乙醇,则每吨玉米乙醇的原料成本为 5440 元,可见甘蔗乙醇的原料成本仅为玉米乙醇的 65.69%。同期鲜木薯收购价约 700 元/吨,按照 7.5 吨鲜薯制 1 吨乙醇计,每吨木薯乙醇的原料成本为 5250 元/吨。

表 3-2　不同给料的燃料乙醇原料成本

国家	乙醇原料成本(\$ /L)
巴西	0.20(甘蔗汁或糖蜜)
美国	0.25(玉米)
澳大利亚	0.30(C 糖蜜)
欧盟	0.48(甜菜) 0.43(小麦)
泰国	0.24(木薯)

资料来源:F.O.Licht,2006。

第五,甘蔗燃料乙醇减少排放温室气体效果最好。甘蔗光饱和点高、光补偿点低,每公顷甘蔗比碳三作物(稻、麦、大豆等)多吸收 $50mg/dm^2/h$ 的 CO_2。从而减少了温室气体的排放,促进了可持续发展。欧盟委员会给出了各种原料对减少温室气体排放的具体数值,甘蔗乙醇减少排放量达 74%,在所有传统生物燃料原料中是较高的。

2. 中国甘蔗燃料乙醇生产潜力分析

尽管我国甘蔗燃料乙醇尚未进入产业化阶段,但能源甘蔗育种和发酵技术工艺均已成熟,同时,又具备充足的原料供应和较好的经济效益,因此,我国甘蔗燃料乙醇生产具备较大的潜力。

首先,我国具备较为充足的甘蔗燃料乙醇生产原料。在甘蔗单产大幅提高的带动下,我国甘蔗产量连年增加,食糖已出现连续供给过剩的局面,在保障食糖安全之外具备足够的甘蔗来生产燃料乙醇。近七年来,尽管经历了2003年的干旱和2008年的特大雪灾,在甘蔗种植面积扩大47.87%的基础上,蔗糖总产增产92.05%。2006/2007榨季生产期,我国蔗糖产量达到创纪录的1074.5万吨,年人均食糖消费达到了9.5千克,提前实现了国务院《中国卫生食品发展纲要》中规定的"至2010年人均摄入食糖9.0千克"的指标。2007/2008生产期,蔗糖产量再创历史新高,农业总产超过12621万吨,工业榨蔗量达11478.68万吨,蔗糖总产量达到1367.91万吨。美国农业部数据显示,中国食糖2007/2008榨季期末库存达329.7万吨,2008/2009榨季期末库存预计将达334.6万吨(见表3-3)。据海关统计,新中国成立以来,我国一直为食糖净进口国,年进口糖150—390万吨,很长一段时间国民食糖消费依赖进口。近五年,我国平均年进口原糖降至85万吨(扣除来料加工部分),仅完成入世承诺量194.5万吨的43.7%,其中还有大部分是来自古巴的贸易援助糖。

表3-3 中国食糖(原糖)供需平衡表

榨季 地区	2006/2007	2007/2008	2008/2009
期初库存	70.3	140.1	329.7
产量	1285.5	1589.8	1578.5
进口量	146.5	90	65
总供给量	1502.3	1819.9	1973.2
出口量	12.2	5.2	5.1
总消费量	1350	1485	1633.5
期末库存	140.1	329.7	334.6

资料来源:美国农业部经济研究局。

其次,我国"蔗贱伤农"的现实具有在加工环节开发燃料乙醇的内在需求。在甘蔗产量大幅增长的同时需求层面缺乏调节机制,甘蔗加工单一产品的格局使甘蔗产业难以避免大起大落,这使得甘蔗产业具有实行"糖—酒"联产模式的内在要求。由于食糖连续多年大量供给过剩,已导致国内白糖价格连年下跌。2005/2006 榨季年均价 4472.49 元/吨,2006/2007 榨季跌至 3795.93 元/吨,至 2007/2008 榨季,白糖年均价已跌至 3223.68元/吨,已在制糖成本线以下,出现糖厂赔本后给蔗农打白条拖欠蔗款的"蔗贱伤农"现象。因此,当前急需借鉴巴西、印度等国经验,以开发甘蔗制燃料乙醇为突破口,改变甘蔗加工品单一的格局,从而使甘蔗产业和蔗农收入能进入稳定发展的轨道。

第三,国内甘蔗制燃料乙醇具有较好的经济效益。据测算,一吨甘蔗乙醇的生产成本包括以下几个方面:

(1)原料成本:甘蔗收购价按 300 元/吨计(2007 年全国甘蔗平均收购价位每吨 270 元),原料成本为 300×12.928(约为 13 吨)= 3900 元;

(2)吨乙醇耗 H_2SO_4:7Kg,按 800 元/吨计,5.60 元;

(3)吨乙醇耗 NaOH:0.5Kg,按 4000 元/吨计,2.00 元;

(4)吨乙醇耗尿素:5Kg,按 2000 元/吨计,10.00 元;

(5)吨乙醇耗磷酸:1Kg,按 1200 元/吨计,1.20 元;

(6)吨乙醇耗蒸汽(包括蔗汁处理、蒸馏、脱水):5.5 吨,每吨 55 元,5.5×10 = 55 元;

(7)吨乙醇电单耗:150KW·h,每 KW·h0.5 元,150×0.5 = 75 元;

(8)工艺水、冷却水吨乙醇单耗:100 吨,按 0.15 元/吨计,价 15.00 元;

(9)人工、管理费用:价 50.00 元;

(10)加工无水能源乙醇脱水等加工损耗及成本约 100.00 元;

(11)设备回收 300 元;

(12)财务费用 119 元;

(13)预留物价上涨成本 300 元。

以上(1)—(13)项合计,可得每吨甘蔗能源乙醇的直接生产总成本约为:4875.0 元/吨(即每升生产成本约为 3.75 元,约合 0.551 美元/升)。若以 2008 年 8 月 10 日国内 90# 汽油批发价 6800×0.9111 = 6195 元,则不计政府补贴每吨甘蔗燃料乙醇仍有 1395 元的利润,即使以全球金融危机影响下的当前油价水平来看,政府略为补贴即可盈亏平衡。

总体来看,我国甘蔗燃料乙醇具有较大的发展潜力。目前我国每年甘蔗播种面积133—140万公顷,平均单产约70吨/公顷。另外,我国南方尚有66万公顷适宜蔗边际性土地。因此,未来几年内,全国计可发展200万公顷的糖能兼用甘蔗,在单产70吨/公顷不变的情况下,可生产1.4亿吨原料甘蔗,若利用其中的65%即9000万吨甘蔗生产1100万吨糖,加上120万吨的甜菜糖,共1220万吨糖,则不仅可满足《"十一五"食品发展纲要》提出的每人每年平均摄入量9千克糖的需求;其他5000万吨原料甘蔗还可生产385万吨(52亿升)燃料乙醇。

(三)我国发展甘蔗燃料乙醇面临的突出问题

尽管我国甘蔗燃料乙醇具有较大的竞争优势和发展潜力,但一直处于实验室和小规模中试阶段,尚未进行大规模产业化生产。当前我国发展甘蔗燃料乙醇主要面临以下三方面的突出问题。

1. 在全球金融危机的影响下,2008年7月以来,国际原油价格大幅下跌,制约了各国政府鼓励发展生物质燃料乙醇的积极性

2008年7月中旬至2009年3月下旬,美国纽约期货交易所原油期货价格由最高接近148美元/桶跌至50美元/桶,跌幅高达66.2%。因此,在当前的原油价格下,与石油能源相比原本就需要财政补贴的生物质能源的竞争优势大大降低,需要补贴的力度变得更大,各国政府也暂时放缓了发展的步伐。

2. 甘蔗作为国家鼓励的燃料乙醇原料在决策层一直存在争议,大规模产业化生产一直未能被主管部门批准,这使得甘蔗燃料乙醇的原料竞争优势没有发挥出来

从我国燃料乙醇发展政策演变可以看出,甘蔗一直处在被动尴尬地位。2006年5月30日,财政部印发了《可再生能源发展专项资金管理暂行办法》,明确重点扶持木薯、甘蔗、甜高粱等非粮原料制取的燃料乙醇。但是,2006年11月15日,财政部等六部委联合下发了《关于发展生物能源和生物化工财税扶持政策的实施意见》却只鼓励利用薯类、甜高粱等非粮农作物和小桐子、黄连木等木本油料树种为原料加工生产生物能源,未提到甘蔗原料。而政府有关部门的规划对甘蔗是否应作为鼓励的原料也摇摆不定。2007 年 5 月《农业生物质能源发展规划》提出目前适宜开发用于生产燃料乙醇的农作物主要有甘蔗、甜高粱、木薯、甘薯等。但是,同年 8 月,国家发改委《可再生能源中长期发展规划》却把甘蔗排除在外,指出近期重点发展以木薯、甘薯、甜高粱等为原料的燃料乙醇技术。

3. 当前补贴劣势原料的政策不利于甘蔗燃料乙醇的发展

2005 年 8 月 22 日,国家财政部下发《财政部关于燃料乙醇补贴政策的通知》,生产和销售变性燃料乙醇发生的亏损,依据保本微利的原则,由中央财政给予定额补贴。2005 年销售每吨燃料乙醇补贴 1883 元,2006 年补贴 1628 元,2007 年和 2008 年均补贴 1373 元。在燃料乙醇产业发展初期,财政适当补贴还是必要的,但目前不同的生物质乙醇产品的补贴水平相差甚大,亏损大的产品补贴多,据称广西的木薯乙醇每吨补贴 2300 元,这种放弃优势原料选择高补贴劣势原料的行为,无异于浪费。

(四)促进我国甘蔗燃料乙醇发展的政策建议

1. 加大教育培训力度,使甘蔗乙醇的竞争优势获得广泛认可

一是要广泛利用大众传媒手段,传播国外甘蔗燃料乙醇业发展的最新动向,宣传国内蔗糖产业近年取得的巨大进步,消除公众对甘蔗转化燃料乙醇会威胁国家糖料安全的担心。

二是要组织相关研究领域前沿的专家学者,对国家有关涉糖部门以及甘蔗主产省、区的政府官员进行教育培训,在决策层形成对甘蔗是首选非粮燃料乙醇原料的广泛认同,力促甘蔗燃料乙醇纳入各级各部门的生物质能源发展规划中。

三是组织相关技术与经济专家,深入到主要甘蔗加工区域,就甘蔗转化燃料乙醇在技术和经济上的可行性、原料的可获得性等方面进行教育培训,获得投资主体——企业的认可,形成促进民间投资的良好氛围。

2. 整合与拓展甘蔗燃料乙醇产业链扶持政策,构建甘蔗燃料乙醇产业扶持政策体系

第一,在财政部《可再生能源发展专项资金管理暂行办法》明确扶持甘蔗燃料乙醇的条件下,促进在专项资金中增设原料基地建设补助资金。积极鼓励各类甘蔗燃料乙醇生产企业积极申报该专项资金,通过获取政府无偿资助、贷款贴息的优势加快技术改造与升级。

第二,整合科技部"农林生物质工程"十一五国家科技支撑计划重大项目、农业部能源甘蔗育种与开发项目等重大科研项目,集中力量委托有基础、有条件、有实力的产、学、研联合体,开展包括能源甘蔗育种、甘蔗栽培耕作、机械化收割、乙醇发酵、"三废"处理在内的全程技术研究,打造甘蔗燃料乙醇产业技术体系研发基地,为产业发展提供科技支撑。

第三,适时修改财政部等六部委《关于发展生物能源和生物化工财税扶持政策的实施意见》和财政部《生物能源和生物化工原料基地补助资金管理暂行办法》等文件,把甘蔗燃料乙醇作为生物能源的重要部分纳入财税扶持政策范围。

3. 制定公平、合理的生物质燃料乙醇生产补贴统一标准,逐步形成非粮燃料乙醇的竞争市场

第一,国家财政部应针对当前各类重点发展的非粮生物质燃料乙醇,根据燃料乙醇价格及其生产成本变动情况,设立合理的、具有弹性的补贴标准,例如,每年年初对每种非粮原料转化燃料乙醇的生产补贴作出具体规定。

第二,在制定补贴标准过程中,既要顾及各类非粮燃料乙醇的生产成本,尽量保证微利,又要适当体现不同非粮作物转化燃料乙醇的竞争优势与劣势,促使低成本、高效率的燃料乙醇能体现竞争优势,以利于尽快形成优胜劣汰的市场机制。

四、中国糖料产业链现状与政策框架研究

我国食糖的生产销售年度从每年的 10 月 1 日到翌年的 9 月 30 日。其中,甘蔗糖榨季从每年 11 月开始,次年 4 月结束;甜菜糖榨季从每年 10 月开始到次年 2 月结束。目前,我国是食糖生产大国,也是食糖消费大国。改革开放初期,中国食糖产量仅约 300 万吨,总量上不能自给,每年需大量进口食糖来弥补国内需求。改革开放三十多年来,随着人民生活水平的不断提高,对食糖需求逐年增长。国家采取一系列政策措施,扩大糖料作物种植,鼓励糖料与食糖产业发展,食糖产量连年增加,我国食糖产业取得了长足进展,在国民经济中的地位日益显著,在国际糖业界也占有了重要的地位。

(一)糖料生产

糖料种植在我国农业经济中占有重要地位,其产量和产值仅次于粮食、油料、棉花,居第四位。目前,全国共有 18 个省、自治区种植糖料作物,与糖料种植相关的人员有近 4000 万人。甘蔗主产区主要分布在广西、云南、广东、海南、福建、四川、江西、湖南等地;甜菜主产区主要分布在东北、西北、华北地区,即黑龙江、新疆、内蒙古、吉林、山西、甘肃、宁夏、辽宁等地。两种糖料的种植区域都相对比较集中。

1. 糖料种植面积

新中国成立之初,我国糖料种植面积仅有 186. 2 万亩左右,甘蔗种植面积约为 162. 3 万亩,占全国 87. 16%,甜菜种植面积仅有 23. 9 万亩,占全国

12.84%。改革开放后,我国糖料生产进入了快速发展的时代,糖料种植面积和糖料产量均分别创出历史新高。我国甜菜种植面积近几年呈萎缩趋势,这是由于近些年来,在东北地区小麦、玉米、大豆等粮食价格上升,在新疆棉花和西红柿与甜菜争地,种植甜菜的比较收益逐步下降,农民逐渐调整了种植结构。而甘蔗的种植面积和产量逐年增大,总体趋势不断增长。

最近十年以来(图3-2),我国糖料种植面积始终保持在2200万亩以上,其中甘蔗种植面积约占86%,甜菜种植面积占14%,在全国糖料入榨总量中,甘蔗入榨量约占92%,甜菜入榨量约占8%。

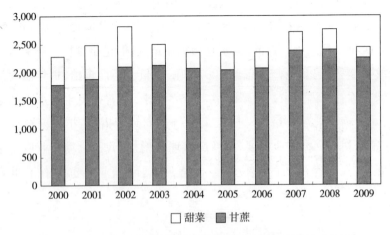

图3-2 近十年以来我国糖料种植面积变化情况(单位:万亩)

数据来源:中国糖业协会、中国农村统计年鉴。

2. 糖料品种和产量

甘蔗品种目前主要以台糖系列、桂糖系列和粤糖系列为主,三大系列品种占甘蔗总种植面积的85%以上;甜菜品种则主要以德国的 KWS 系列、瑞士先正达和甜研系列等品种为主,占甜菜总种植面积的69%。得益于甘蔗种植技术的逐年进步和甘蔗品种不断改良,我国甘蔗单产水平不断提高,从新中国成立初到1996年,单产水平提高速度相对平缓,由建国时的平均亩产1.60吨提高到了3.76吨,仅提高了2.16吨。但从1998年开始,甘蔗平均每亩的单产水平提高速度逐步加快,到2009年时,全国甘蔗单产已达到了平均亩产5吨的水平。而近年来,随着甜菜高产高糖栽培技术的应用,甜菜单产水平也在不断提高(见图3-3)。

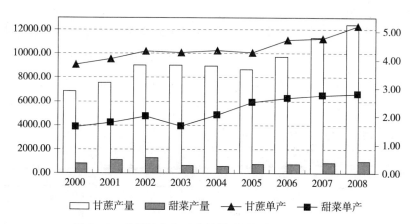

图3-3 我国近十年以来糖料产量与单产变化情况

数据来源:中国糖业协会、中国农村统计年鉴。

在甘蔗总产量方面,全国的甘蔗总产量不断地创出历史新高。新中国成立初期的1949/1950榨季全国甘蔗总产量仅有24万吨,至改革开放初期已增长至2111万吨。2000年受种植面积减少的原因略有减产,仅为6827万吨,但至2008年时,全国甘蔗总产量已增加到12415万吨,达到了我国历年来甘蔗总产量的历史新水平。在甜菜总产方面,改革开放之初,全国甜菜总产量仅有270万吨,到20世纪90年代的十年时间里,甜菜历年总产量均达到了1400万吨左右,但2003年则由2002年的1281万吨迅速猛降至618万吨,由此开始,受制于种植面积锐减的影响,甜菜总产量逐年递减,2008年虽反弹至1004万吨,但缩减的趋势依然未变。

(二)食糖生产

1. 食糖总产量变化

甘蔗糖产量占全国食糖产量的92%以上,甜菜糖仅占8%左右。1949/1950榨季全国食糖产量为26.1万吨,而2000/2001榨季增至620.0万吨,其中,甘蔗糖产量由24万吨提高到550.6万吨,甜菜糖产量由2万吨提高到69.4万吨,分别增长了22.9倍和34.7倍。此后,我国食糖产量在波动中增长,而甘蔗糖产量则一路上升,甜菜糖产量却连年呈下滑趋势。2005/2006 榨季,全国食糖产量减产,仅为 881.5 万吨,其中甘蔗糖 800 万吨,甜菜糖 80.7 万吨。2007/2008 榨季,全国食糖迎来大丰收,全国食糖产量高达 1484.02 万吨,其中,甘蔗糖 1367.91 万吨,甜菜糖 116.11 万吨,与 2000/2001 榨季相比,分别增长 139.36%、148.44%、67.31%。2009/2010 榨季,全国食糖产量又缩减至 1067.23 万吨,其中甘蔗糖产量 1007.23 万吨,甜菜糖产量 60 万吨(见表 3-4)。

表 3-4 我国近十个榨季全国食糖产量 （单位:万吨）

榨季\地区	2000/2001	2001/2002	2002/2003	2003/2004	2004/2005	2005/2006	2006/2007	2007/2008	2008/2009	2009/2010
全国合计	620.00	849.70	1063.70	1002.30	917.40	881.50	1199.41	1484.02	1243.12	1067.23
甘蔗糖小计	550.60	746.99	939.60	943.57	857.10	800.80	1074.52	1367.91	1152.99	1007.23
广西	300.00	443.00	561.00	588.00	532.00	537.70	708.60	937.20	763.00	710.20
云南	130.00	143.50	189.00	195.01	159.20	141.30	183.15	216.25	223.52	170.55
广东	75.34	104.42	116.50	98.50	112.10	92.20	127.86	145.35	105.87	85.77
其中:湛江	54.94	82.42	87.00	73.17	90.10	76.70	109.37	120.72	92.15	73.03
海南	24.77	30.40	42.00	40.79	38.50	17.80	37.52	51.67	46.15	31.81
福建	2.75	6.43	9.60	6.85	5.70	3.70	5.80	7.07	5.88	3.48
其他	17.74	19.24	21.50	14.42	9.60	1.50	11.59	10.37	8.57	5.42
甜菜糖小计	69.40	102.71	124.10	58.73	60.30	80.70	124.89	116.11	90.13	60.00
黑龙江	20.00	31.20	40.50	9.00	13.40	18.40	24.18	31.40	28.50	9.89
新疆	28.50	48.60	52.40	37.53	34.50	44.10	70.82	60.76	41.23	38.40
内蒙古	11.00	11.50	19.90	7.00	7.40	12.50	20.00	18.00	15.50	7.01
其他	9.90	11.41	11.30	5.20	5.00	1.40	9.89	5.95	4.90	4.70

数据来源:中国糖业协会、中国农村统计年鉴。

2. 食糖生产的地区分布

在我国的食糖主产区中,各个省区的食糖生产也呈现出不同的发展趋势:广西和云南的食糖产量逐年上升,广东、海南、新疆和内蒙古等地的食糖产量呈波动起伏状态,黑龙江等东北地区则逐年萎缩(见图3-4)。发展至今,广西、云南、广东、海南和新疆已成为我国最重要的五大食糖产区。最近十年以来,五大产区历年的产糖量之和均占全国产糖总量的90%以上(2009/2010榨季高达97%),其中广西和云南产量占全国的50%和14%以上。2000/2001榨季,云南食糖产量占全国比重的20.97%,而在刚刚结束的2009/2010榨季中,广西食糖产量占全国比重高达66.54%。

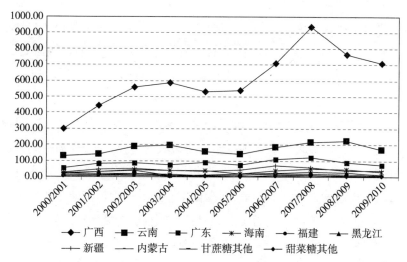

图3-4 2000年以来我国食糖主产区产量变化对比图(单位:万吨)

资料来源:根据中国糖业协会、中国农村统计年鉴数据整理。

3. 制糖工业的发展

全国机制糖厂由1949年的3家增加到2000年的539家。2000年我国糖业进行了史无前例的结构调整,国家拿出120多亿资金关闭破产150家制糖企业。经过结构调整,淘汰落后生产能力,全国糖厂由539家减少到359家,保留制糖能力780万吨,其中甘蔗和甜菜糖厂分别为340家和19家、制糖能力分别为695万吨和85万吨,主要分布在广西、云南、广东、海南、新疆、内蒙古和黑龙江等省区。目前,产糖量超过10万吨的糖业集团已有20个,合计产糖670万吨,占全国产糖量的67%。

(三)中国食糖流通体制变迁与流通渠道现状

新中国成立以来,我国食糖流通体制变迁经历了计划经济计划管理和市场经济自由流通的两个阶段:第一阶段是1991年年底以前:我国对食糖流通领域实行单一的综合性计划管理,糖料和食糖购销从数量、价格到流向,全部纳入计划安排,即实行"统一收购,集中管理"的计划体制。第二阶段是1991年年底至今:食糖流通逐渐由计划经济向市场经济的自由流通转化。2000年,我国完全取消了食糖的政府指导价,这表明食糖流通已经完成了由依靠政府定价、以计划配置资源,向依靠市场配置资源、政府进行间接调控流通体制的转变。自此,我国食糖流通完全实现市场自由流通。

从近十年来我国食糖进入市场的路径来看,我国食糖主要通过四种流通渠道进入市场,实现从生产领域向消费领域的转移:一是食糖生产企业直接把食糖销售给终端工业用户或消费者,不通过食糖批发商,是工业自销的模式;二是传统的食糖流通渠道,即食糖生产企业—食糖流通企业—工业用户和消费者,食糖流通企业为卖而买,与生产企业、终端用户进行一对一、面对面的交易;三是食糖生产企业通过食糖批发市场销售食糖,食糖批发市场通过建立与糖厂、糖商、用户之间的网络联结,同时完善资金划转、物流配送等服务,在信息分享的基础上,完成订货、交货、发货一系列业务,解决食糖流通中的时间和空间矛盾;四是食糖生产企业通过郑州商品交易所白砂糖合约交易销售食糖。

(四)中国食糖对外贸易格局分析

根据中国加入世贸组织的有关协议规定,中国对粮、油、糖等大宗农产品进口实行关税配额管理。中国政府同时承诺:2004年1月1日起原糖进口关税为15%,配额外进口关税为65%。尽管目前我国进口配额高达194.5万吨,但从近年食糖进口情况来看,配额并没有被完全使用。拥有配额的企业是否进口糖,还要参照国内市场价格和国际市场价格的价差。只有当国内价格高出国际价格,并有合理利润时企业才会使用配额进口。但在新一轮农产品谈判中,包括澳大利亚、泰国等产糖国都要求中国取消配额管理,从长远来看这对国内食糖市场是不利的,对此国内食糖生产企业应有充分的准备。

(五)中国食糖消费状况

从食糖消费总量来看,我国食糖消费量总体呈增长趋势。全国食糖消费量由 1961 年的 125.79 万吨增长到 1991/1992 榨季的 761.5 万吨,此后多年直至 2003 年,我国食糖产量在 600—800 万吨之间,消费量基本维持在 800 万吨左右,约占世界食糖消费量的 6.2%。自 2003 年以来,我国食糖产量在 1000 万吨左右,消费量超过 1000 万吨,2003/2004 榨季更是达到 1140 万吨,2007/2008 榨季进一步增长到 1300 万吨,2008/2009 榨季增长到 1390 万吨。得益于食糖产量逐年提高,产销实现基本平衡。随着我国经济的持续快速发展,居民对食糖的消费需求不断扩大,人均食糖消费水平逐年提高,目前,我国已成为世界第三大食糖消费国,且仍保持稳步增长态势。

从人均食糖消费来看,我国人均食糖消费量也呈现大致走高的态势。我国人均食糖消费量由 1961 年的 1 千克增长到 1991 年的 6.34 千克左右,2003 年增至 8.17 千克,2008 年增至 9.79 千克,2009 年进一步增至 10.41 千克。虽逐年增长,但按照中国人的饮食习惯,食糖仅仅是调味品,很难达到西方国家食糖消费的水平。以 2002—2003 年人均食糖消费量为例,我国人均年消费食糖量水平,依然是世界人均食糖消费最少的国家之一,远远低于世界人均年消费食糖 19 千克的水平,也低于同期台湾人均年消费食糖 23.9 千克、香港人均 31.0 千克的水平,更低于巴西、澳大利亚等国的水平,为世界人均年消费食糖量的三分之一,属于世界食糖消费"低下水平"的行列(表 3 - 5)。

表 3 - 5　2002—2003 年全球食糖人均消费比较　（单位:千克）

国家 年份	澳大利亚	巴西	中国	印度	南非	泰国	美国	世界
2002 年	35	50	7.22	16	29	28	30	19
2003 年	36	49	8.17	16	30	29	29	19

资料来源:根据联合国粮农组织(www.fao.org)数据整理。

(六)中国糖料产业管理体制与产业政策框架

1. 糖业管理机构与管理体制

通过国家储备糖的吞吐调控,国内食糖市场的总量平衡取得较好的效果,特别是对于稳定食糖市场价格、增加农民收入起到了非常重要的作用;通过工业短期储备糖缓解食糖生产高峰期制糖企业资金压力,避免了制糖企业在制糖高峰时由于资金需求量大,出现给农民打白条的现象。

2. 糖料产业政策

(1)全国糖料高产创建活动。

全国糖料高产创建活动于 2010 年首次推行,主要是国家农业部总结近年来该活动在粮棉油等作物生产上取得巨大成效的经验,在 2010 年首次将糖料纳入高产创建范围。全国糖料高产创建活动计划在南方甘蔗优势区创建 40 个万亩高产示范片,要求示范片要比非示范片增产 10% 以上,含糖率提高 0.5 个百分点以上,投入产出比 1∶1.5 以上;在北方甜菜重点产区创建 10 个万亩高产示范片,要求示范片要比非示范片亩增产 10% 以上。

(2)糖料优势区域布局规划。

根据 2008 年中央一号文件关于继续搞好优势农产品区域布局规划和建设的要求,在总结上一轮规划实施情况和经验的基础上,农业部再次编制了《全国优势农产品区域布局规划(2008—2015 年)》(以下简称《规划》(2008—2015 年)),调整了对甘蔗的区域布局:着力建设桂中南、滇西南、粤西琼北 3 个优势区,其中,桂中南甘蔗优势区包括 33 个县,着力发展高产高糖品种;滇西南甘蔗优势区包括 18 个县,着力发展耐旱高产高糖品种;粤西琼北甘蔗优势区包括 9 个县,着力发展高糖高抗性品种。同时该规划还确定了到 2015 年时我国甘蔗生产要实现的目标:优势区甘蔗种植面积达到 1780 万亩,占全国甘蔗总面积的 74%;平均亩产提高到 5.4 吨,蔗糖分达到 15%;甘蔗产量达到 9600 万吨,产糖量增加到 1140 万吨,优势区域甘蔗产量和产糖量分别占全国的 84% 和 88% 以上。

（3）糖料收购价格政策。

关于我国糖料的价格政策主要有：糖料收购底价（或最低收购价）政策和蔗农糖料款的二次结算。该政策主要根据 2002 年 6 月 28 日发布的《糖料管理暂行办法》。《办法》中要求：各糖料产区应逐步推行糖料收购价格与食糖销售价格挂钩联动、糖料款二次结算的办法，建立糖料生产者与制糖企业利益共享、风险同担的机制。实行糖料收购价格与食糖价格挂钩联动、糖料款二次结算的地区，糖料收购价格按以下方式制定：①在每年榨季开始前，由省级价格主管部门或由其委托的地（市）、县级价格主管部门制定和公布糖料收购底价，并测算公布与糖料收购底价相对应的食糖挂钩价。②在每年榨季结束后，由制定和公布糖料收购底价和食糖挂钩价的价格主管部门公布本榨季食糖市场平均销售价格：当食糖市场平均销售价格高于食糖挂钩价时，价格主管部门应当根据食糖平均销售价格与食糖挂钩价的价差确定糖料款第二次结算价，并及时公布第二次结算价与第一次结算价的价差，由制糖企业通过二次结算的方式返还糖料交售者，糖料款二次结算的具体结算办法由省级或由其委托的地（市）、县级价格主管部门制定。制糖企业应及时支付糖料二次结算款，不得拒付、打白条或拖延支付。当食糖市场平均销售价格低于食糖挂钩价时，不再实行糖料款的二次结算，价格主管部门在本榨季开始前公布的糖料收购底价即为糖料的最终结算价格。

（4）食糖市场与贸易调控政策。

加入 WTO 后，我国经济的对外开放水平和国际化程度迅速提高，面对复杂多变的国际环境，食糖行业的不稳定因素大大增加，而经济环境变化对食糖产业的影响，直接关系到国家食品安全和经济安全问题。为保证国家经济安全不受威胁，保证经济发展有一个稳定的环境，自 1991 年开始由中央和地方两级政府开始利用国储糖对市场进行调控，截至目前，已进行了13 次，由于每次进行调控的背景不一样，其效果也各有不同。

除了前述几个方面的产业政策，我国在食糖的进出口贸易当中也有不同的产业政策。我国对进口食糖实施配额制，依据我国加入 WTO 时的承诺，从 1999 年发放 160 万吨进口食糖关税配额，五年内配额数量每年增加5%。在该项配额内，进口原糖关税为 20%，白糖为 30%，到 2004 年降低为15%；配额外进口关税到 2004 年将从 76%降低到 50%，并同时打破国家对食糖进口的垄断,目前我国进口配额和关税水平维持在2004年的水平上(见表3-6)。

表3-6 2001年以来中国食糖关税配额及关税税率

年份 项目	2001年	2002年	2003年	2004年至今
进口关税配额(万吨)	168	176.4	185.2	194.5
配额内关税率(%)	20	20	20	15
原糖及白砂糖配额外关税率(%)	71.6	65.9	58	50

资料来源:根据商务部资料整理。

五、广西甘蔗生产与蔗农行为调查报告^①

——基于对三县(区)60位植蔗农户的问卷调查

为了解2008/2009榨季我国甘蔗生产情况及蔗农行为,深入了解制约甘蔗生产的土地、劳动力、生产组织形式等问题,农业部农村经济研究中心、国家甘蔗产业技术体系调研组于2009年7月22日至7月28日,对广西南宁市武鸣县、百色市右江区和柳州市柳城县3个甘蔗种植大县(区)进行了调研,调查对象包括3县(区)农业局、糖办负责人、5家糖厂负责人和70余户植蔗农户,调查方式包括座谈、面对面访谈与问卷调查,收回农户有效调查问卷60份、糖厂有效调查问卷5份。调研组在对农户问卷进行整理分析的基础上,形成本篇农户调查分析报告。

(一)蔗农基本情况分析

1. 植蔗农户绝大多数为壮族,农户年龄普遍偏高

从蔗农民族分布来看,绝大多数植蔗农户为壮族。60位被调查农户中,民族成分为壮族的有56名,占93.33%,而其余4名均为汉族,仅占6.67%。

从蔗农年龄分布来看(表3-7),被调查农户的平均年龄为43.3岁。其中,有61.67%的甘蔗种植农户年龄在40—50岁之间,50岁年龄以上的农户仅占到16.66%,而20—30岁之间年龄的年轻农户只有6.67%,青壮年

① 感谢广西壮族自治区农业厅糖料处钟健处长、林影副处长及处内其他同志对本次调研的支持帮助,右江区、武鸣县、柳城县农业局、糖办都很高效地组织了座谈会和农户访谈,在此一并致谢!

植蔗农户所占比例远远低于40 岁以上中老年农户比例。这反映出,在广西蔗区,大龄、高龄种植蔗农户依然是主要劳动力。

表 3-7　植蔗农户年龄分布

年龄分组	组内人数	所占比例
20—30	4	6.67%
30—40	9	15.00%
40—50	37	61.67%
50—60	9	15.00%
60 以上	1	1.66%
总计	60	100%

2. 植蔗农户文化水平相对偏低,初中及以下文化程度占 57%

在 60 户被调查农户中(表 3-8),文化程度为小学水平的只有 5 人,占 8.33%;初中学历的占大多数,有 29 人,占 48.33%;高中学历的有 18 人,占 30.0%;而中专学历的则有 8 人,占 13.33%。可见,在广西境内的广大植蔗农户文化程度水平相对偏低,受教育水平参差不齐,初中及初中以下文化程度的占到 57%左右,最高学历水平也仅是高中或中专。参差不齐的文化程度尤其低学历占主体的现状,一方面增添了农户主动利用先进科学技术来从事甘蔗生产的难度,另一方面也制约了种植技术在基层的传播效果。

表 3-8　植蔗农户文化程度

文化程度	人数	所占比例
初中	29	48.33%
高中	18	30.00%
小学	5	8.33%
中专	8	13.33%
总计	60	100%

3. 植蔗农户中半数有外出务工,但自家劳动力依然是种植甘蔗的主力

在被调查的 60 位植蔗农户中,每户家庭人口平均数量为 4 人。其中,家庭人口数在1—4人之间的有32户,占53.33%,家庭人口数在5—8人之间的有28户,占46.67%,二者所占比重大致相当。而从农户家庭劳动力(16岁至60岁之间的劳动力)的数量来看,农户家庭劳动力平均数为2人,其中,家庭拥有劳动力1—3人之间的占75.00%,而4—6人之间的则仅为25.00%。此外,从家庭劳动力外出打工情况来看,无外出打工劳动力的家庭占51.67%,有1—2人外出打工的劳动力占41.66%,有3人及以上外出打工的仅有6.67%。家庭中常年植蔗的劳动力数量为1人的占6.67%,劳动力数量为2人的占65.00%,劳动力数量为3人以上则占到28.33%。被调查农户中,85%的农户常年不雇佣他人帮助种蔗,只有15%的农户雇佣1人或以上的劳动力种蔗(表3-9)。

表3-9　甘蔗种植农户家庭人口和家庭劳动力情况

家庭人口数统计结果			家庭劳动力数统计结果		
人口数分组	组内人数	所占比例	劳动力数分组	组内人数	所占比例
[1,4]	32	53.33%	[1,3]	45	75.00%
[5,8]	28	46.67%	[4,6]	15	25.00%
总计	60	100%	总计	60	100%

从上述调查结果可以得出以下几点结论:一是植蔗农户中小农户相对较多,被调查农户家庭人口集中在2—5人之间;二是一半左右植蔗农户有外出务工行为,但依然有许多劳动力留在家中种蔗;三是农户雇工行为比较少见,自家劳动力依然是种植甘蔗的主要力量,但收获季节的换工行为较为常见。

4. 农户宅基地小,承包地相对较大,不少植蔗耕地来自于开荒

在60户被调查农户中(表3-10),户均拥有宅基地面积0.5亩。其中,家庭宅基地面积为0.5亩以下的占65.0%,0.5亩以上的占35.0%。但大多数农户种植甘蔗的耕地面积较大。根据调查,户均拥有承包地面积达到36.06亩,其中拥有1—10亩承包地的家庭占46.66%,10—20亩的有16.67%,20—50亩的有18.33%,50亩以上的有18.34%。

此外,绝大多数广西植蔗农户在集体承包地之外,还在附近的荒地、荒坡开垦了耕地种蔗。从被调查农户拥有的新开垦荒地的统计情况来看,户均拥有新开垦荒地 12.62 亩,其中拥有 0—10 亩新开垦耕地的占 60%;拥有 10—20 亩的占 8.34%;拥有 20—50 亩的占 23.33%;拥有 50 亩以上的则占 8.33%。将新开垦耕地面积与承包地面积对比发现,新开垦耕地占到家庭甘蔗种植总面积的 1/4 左右。如此多的新开垦荒地并未作为承包地面积登记在册,这为政府部门统计甘蔗种植面积和预测甘蔗产量增添了难度。

表 3-10　甘蔗种植农户承包地和新开垦荒地面积情况

分组(亩)	承包地面积		新开垦荒地面积	
	组内人数	所占比例	组内人数	所占比例
[1,10)	28	46.66%	11	60.00%
[10,20)	10	16.66%	5	8.33%
[20,50)	11	18.34%	14	23.34%
50 以上	11	18.34%	5	8.33%
总计	60	100.00%	60	100.00%

5. 植蔗农户只有少部分从事畜牧业生产,甘蔗种植专业化程度较高

从调查结果来看,有 38.33%的农户家中并未从事畜牧业生产,养殖牲畜数量在 1—5 头之间的农户占 55%,且多为耕牛,养殖 10 头以上牲畜的农户仅占 6.67%。

(二)蔗农生产行为分析

1. 上榨季甘蔗收购价的高低是影响农户选择"种不种"和"种多少"甘蔗的首要因素

在将农户选择种植甘蔗的影响因素时,53.33%的农户将甘蔗收购价格放在了首要位置,这表明甘蔗收购价格的高低直接影响着农户的积极性。此外,38.33%的农户将多年的甘蔗种植习惯也列为自己选择种甘蔗的理由,36.67%的农户则认为"受当地土地、气候条件限制,不适宜种植其他农作物",而选择"糖厂肯定收购甘蔗、不愁销售"的农户占 30.0%。

甘蔗收购价格不仅影响农户植蔗的积极性,同样还决定了农户植蔗面积的变化。在决定每年的植蔗面积时,有 65% 的农户都是依据上榨季甘蔗收购价格来选择。尽管也有 53.33% 的农户将种植甘蔗与其他农作物的收益进行比较,视其收益进行选择,但这仍然间接说明上榨季收购价格对农户调整种植面积具有很大的影响。

2. 农户对蔗价下跌的敏感程度较高,当前蔗价水平离农户承受底线已不远

面对甘蔗收购价格的上涨与下跌,蔗农在调整自家的甘蔗种植面积时表现出较为明显的差别(表 3 - 11)。

表 3 - 11　甘蔗种植农户对价格波动的反应情况

农户反应 ＼ 价格波动	上涨 10%	上涨 20%	下跌 10%	下跌 20%
面积增加 10%	25.00%	8.33%	—	—
面积增加 20%	10.00%	35.00%	—	—
面积减少 10%	—	—	13.33%	3.33%
面积减少 20%	—	—	38.33%	35.00%
面积不变	35%	33%	—	—
大部分改种	—	—	8%	55.67%
其他	20%	23.67%	40.34%	6%

我们假设今年的甘蔗收购价格比去年高出 10%,在被调查农户中,有 25.0% 的蔗农选择今年要增加 10% 的甘蔗种植面积,有 10% 的蔗农选择增加 20% 的种植面积,还有 35% 的农户表示受承包地限制,再加之开荒已经空间不大,甘蔗面积不会增加。我们又假设今年的甘蔗收购价格高出 20%,有 8.33% 的蔗农表示会增加 10% 的面积,还有 35% 的蔗农表示会增加 20% 的面积。

假设今年的甘蔗收购价格比去年下跌 10%,有 38.33% 的蔗农选择减少 20% 的甘蔗种植面积;我们又假设价格下跌达 20%,有 35% 的蔗农选择面积减少20%,还有55.67%的蔗农选择将大部分甘蔗田都会改种其他作物。

可见,蔗农对甘蔗收购价格下跌表现尤为敏感,而对甘蔗收购价格上涨的反应则要略差于价格下跌。据调查,蔗农对甘蔗收购价格的平均底线在220—230元/吨左右。这主要是因为,近年物资成本上升较快,劳动力成本也在上涨,现有甘蔗收购价格已经离蔗农承受底线不远。另外,即使甘蔗收购价格上涨,由于近几年广西甘蔗面积的扩张,增长空间也不会太大。

3. 甘蔗面积扩张已逼近极限,蔗农对单产高的种苗需求迫切

种植甘蔗已经成为了广西大部分农户的主要收入来源,但是从目前形势来看,广西已无多少荒地可供蔗农开垦。在分别假设甘蔗收购价格比上一年上涨10%和20%时,均有33%左右的蔗农表示,虽然也有增加甘蔗面积的意愿,但却由于当地已无荒地可继续开垦,只能继续保持原有的种植面积。由于广西大部分区县的能供开垦的荒地已达到了极限,因此广大蔗农愿意在提高单产上做文章。在现有的物质技术投入水平下,81.27%的农户认为甘蔗单产具有提高潜力。在各种农业技术的需求中,有30%的蔗农对甘蔗病虫害防治技术需求强烈,有20%的蔗农对土肥、灌溉等田间管理技术需求强烈,有高达78.33%的蔗农迫切需要单产高、抗逆性强的甘蔗种苗。

4. 蔗农种植技术逐步突破传统经验,获取甘蔗种植技术的来源广泛

长期以来,我国农民种植农作物的技术主要来源于传统经验或者亲朋好友的言传身教,这极大的束缚了种植技术水平的提升。但从问卷调查来看,目前广西种植甘蔗的技术已逐步突破传统经验束缚,获取甘蔗种植技术的途径已相当广泛。调查表明,有51.67%的蔗农依然是根据传统经验种植,但已有48.33%的蔗农技术来源于农技推广员,有46.67%的蔗农技术来源于糖厂农务人员,外出培训、广播电视、手机短信等现代培训方式也逐步成为了蔗农获取种植技术的来源。

5. 农资价格上涨过快和自然灾害频繁成为困扰蔗农的难题

近年来,甘蔗收购价格跟随蔗糖价格逐渐上涨,农户从事甘蔗种植的毛收入也在逐年增加。但在甘蔗收购价格上涨的过程中,农药、化肥等农资的价格也在持续上涨,且上涨速度要远远快于甘蔗收购价格的上涨速度,使得农户种植甘蔗的纯收入增长有限,甚至还出现了亏损。在调研过程中,有93.33%的甘蔗种植农户反映,在近几年里最让他头疼的问题就是农药、化肥等农资价格上涨过快。此外,原本广西独特的地形、土壤和气候条件均是非常适宜种植甘蔗的天然优势,但由于气候变化越来越异常,蔗农遭遇的旱涝灾害、冰冻灾害越来越频繁,加之基础设施较为落后,使农户遭受了不小的损失。据调查(表3-12),有40%的农户认为自己在甘蔗种植中碰到的主要难题是干旱、洪涝和霜冻等自然灾害,还有36.67%的农户认为甘蔗收购价格变化太大时其从事甘蔗生产面临的难题。

表3-12　农户从事甘蔗生产面临的主要难题

选项	农药、化肥等农资价格上涨过快	甘蔗收购价格的变化太大	干旱、霜冻等自然灾害经常发生	甘蔗的生产技术不好掌握,难以获得新技术	生产投入缺资金,难以贷到款	其他
个数	56	22	24	5	7	1
比例	93.33%	36.67%	40.00%	8.33%	11.67%	1.67%

6. 蔗农获得的补贴微乎其微,政府应启动对甘蔗生产的补贴

近年来,种粮补贴和养殖业补贴的增长使得补贴收入成为农户收入的重要组成部分。在调研过程中我们发现,被调查的60户甘蔗种植农户中,仅有12户即20%的农户获得了地方政府或糖厂的补贴,其他48户即80%的农户并未得到地方政府或糖厂的补贴。受补贴的农户补贴标准也较低,平均每亩不到10元。

此外,在调查过程中,有55.56%的甘蔗种植农户反映如果不种甘蔗,最愿意种的农作物为玉米,有44.44%的农户愿意选择种植其他作物如水果等。可见,粮食和水果已成为甘蔗的主要竞争作物,在种粮各种补贴以及最低收购价政策的支持下,甘蔗对粮食的比较效益已经越来越不明显。因此,为保障甘蔗种植产业的健康稳定发展,政府应启动对植蔗农户的补贴。

(三)甘蔗生产经营组织形式分析

经过多年的发展,广西的甘蔗种植已基本实现"糖厂+农户"的农业产业化经营模式。一方面广西甘蔗收购实行糖厂划区收购,糖厂和农户均不得跨区买卖,另一方面甘蔗种植农户通过事先与糖厂签订合同,到甘蔗砍收时由糖厂负责到田头收购和运输。此外,糖厂还负责向农户提供种植技术辅导以及垫付化肥、农药等方面的服务,给农户带来便利。虽然农户对当前的产业化经营模式较为满意,但也仍存在许多需要改进的地方。

1. 大部分蔗农与糖厂签订收购合同

在被调查的 60 位农户中(表 3 - 13),有 71.67% 的农户与糖厂签订了书面收购合同,28.33% 的农户未与糖厂签订书面收购合同。收购合同的签订主要以两种方式实现:一是由乡镇、村干部组织统一与农户签合同,这种形式占到 40%;二是由糖厂聘请中间人(当地称为蔗管员)与农户签合同,这种形式占到 56.67%;三是由农户自己主动找糖厂签订收购合同,仅占到3.33%。"糖厂+农户"的组织形式得到了绝大部分农户的肯定。有 65% 的农户认为糖厂进行合同收购后自家的种蔗收入更稳定了,有 21.67% 和11.67% 的农户表示没有变化和不清楚,仅有 1.66% 的农户认为种蔗收入更不稳定了。

表 3 - 13　农户与糖厂签订合同的情况

选项	签订合同	未签订合同
个数	43	17
比例	71.67%	28.33%

2. 糖价走低时农户在合同执行中处于弱势地位

在调查中我们发现,在农户与糖厂签订的收购合同中,所包含的内容主要有糖厂的甘蔗收购价格、收购数量、种植面积、甘蔗质量规格标准和收购甘蔗的时间等条款。据调查(表 3 - 14),在收购合同中规定了糖厂收购价格的有 57.69%,规定了收购数量的有 48.08%,规定了种植面积的有 42.31%,规定了质量规格标准的有 67.31%,规定了收购时间的有 51.92%。尽管合同对许多细节有详细规定,但农户在合同执行中仍然处于弱势地位。在往年遇到食糖价格下跌时,有 68.33%的农户表示糖厂能按照合同规定的条款来收购甘蔗,还有 31.67%的农户则表示糖厂不能按照合同规定进行收购。糖厂往往采用压级压价、拖欠蔗款、提高扣杂率甚至拒绝收购等方式来弥补自身在蔗糖价格下跌时的损失。有 52%的农户表示合同糖厂曾"压级压价",有 14%的农户表示合同糖厂曾随意提高扣杂率。

表 3 - 14 合同中所包含内容情况

选项	糖厂收购甘蔗的价格	收购数量	甘蔗的耕种面积	质量规格标准	收购时间	其他
个数	30	25	22	35	27	1
比例	57.69%	48.08%	42.31%	67.31%	51.92%	1.92%

3. 蔗农对政府 2009/2010 榨季甘蔗收购价格政策了解不多

近年来,广西开始实行"保底价收购+二次分配"的甘蔗收购价格政策。但在对 60 位植蔗农户的调查中发现,有 61.67%的农户并不了解今年 5 月出台的 2009/2010 榨季甘蔗收购政策,仅有 38.33%的农户知道这一政策。而在知道该项政策的农户中,有 56.25%的农户表示满意,还有 43.75%的农户表示不满意。

4. 糖厂为蔗农提供了广泛的技术服务,但服务水平有待进一步提高

从调查情况来看,农户普遍反映糖厂在种植甘蔗、管理的过程中,既提供了技术服务,也提供了垫付资金等方面的服务,不过服务水平仍有待进一步提高。在被调查的 60 位农户中(表 3 - 15),有 53.57%的农户表示糖厂提供过甘蔗种苗选择方面的服务,有 55.36%的农户表示糖厂技术人员曾向他们传授病虫害防治技术,有 46.43%的农户表示接受过糖厂的防灾减灾技术、深耕培土技术服务,还有 33.93%的农户表示接受过糖厂在如何选

择和配比化肥方面的技术服务。对于糖厂的技术服务方式,有 70.91% 的农户表示获得过糖厂的技术宣传材料,有 45.45% 的农户表示接受过糖厂的集中培训,有 40% 的农户表示收到过相关手机短信,而直接入户传授技术的方式则只占到了 7.27%。从农户的反馈来看,虽然糖厂提供的技术服务较为丰富,但由于农户认知水平有限,对技术宣传材料和手机短信的内容理解上难度相对较大,而糖厂培训、讲解尤其实地传授较少,使农户难以获取最新甘蔗种植、管理技术。

表 3-15   糖厂为蔗农提供的技术服务

选项	提供甘蔗种苗	如何选择和配比化肥	传授病虫害防治技术	如何应付旱灾、冻灾	如何培土和深耕	其他
个数	30	19	31	26	26	1
比例	53.57%	33.93%	55.36%	46.43%	46.43%	1.79%

除了给农户提供技术服务外,糖厂还为农户提供了资金方面的服务(表 3-16),主要形式是糖厂为农户提供赊销的农药、化肥,占到了所有形式中 51.85% 的比重,这些赊销的款项一般是等到农户卖蔗时由糖厂直接从蔗款中抵扣,这帮助农户解决了播种时在购买农药、化肥方面的资金困难问题。此外,25.93% 的农户表示糖厂在甘蔗价格特别低时曾给予少量补贴,22.22% 的农户表示糖厂曾为其提供贴息贷款,11.11% 的农户表示糖厂曾为他贷款提供过担保,9.26% 的农户表示糖厂曾经组织他们参加了农业保险。

表 3-16   糖厂为甘蔗种植农户提供的金融服务

选项	在蔗价特别低时,补贴收入	组织参加农业保险	提供贷款担保	提供贴息贷款	种甘蔗时赊销化肥、农药	其他
个数	14	5	6	12	28	2
比例	25.93%	9.26%	11.11%	22.22%	51.85%	3.70%

5. 蔗农专业合作社发展极其缓慢

《中华人民共和国农民专业合作社法》于 2007 年 7 月 1 日起施行,但从甘蔗生产领域来看,农民专业合作社的发展非常缓慢。在被调查的 3 个县区中,仅有南宁市武鸣县拥有蔗农专业合作社,其余两个市县均没有合作社,也没有协会等其他形式的专业合作组织。而武鸣县所设立的甘蔗专业合作社也存在诸多不规范的地方,该合作社设立在武鸣县农业局,仅为甘蔗种植农户提供信息咨询服务等方面的工作,对于技术指导、金融服务等方面的工作并未涉及,与武鸣县部分乡镇成立的其他木薯专业合作社、芒果专业合作社等相比较,还有较大差距。

(四)蔗农土地流转与土地征用情况分析

1. 农户基本了解所承包土地的处置权利

在被调查的 60 位农户中,有 80%的农户都与当地乡镇政府或村集体签订了土地承包合同,并拥有土地承包权证,还有 20%的农户没有承包合同。在已签订土地承包合同的 48 户农户中,有 74.47%的农户是与生产队签订,有 10.64%的农户是与村集体签订,还有 14.89%的农户是与乡镇以及县政府签订。农户基本了解对所承包土地的处置权利,如将土地转包给他人、出租、与他人互换等权利。

2. 土地流转不多见,部分地区存在土地被征用情况

从调查情况来看,甘蔗种植区域内土地流转情况较少。据有关政府部门介绍,这是甘蔗种植的特点所导致的。首先,当地耕地资源较为紧缺。农户的收入来源主要依靠种植甘蔗,且当地种植甘蔗所获得的家庭收入相对较为稳定,各户甘蔗种植农户除了自家承包的责任地以外,均自行开垦了平均每户不少于 10 亩的荒地种植甘蔗。

此外,据 26.67%的被调查农户反映,当地存在政府部门征用土地的情形,被征用土地的主要用于移民建设或高速公路建设,政府部门以现金补贴的方式一次性的给予了补贴,标准为 16700 元/亩。

六、制糖行业状况与企业行为调查报告

——基于对云南、广西16家制糖企业集团的问卷调查

为了解 2009/2010 榨季我国蔗糖生产加工企业运营情况,深入分析蔗糖加工企业的公司基本情况、加工情况、价格判断和利润情况等问题。课题调研组于 2010 年 4 月 7 日—4 月 22 日,对云南省数家制糖企业进行了问卷调查。收回企业有效问卷 10 份。同时结合 2007/2008 榨季广西制糖企业调查问卷进行相关问题分析。基于上述 16 家制糖企业的调查问卷,后期进行整理分析形成本报告。

(一)制糖企业基本情况

1. 大部分制糖企业为民营企业,股份制企业占多数

通过回收的 16 份调查问卷分析得出(表 3 - 17),有 12 家企业为民营企业,2 家国有(或国有控股)企业,2 家中外合资或外资企业。可见在所调查的企业中民营企业占到 75%,而国有或国有控股企业、中外合资或外资企业各占 12.5%,无其他类型(如集体企业)。由此可见,制糖企业大多为民营企业,国有企业和含有外资的企业类型较少。

通过对云南 10 家制糖企业的问卷调查分析,在 10 家企业中有 7 家为股份制企业,其他 3 家企业为其他类型的企业,10 家企业不存在独资企业、合作企业和合伙企业这三种所有权性质类型。由此可见我国制糖企业中大多数企业为股份制企业。

表 3－17　被调查企业的性质

企业性质	个数	所占比例	所有权性质	个数	所占比例
国有（国控）企业	2	12.5%	独资企业	0	
民营企业	12	75%	股份制企业	7	70%
中外、外资企业	2	12.5%	合作企业	0	
集体企业	0	0	合伙企业	0	
			其他类型	3	30%
总量	16	100%	总量	10	100%

2. 2009 年企业年利润大多集中在 1—10 亿元

在 2009/2010 榨季调查的云南 10 家企业中有 6 家年利润维持在 1 亿—10 亿元,占总数量的 60%,有 3 家企业利润在 10 亿以上,有 1 家企业在 2009 年年利润为 5000 万—1 亿元。通过对广西 6 家企业的调查分析可见,2007 年年利润有 5 家在 10 亿以上,1 家企业利润在 1 亿—10 亿。

通过上述利润分析可见,2009 年云南 10 家制糖企业平均年利润比 2007 年 6 家广西平均年利润低,这可能由两方面原因造成,一方面广西由于原料成本、加工成本和储运成本等生产环境比云南要好;另一方面,可能是制糖企业的集中度在减小,企业竞争加大,使得利润降低。

3. 多数企业被国家评定为省、县级农业产业化龙头企业

在所回收的 15 份有效问卷中(表 3－18),有 6 家企业被评定为省级农业产业化龙头企业,占 40%;有 5 家被评定为县级农业产业化龙头企业,占总数的 33.3%;有 3 家企业为国家级农业产业化龙头企业,占总数的 20%;有 1 家被评定为生物产品与食品加工制造企业。

表 3－18　政府评定企业级别

评定级别	个数	比例
国家级农业产业龙头企业	3	20%
省级农业龙头企业	6	40%
县、市级农业产业龙头企业	5	33.3%

评定级别	个数	比例
其他	1	6.7%
总量	15	100%

4. 制糖企业多涉业于制糖、乙醇和乙醇废液复合肥

在对2010年调查的云南10家生产企业调查后发现,10家企业所涉及的业务都包括制糖和乙醇,其中8家企业还进行乙醇废液制复合肥、其他化肥的业务,占80%,有一家企业同时进行制糖、造纸、乙醇和化肥。在所调查的企业中大多数同时进行制糖、乙醇制造、乙醇废液复合肥生产,占到80%,可见链式生产已经被大多数企业所采纳。

5. 一半企业员工人数在1000—5000人

通过对2009/2010榨季云南10家制糖企业的调查问卷分析可以得到,10家企业有5家的员工人数为1000—5000人,占总企业的50%,而500—1000人的企业有3家占到总数的30%,有1家企业人数为5000人以上,有1家企业人数为100—500人,从平均水平来看,我国制糖企业员工人数多为1000—5000人。

(二)近年制糖企业生产经营情况

1. 企业基本经营情况

基于对2007年广西6家企业和2010年云南10家企业的调查问卷分析可以得到十几家企业的生产经营基本情况。对于2007年的12套有效问卷分析得出,2007年全年12家制糖企业年末平均总资产为147399万元,平均销售收入为111423万元,平均上缴税金为12313万元,平均净利润为9551万元,平均获得补贴为55.57万元,平均成本利润率为7.57%。

基于对2010年云南10家企业的调查问卷分析可以得到9家企业的生产经营基本情况。对于2008年9套有效问卷分析得出,2008年9家制糖企业年末平均总资产为101287万元,平均销售收入为70856万元,平均上缴税金为 8767 万元, 无出口创汇, 平均净利润为 4221 万元, 平均获得补贴为 60.33 万元, 年平均利润率为 4.3%。

基于对 2010 年云南 10 家企业的调查问卷分析可以得到 9 家企业的生产经营基本情况。对于 2009 年 9 套有效问卷分析得出, 2009 年 9 家制糖企业年末平均总资产为 110669 万元, 平均销售收入为 89617 万元, 平均上缴税金为 7901 万元, 无出口创汇, 平均净利润为 3078 万元, 平均获得补贴为 182.77 万元, 年平均利润率为 5.7%(表 3 - 19)。

表 3 - 19 企业基本经营情况

项目	2007 年(12 家)	2008 年(9 家)	2009 年(9 家)
平均年末总资产(万元)	147399	101287	110669
平均销售收入(万元)	111423	70856	89617
平均上缴税金(万元)	12313	8767	7901
平均出口创汇(万元)	0	0	0
平均净利润(万元)	9551	4221	3078
平均获得的补贴(万元)	55.57	60.33	182.77
平均成本利润率	7.57%	4.3%	5.7%

2. 企业吨平均成本及构成

通过对十几份调查问卷整理和分析得出在所调查的制糖企业成本中, 主要包括原料成本、人工成本、折旧和摊销、其他损耗等成本。基于对 2007 年 12 份有效问卷得出, 2007 年 12 家企业平均总成本为 2560 元/吨, 而 2008 年和 2009 年基于 9 份有效问卷的分析得到的平均总成本分别为 2602 元/吨和 3181 元/吨。可以看出成本略有上升之势。所涉及的单项成本已经列于表 3 - 20, 从中可看出平均原料占总成本的比例较大, 且大约维持在 2000 元/吨左右。

表 3 - 20 企业吨平均成本及构成　　　　(单位:元/吨糖)

成本项目	2007 年(12 家)	2008 年(9 家)	2009 年(9 家)
平均原料成本	1950	1914	2214
平均人工成本	105.66	9668	138.33

成本项目	2007 年(12 家)	2008 年(9 家)	2009 年(9 家)
平均折旧或摊销计入	198.46	235.22	315.55
其他平均损耗	305.188	335.77	512.77
平均合计成本	2560	2602.66	3181.77

3. 企业加工能力与销售情况分析

表 3-21 是我们从 2007 年和 2010 年两次共 16 份问卷中抽出有效问卷所做的企业加工能力和销售能力分析。结果表明,2007 年 13 家企业的平均加工能力为 8647.8 万吨,2008 年和 2009 年 9 家企业的平均加工能力分别为 7167.55 万吨和 8844 万吨。三年的平均榨糖量分别为 375 万吨、538.33 万吨和 170.44 万吨。平均产塘量分别为 69.69 万吨、25.68 万吨和 21.26 万吨。从调查分析中我们可以看出蔗糖价格波动较小,基本维持在 3300 元/吨以上,2009 年达到 3537 元/吨。

表 3-21　企业加工能力与销售能力数据

项目	2007 年(13 家)	2008 年(9 家)	2009 年(9 家)
平均加工能力(万吨)	8647.8	7167.55	8844
平均榨糖量(万吨)	375	538.33	170.44
平均产糖量	69.69	25.68	21.26
平均蔗糖价格	3318	3342	3537

4. 多数企业得到地方政府的优惠政策

在 2010 年所调查的云南 10 家制糖企业中有 9 家得到了不同程度的优惠政策,在这 10 家企业中有 5 家企业得到了税收优惠,有 1 家企业得到了政府的补贴并同时得到了相应的贴息贷款,还有个别企业得到政府其他渠道方面的优惠政策,10 家企业中只有 2 家企业没有得到相应的政府优惠政策,可见多数企业得到地方政府的优惠政策。

5. 制糖企业的销售渠道多元化

制糖企业的销售渠道一般集中在下游用糖企业、批发市场、流通商或贸易商、期货市场的实物交割、集团内部使用等。在本调查所涉及的 10 家企业中,有 5 家企业销售到下游用糖企业、批发市场、流通商或贸易商、期货市场的实物交割,而还有 3 家企业集中销售到前三种渠道,还有 1 家企业销售到后三种渠道。由此可见,制糖企业拥有多元化的销售渠道。

制糖企业的主要销售渠道为流通贸易(表 3 - 22),2007—2009 年该渠道所占的比例分别为 50.66%、44.22% 和 33.16%,可见有逐渐降低的趋势,这也是销售渠道多元化的表现,同时批发市场所占的比例却逐年增加,由 2007 年的 26.24% 过渡到 2008 年的 31%,而 2009 年达到 35.66%。下游企业用糖和期货交割分别占到 10% 左右。

表 3 - 22　制糖企业的主要销售渠道

年份 销售渠道	2007 年	2008 年	2009 年
下游用糖业(%)	13.69	12.19	14.38
批发市场(%)	26.24	31	35.66
流通贸易商(%)	50.66	44.22	33.16
期货市场交割(%)	9	10	11
集团内部使用(%)	0	0.04	0.03
其他(%)	0.03	1.44	0

6. 营销和结算方式多集中在现货和远期交易

根据 2010 年调查问卷结果可以看出,在调查的 10 家企业中有 5 家企业只参与现货交易即一手钱一手货的交易,当日结算,占 50% 的比例。有两家采用远期交易的方式即提前签订销售合同,销售企业预付保证金,占 20% 的比例。还有 2 家同时参与现货和远期的交易,有 1 家在参与前两种交易方式的同时还对几家大企业赊销,定期结款。

7. 制糖企业所面临的问题

在所调查的 10 家企业中,8 家企业认为,制糖企业面临最大的问题是糖价波动大,收益不稳定;1 家企业认为资金不足是其企业面临的主要问题;还有 1 家企业认为缺乏稳定的蔗源是其最大的问题,大多数企业认为资金不足和缺乏稳定蔗源是其面临的仅次于价格大幅波动的第二大问题,同时,食糖消费需求不稳定也是其面临的主要问题。

(三)制糖企业原料组织情况

1. 企业与农户签订订单情况分析

2007 年企业与农户签订的面积为 1656803 亩,2008 年和 2009 年分别为 391027 亩和 369643 亩(表 3 - 23)。3 年平均所覆盖的行政村分别为 254 个、148 个和 167 个。订单履约率分别为 99.8%、99.76% 和 96.87%,同时也可以看出订单所占总量的比例较高,分别为 92%、81.63% 和 87.8%。

表 3 - 23　企业与农户签订订单的情况

年份 项目	2007 年	2008 年	2009 年
平均订单面积(亩)	1656803	391027	369643
平均覆盖行政村(个)	254.5	148.37	167.75
订购蔗糖量(吨)	8731692	1116316	141166.8
订单履约率	99.8	99.76	96.87
订单占总量的比例(%)	92.6	81.63	87.8

2. 企业与农户签订订单多通过专人和村干部的帮助

在所调查的 16 家企业中,针对签单渠道有 15 家进行了反馈,这 15 家企业中有 7 家是通过聘请专门人员每家每户签订的,还有 5 家企业是通过乡、村干部与农户签约,其中 1 家企业在采用这两种方式的同时还通过蔗农合作社或协会间接与农户签约,还有 1 家采用其他方式与之签约。可见大多数通过专人和村干部的帮助。

3. 影响企业与农户订单履约的因素分析

通过调查发现,15 家企业中有 11 家认为农户对收购价格定价机制是否满意将影响二者之间的履约率,有 6 家企业认为企业对订单农户开展技术、信贷服务的质量将影响履约率,有 8 家企业认为地方政府对收购秩序监管的程度将影响履约率,也有 6 家企业认为农户的知识文化水平对履约率也有一定的影响。

4. 制糖企业对农户进行了多方面的服务

从调查结果中发现,16 家企业除 6 家企业没有对农户病虫害进行统一防治外,剩下的企业对农户进行了生产技术指导、病虫害统一防治、出资维修蔗糖基础设施、生产资料赊销、贷款担保、良种良法推广应用和蔗种赊销、交蔗结算时扣除等服务。从中可以知道多数企业对农户进行了整个过程的服务。

从调查中发现,对于服务的费用有 14 家企业完全是免费的,另 2 家企业对于服务只收取材料成本费,其余均为免费服务。

(四)制糖企业面临的风险与应对措施

1. 风险及应对措施

在调查的 16 家企业中有 14 家企业认为自然灾害、气候变化和甘蔗原料价格大幅度波动是企业面临的主要风险,其余的因素如国家产业政策调整和利率、汇率变动财务风险则是较前两者较小的风险。

多数企业为了规避生产过程中的风险积极采取避险措施,16 家企业中有 3 家企业完全用蔗糖期货规避风险,还有 6 家企业在采用其他措施的同时也进行期货交易避险,由此可见,有 9 家企业主动参与期货的避险交易。同时有 8 家企业在电子批发市场卖出远期合约,有 5 家企业在采用其他避险措施的同时与下游签订远期合同的方式以达到避险的目的。

2. 制糖企业积极利用各种期货和现货价格信息

目前我国蔗糖的现货价格可以从广西糖网、中国食糖网和昆商糖网等三个网站获取,期货价格主要关注郑州商品交易所的白糖期货价格。从调查的反馈中可以看到,对广西糖网较为关注企业的有 9 家,对食糖网较为关注的有 7 家,对昆商糖网较为关注的有 8 家,对期货价格较为关注的有 10 家,可见企业大多利用可得到的现货和期货价格进行风险规避。

3. 大多数企业参与过电子批发市场交易和白糖期货交易

在对16家企业进行调查发现14家企业在昆明、南宁或柳州电子批发市场参与交易,有15家企业有过白糖期货的交易经历,可见电子商品交易市场和期货市场的发展为制糖企业提供了很好的避险工具。且大多数企业都积极参与规避风险。

4. 企业对白糖期货认识不够,褒贬不一

在对16家企业进行调查发现,对于白糖期货这种避险工具大家认识不一样,且对其众说纷纭,褒贬不一。16家企业中,有1家企业认为期货是个投机工具,它的使用会使白糖价格波动更为剧烈;有6家企业认为可以参考期货价格,但不能用其进行避险;有4家企业认为在一定程度上可以利用期货达到避险的目的;有5家企业认为期货是一个较好的避险工具。

5. 企业参与期货交易的效果较好

2010年对10家企业的调查结果表明,有8家参与过期货交易,他们对于参与期货的效果评价如下:有4家认为参加期货交易后,企业现金流变得更为稳定,有2家企业认为参与期货交易后现金流的稳定性没有任何变化,有1家企业认为参与期货交易后现金流反而变得不稳定了,有1家企业认为参与期货进行期现套利,不仅降低了风险,而且盈利丰厚。

6. 企业没有参与期货的原因分析

对于影响企业参与期货的绩效的原因分析调查得到:11家企业中有8家认为期货和现货的关联度很低,有3家企业认为存在很大的交易费用,有4家企业认为交割制度设计,有1家企业提到了流动性水平。

由于种种的对于期货的认识偏差使得制糖企业参与期货交易的数量很少,大多数企业认为期货价格波动频繁,交易风险很大,企业无法承担期货所带来的风险。还有一部分企业认为可以参与电子商品批发市场交易就没必要再参与期货交易,还有个别企业谈到期货的交易成本要比电子商品批发市场的高,所以也没参加期货交易。

七、中国食糖产业竞争力研究

——基于与澳大利亚、泰国糖业的比较

近年来,随着我国食糖消费的快速增长,糖料生产科技水平逐步提高,我国食糖产业规模不断扩大。2008/2009 榨季,我国糖料面积达 2665.42 万亩,食糖产量达 1243.12 万吨,食糖消费量达 1390 万吨,已成为世界上第四大食糖生产国和第三大食糖消费国。尽管我国食糖已基本实现自给自足,但在国际糖业竞争中我国糖业仍处于较低水平,多年来仅有微量食糖出口。尤为值得关注的是,一旦中国—东盟自由贸易区和中国—澳大利亚自由贸易区建成之后将食糖进口关税放开,我国食糖产业将可能面临泰国糖、澳大利亚糖的剧烈冲击,从而对国内糖业持续健康发展和糖农生计带来严重影响。因此,当前比较分析中国食糖产业竞争力具有重要现实意义。本文通过比较中国、澳大利亚、泰国食糖产业竞争力,判断中国食糖产业竞争力的现状与差距,分析制约我国食糖产业竞争力提高的原因,最后,将就如何提高中国食糖产业竞争力提出对策建议。

(一)中国食糖产业竞争力的现状与差距

从甘蔗生产环节的技术经济指标来看,我国与澳大利亚、泰国糖业在大多数方面存在一定的差距,部分指标差距还相当大(表 3 - 24)。一是我国蔗农生产规模明显小于澳大利亚和泰国,户均土地规模约为泰国的 3%,为澳大利亚的 0.5%。我国现有植蔗农户约 500 万户,蔗农数量 1500 万人左右,户均规模不到 5 亩,户均产糖不到 3 吨,而澳大利亚全国仅有 6000 多个植蔗农场,蔗农 7120 人,农场平均规模 77 公顷,正常年份每个农场平均产

糖约 1000 吨;泰国有甘蔗种植户约 8 万个,户均规模达到 12.5 公顷,正常年份户均产糖约 80 吨。二是我国甘蔗单产总体偏低,虽然含糖分相对较高,但单位面积产糖量水平仍然居中,优势不大。以 2007/2008 榨季为例,甘蔗单产从高至低依次是澳大利亚、泰国、中国,虽然我国甘蔗含糖分高达 13.96%,略高于澳大利亚,大幅高于泰国,但我国公顷产糖量仅为 9.3 吨,远低于澳大利亚 12.6 吨的水平,高于泰国 7.42 吨的水平。三是我国甘蔗生产成本远高于澳大利亚,也高于泰国。由于澳大利亚早在 20 世纪 80 年代就实现了甘蔗收割机械化,避免了高昂的劳动力成本,再加之 95% 的甘蔗收割运输由连接田间至糖厂的专用铁路网承担,大大节省了运输费用,因此,2007/2008 榨季,澳大利亚的甘蔗生产成本仅为 143 元/吨,我国甘蔗生产成本则达到 240 元/吨;高出澳大利亚 68%。尽管泰国的甘蔗收获机械化也发展缓慢,主要依靠人工收获,但由于其劳动力成本较低,甘蔗生产成本也要低于我国,约为 180—200 元/吨。

表 3-24 2007/2008 榨季中、澳、泰三国甘蔗生产技术指标

指标 / 国家	甘蔗单产(吨/公顷)	甘蔗含糖分	公顷产糖量(吨)
澳大利亚	82.5	13.82%	12.6
泰国	70.13	11.94%	7.42
中国	66.75	13.96%	9.3

数据来源:泰国蔗糖管理办公室、澳大利亚农业与资源经济研究局、中国糖业协会。

从制糖环节的技术经济指标比较来看,我国制糖工业的发展水平也和澳大利亚、泰国存在一定的差距(表 3-25)。一是我国制糖企业规模相对较小,生产效率不高。我国现有甘蔗糖厂 240 余家,平均日榨能力 6000 吨左右,厂均用工量需 1000 人左右,而澳大利亚生产原糖的工厂仅有 27 家,平均日榨能力一般高达 10000 吨,厂均用工量仅 150—200 人;泰国甘蔗糖厂也只有 46 家,平均日榨能力 13000 吨。二是我国制糖工业技术水平相对不高,产糖率低于澳大利亚,略高于泰国,吨糖耗蔗量多于澳大利亚,略少于泰国。2007/2008 榨季,澳大利亚、中国、泰国的产糖率分别为 13.67%、12.23% 和 11.94%,吨糖耗蔗量分别为 7.31 吨、8.23 吨和 8.38 吨。三是我

国制糖成本高于澳大利亚、泰国。以 2007/2008 榨季为例,我国蔗糖生产成本(不含税)为 21.17 美分/磅,而澳大利亚、泰国的制糖成本仅为 11.15 美分/磅和 11.8 美分/磅。四是我国制糖企业税负比较重,大大提高了食糖含税成本。澳大利亚对食糖生产增值税实行零税率,泰国增值税率也只有 7%,而我国食糖增值税率却高达 17%(出口退税率只有 13%),所得税率也高达 33%,此外糖厂还必须交纳其他多种费用。五是我国食糖质量标准与国际脱节,难以参与国际贸易竞争。一直以来,按照国内的消费习惯,制糖企业基本上只生产色值 180IU 以下的一级白砂糖。2002 年略作修改把一级白砂糖色值标准调低为 170IU 以下。但国际成品糖的消费一般是色值小于 45IU 的精制糖或色值小于 100IU 的优级糖。国际食糖贸易以原糖为主,国外制糖企业也多以生产原糖为主,但我国制糖企业的制糖工艺却是一步到位,直接产出成品糖,较难参与以原糖为主的国际食糖贸易活动。

表 3－25　2007/2008 榨季中、澳、泰三国制糖工业技术经济指标

指标 国家	平均产糖率(%)	吨糖耗蔗量(吨)	蔗糖生产成本(美分/磅)
澳大利亚	13.67	7.31	11.15
中国	12.23	8.23	21.17
泰国	11.94	8.38	11.8

数据来源:美国农业部,泰国蔗糖生产成本为作者估计值。

总之,通过与泰国、澳大利亚等主要食糖出口国的一些重要指标的对比,可以看出,在国际食糖市场竞争中,我国糖业尚处在明显的劣势地位。反映在甘蔗生产环节,主要表现为生产规模小、生产成本高、经济效益低;反映在制糖环节,主要表现为制糖企业规模小、制糖成本高、税费负担重、产品质量较差、经济效益较低。

(二)制约中国食糖产业竞争力提高的主要因素

我国食糖产业竞争力较主要竞争国家较弱,从表面上看体现在甘蔗生产与制糖工业的技术经济指标与澳大利亚、泰国等国的差距上,但深层次的

原因还在于：一方面，我国甘蔗生产的基础自然条件较差，使糖业先天竞争优势不足；另一方面，我国政府糖业管理体制和支持保护体系建设方面还存在诸多缺陷，政府与产业相关主体之间的良性互动机制尚需完善，政府对产业技术研发和基础设施投入力度还严重不足，对食糖市场和产业链利益分配机制的宏观调控还有待提高，这些因素都制约了产业竞争力的提高。

1. 土地、气候等基础自然条件相对较差

我国甘蔗生产的基础自然条件相对较差，这是制约我国食糖产业竞争力的首要因素。首先，从立地条件来看，我国甘蔗种植立地条件差，蔗区地处桂、滇、粤丘陵红壤旱地、土壤贫瘠、雨量不均、大片蔗田难以实现机械化生产，甘蔗生产成本中近一半为人工成本，导致了种蔗成本的提高。而澳大利亚的昆士兰州，巴西中南部的蔗区土地平整，雨量均匀，无需灌溉，100%实现了机械化生产。其次，从气候条件来看，我国蔗区地处亚热带，气候条件总体与世界主要产蔗国相近，但极端天气状况频发。雨量分布不均，春旱、秋旱现象普遍，时有冻灾、风灾的影响，自然灾害对我国甘蔗生产造成严重影响。例如，广西90%的甘蔗是种植在旱坡地上，是制约生产水平提高的重要因素，据统计2008年全区有灌溉的甘蔗面积只有228万亩，仅占14.25%。

2. 产业技术改进投入力度不足，综合技术水平较低

我国食糖产业技术改进力度不足，产业技术综合水平较低，这也制约了产业技术与经济效益的进一步提高。甘蔗种植技术水平方面，一是甘蔗品种改良缓慢，品种严重单一化，"ROC"系列品种占全国面积的80%，其中最大产区广西占92%，仅"ROC"22号就占60%以上，提高了甘蔗生长的系统性自然风险；二是病虫害严重，每年因甘蔗黑穗病、花叶病、宿根矮化病和黄叶病能造成20%的经济损失；三是肥料施用方法和配比不科学，偏施滥施现象严重。我国甘蔗偏施滥施化肥超过世界平均水平的3—4倍，为巴西的10倍，提高了甘蔗生产的物质成本；四是适合于本国国情的甘蔗收获机械尚处在研发阶段，农机与农艺配套的栽培模式还不成熟，全国甘蔗机械化水平非常低，提高了甘蔗生产的人工成本。制糖工业技术水平方面，我国制糖

企业在 20 世纪 90 年代初时大多为陷入困境的国有企业,后经过改革重组,虽然已建立了现代企业法人治理结构,但由于近年来食糖价格和糖厂效益波动较大,大多数糖厂投资行为短期化,缺乏技术升级改造的意识和远见。据调查,我国绝大多数糖厂仍采用亚硫酸法制糖技术,只生产原料白糖,产品单一,还有相当多糖厂的设施设备仍停留在 20 世纪 70—80 年代的水平。政府对产业技术研发投入仍然不足。虽然近年来政府通过"甘蔗产业技术体系建设项目"、"制糖企业技术改造项目"、"科技支撑项目"等对甘蔗糖业技术升级改造给予了较大支持,但与国外政府对糖业的投入水平差距还较大,与国内粮食、油料等产业的投入水平也有较大差距。

3. 政府管理体制不顺,对糖业的宏观调控力度不够

糖业在各国都是属于敏感性产业,政府在产业发展中发挥着重要作用。我国自食糖流通体制改革以来,政府对糖业的管理体制出现了一些问题,制约了产业竞争力的提高。一是政府对糖业进行"多头管理",管理体制不顺畅。政府人为地将产业链各环节割裂开来,影响了其对糖业发展方向的把握和相关产业政策的及时出台。二是政府对食糖市场的宏观调控有待提高。政府储备糖制度是食糖市场价格宏观调控的主要手段。但从近年国家收储政策来看,存在着政策出台时机滞后、部分政策收储价格与数量不合理等问题,未能给予市场主体稳定的价格预期。三是政府对糖业利益分配机制缺乏调控和严格监管。尽管广西已率先建立了"糖蔗联动、二次结算"的利益分配机制,但由于我国蔗农生产规模较小,甘蔗合作经济组织发展滞后,蔗农与糖厂的谈判地位相对较低,对收购价格的影响力明显弱于糖厂,大多数地区政府"缺位"的利益分配格局仍然不利于蔗农增收。

(三)提高我国食糖产业竞争力的政策建议

随着中国—东盟自由贸易区的深化和中澳自由贸易区的建立,中国糖业将不可避免地面对泰国和澳大利亚糖业的竞争,我国政府需要尽快从破解上述三大制约因素着手,多方面采取强力措施,提高我国食糖产业竞争力,促进产业持续健康发展。

1. 加大政府投入力度,提高糖料生产基础设施水平和糖业综合技术水平

一是中央、地方财政要合力加大全国糖料基地县建设力度,扩大基地县覆盖范围,增加专项资金数量,将建设重点放在改造中、低产田,增强灌溉能力和提高旱灾、风灾防范能力等方面。

二是要加快糖料优良新品种研发速度和水平。加大现有育种繁育基地和种质资源圃的建设力度,为育种单位的传统杂交育种提供更优良的条件;加强国外新品种的引进,支持育种科研人员的国际交流;规范新品种区试与评估办法,形成对新品种的科学合理评价机制,营造优良新品种脱颖而出的外在环境。

三是要加大甘蔗健康脱毒种苗繁育基地建设力度。建议在中央财政或省(区)财政中设立专项资金,在设备购置、人员引进、技术获得、宣传推广等方面给予支持。

四是要加大对甘蔗收获机械化的投入,重点攻关研制适合我国国情的糖料收获机械及其配套技术,通过在主产区推广机械化降低农民种植糖料的成本,加快甘蔗收获机械化进程。

五是要加大制糖企业技术改造力度,通过专项资金投入带动企业配套资金投入,改进制糖工艺与机器设备,淘汰一批落后产能,提高我国制糖工业的竞争力。

2. 改革政府糖业管理体制,提高对食糖市场和产业链的宏观调控能力

一是要改革多头管理效率低的现状,加强涉糖管理部门之间的沟通协商,构建促进我国糖业发展、提高产业竞争力的长效政策框架,同时加强对食糖市场和产业动态的监测,建立灵活的短期政策反应机制,并形成长期政策与短期政策的有效配合。在条件成熟的情况下整合分散在各部委的糖业管理职能,形成统一的糖业管理机构。

二是要明确设置食糖调控目标价,增强市场宏观调控效果。建议有关部门借鉴生猪调控经验,设置并颁布《防止食糖价格过度波动的调控预案》,明确政府调控目标价,给予市场主体明确合理的预期。引导制糖企业合理运用食糖期货市场进行套期保值,规避风险,锁定利润,构建我国甘蔗与食糖产业市场风险防范体系。

三是加大对糖业利益分配机制的干预力度,建立合理的工农利益分配格局。建议在全国范围内推广和改进广西"糖蔗联动、二次结算"的产业化经营模式,确保工农利益比例控制在4∶6左右。一是要在现有基础上降低甘蔗收购价所挂钩的糖价水平;二是要建立科学的糖厂、蔗农成本与收益核算方法,构建政府监管下的多方协商机制;三是要稳定二次结算联动系数,严格按照二次结算方案进行兑付。

八、我国食糖消费状况分析
与"十二五"前景预测

随着我国经济的持续快速发展,居民对食糖的消费需求不断扩大,人均食糖消费水平逐年提高,目前,中国已成为世界第三大食糖消费国[1],且仍保持稳步增长态势。中国食糖消费量的发展前景如何? 这将是影响未来世界食糖供需格局和食糖市场走势的重要因素。本文基于全球视角分析了中国食糖的消费规模及其在国际市场上的地位,探析了中国食糖消费的内部结构与发展特征,并运用计量方法预测了食糖在未来五年的消费前景。

本文研究的重点是食糖消费规模、结构与未来发展预测,三者之间的逻辑关系是:食糖消费总量和人均食糖消费量变动状况提供了食糖消费现状的轮廓,为未来中国食糖消费总量的预测奠定数据基础;而中国食糖消费结构的变动与发展特征为中国食糖消费量的预测提供内在支撑,避免只重视总量而忽视内部结构的变动;在消费规模与结构分析的基础上,采取经济总量分析法和计量方法共同预测中国食糖消费总量的发展前景。

(一)全球视角下的中国食糖消费规模分析

基于全球视角的中国食糖消费规模分析是从食糖消费总量变动和人均消费量变动两个层次展开的。

---

① 欧盟食糖的产量与消费量均参照独立国家标准统计,其消费量排名全球第二。

1. 中国食糖消费总量变化分析

基于全球视角对中国食糖消费量变动的分析结果表明：

第一,中国和全球食糖消费规模呈现持续扩大态势,且变动趋势基本一致,但中国增长速度明显高于全球(图 3－5)。中国食糖消费量由 1961 年 125.79 万吨增长到 1991/1992 榨季的 761.5 万吨,2007/2008 榨季进一步增长到 1300① 万吨,2008/2009 榨季增长到 1390 万吨;同期全球食糖消费量由 1961 年 5985.49 万吨增长到 2008 年的 16208.2 万吨。若以 1961 年为基期,49 年间中国和全球食糖消费量分别增长了 49 倍和 2 倍多,中国食糖消费量年均增长速度(5.13%)明显高于全球年均增长速度(2.14%)。

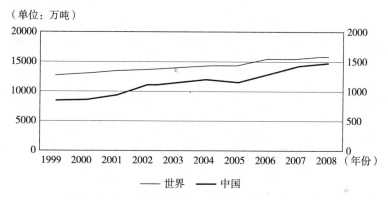

（单位：万吨）

图 3－5　1999—2008 年中国和全球食糖消费量变动状况

资料来源:根据美国农业部数据整理计算而成。

第二,中国食糖消费量居全球第三位,在国际食糖市场上占据日益重要的地位。中国食糖消费量占全球食糖消费总量的份额呈现日益增加态势,由 1961 年的 2.5%,增长到 1981 年的 5%,1999—2002 年该比率大多保持在 6%—7%的范围内。2003 年后进一步提升,2008 年占全球食糖消费总量的 8%—9%,成为仅次于印度、欧盟的第三大食糖消费国,在国际食糖市场上发挥越来越重要的影响力。

---

① 1961—1989 年中国数据采用世界粮农组织的数据,1991—2008 年中国数据采用中国糖业协会的数据。

2. 中国食糖人均消费状况分析

根据 FAO、美国农业部和中国糖业协会的数据,我国每年人均食糖消费量呈现下述三个特征:

第一,中国人均食糖消费量呈现大致走高的态势(图 3-6),人均食糖消费量由 1961 年的 1 千克增长到 1991 年的 6.34 千克左右,2008 年进一步增至 9.79 千克。[①] 若按照 13.35 亿人口估计,2009 年人均食糖消费约为 10.41 千克。

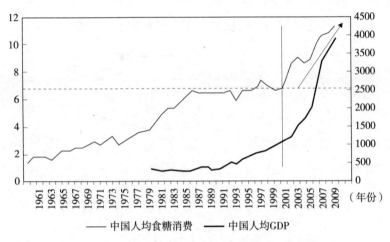

图 3-6　中国人均食糖消费量和人均 GDP 增长状况

资料来源:食品产业网(http://www.foodqs.cn/news/gnspzs01/2009103111106433.htm)。

第二,我国人均食糖消费量明显低于同期的世界平均水平。尽管我国食糖人均消费量呈现持续较快的发展态势,但从人均食糖消费量的绝对数值来看,仍明显低于世界同期的平均水平。比如 2003 年世界人均食糖消费量为 19 千克,我国人均食糖消费水平为 8.17 千克,同期,世界巴西、美国、印度人均食糖消费水平分别为 49 千克、29 千克和 16 千克(见表 3-26)。即使发展到 2009 年,我国人均食糖消费量为 10.41 千克,仍明显低于 2003 年的世界人均食糖消费水平。因此,中国人均食糖消费量属于世界食糖消费较低水平行列,随着我国经济的进一步发展,食糖消费有较大发展空间。

---

① 1961 人均消费数据引用 FAO 数据,1991 年和 2008 年数据采用中国糖业协会数据。美国农业部的估测值是中国食糖人均消费 11 千克,但总体趋势都基本一致。

当然,人均食糖消费量的绝对水平还与中国经济的发展水平、膳食习惯、饮食文化等有一定关系。

表 3-26　2002—2003 年食糖人均消费的比较

年份\国家	澳大利亚	巴西	中国	印度	南非	泰国	美国	世界
2002 年	35	50	7.22	16	29	28	30	19
2003 年	36	49	8.17	16	30	29	29	19

资料来源:联合国粮农组织(www.fao.org)。

第三,中国人均食糖消费量和人均 GDP 增长趋势呈现大致类似的发展态势,且高度相关(图 3-6)。日本、韩国和中国香港的实践发展表明,经济增长迅速的时期,往往伴随着人均食糖消费量的持续较快增长。而且我国人均 GDP 超过 3000 美元,中国经济发展越过人均 GDP 2000—3000 美元的关键时期,引发国内社会消费结构的进一步升级,对于糕点、糖果、饮料等方面的需求会持续增长。

(二)中国食糖消费结构与特征分析

该部分主要分析了中国食糖工业消费和非工业消费的比例,两者的内部结构以及总体的发展态势;在此基础上总结了中国食糖消费近几年的发展特征。

1. 中国食糖消费结构分析

(1)工业消费约占食糖总消费量的 70%。

食糖作为天然甜味剂,既是日常生活必需品,也是饮料、糖果、糕点等含糖食品和制药工业不可或缺的原料。按照食糖是工业消费还是直接进入家庭食用消费进行分析,1988/1989 榨季中国食糖消费中,工业消费约占食糖消费的 60%、家庭直接消费约占食糖消费的 40%;2000—2005 年,食糖消费结构呈现"工业消费约占食糖消费的 70% 以上、家庭直接消费约占食糖消费的 30% 以下"的格局,年度间略有波动。2006 年后,工业消费绝对数量持续增长的同时,家庭消费所占比例有所提高。2007/2008 榨季和 2008/2009 榨季工业消费约占 65%,家庭消费占 35%。我国工业用糖主要分布在食品工业、饮料业、饮食业等用糖行业,工业消费加工出来的大多数食品、酵母等最终还是会以各种形式进入家庭消费领域。

(2)食糖食品工业消费快速增长,以乳制品、果汁、碳酸饮料行业为主。

近年来,工业消费的快速增长一直是我国食糖消费增长的主要动力。受乳制品、饮料、糖果、罐头以及糕点等行业的刺激,我国食品工业用糖平均每年增长 60 万吨,以 17%的速度在逐年增加。含糖食品工业可以进一步细分为糖果、糕点、饼干、速冻食品、乳制品、罐头、碳酸饮料、果汁及果汁饮料、冷冻饮品、蜜饯业等子行业。总体来看,含糖食品发展呈现如下态势:

第一,在含糖食品对糖的消费中,乳制品、果汁及果汁饮料、碳酸饮料约占 70%左右。从工业消费内部细分来看,近三年乳制品、碳酸饮料、果汁及果汁饮料在含糖食品产量中排前三位,约占 70%左右;罐头、饼干、速冻食品在含糖食品产量中所占比例次之。

以 2009 年前三季度为例(图 3-7),乳制品、碳酸饮料、果汁及果汁饮料分别占含糖食品产量的 30.04%、20.74%和 21.69%;罐头、饼干、速冻食品分别占含糖食品产量的 11.14%、4.96%和 3.59%。

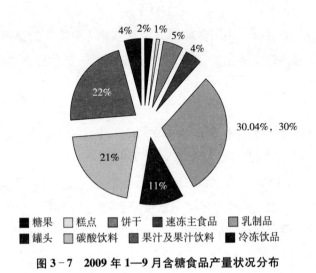

图 3-7 2009 年 1—9 月含糖食品产量状况分布

资料来源:根据国家统计局数据整理加工而成。

第二,饼干、冷冻饮品、糕点面包、糖果巧克力业等尽管份额不是很高,但年度增速较快。比如糖果巧克力产量由 2000 年的 36.87 万吨增长到 2008 年的 121.3 万吨。糕点面包业从 2000 年的 13.32 万吨增长到 2008 年的 79.9 万吨。冷冻饮品业从 2000 年的 60.13 万吨增长到 2008 年的 205.5 万吨。

2. 中国食糖消费特征分析

中国食糖消费往往呈现出一定的季节性、区域性和替代性特征。季节性特征是指食糖消费有淡季和旺季之分;区域性特征是指不同地区的食糖消费是有差异的;替代性特征是指相关商品的消费对于蔗糖消费具有一定的替代性特征。

(1)食糖消费呈现一定的季节性特征。

中国食糖消费具有明显的季节性特征(图 3-8)。食糖的销售、消费旺季包括春节、中秋节等节假日以及夏季冷饮的消费旺季,而每年的 5、6 月份则是食糖消费的淡季。这主要与含糖食品消费的季节性特征相关。2005—2009 年季度含糖食品产量表明,第 2 季度和第 3 季度相比,第 3 季度的含糖食品产量一般高于第 2 季度。

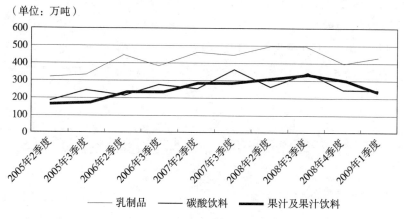

图 3-8 2005—2009 年含糖食品季节性消费特征

资料来源:根据国家统计局数据整理加工而成。

(2)食糖消费具有明显的区域性特征。

由于我国地区之间、城乡之间居民收入差距较大,因而食糖消费也具有明显的区域性特征。以国家统计局城镇居民食糖消费金额数据为基础,根据各地区食糖消费金额占全国城镇居民食糖总消费金额的比例由大到小排序,食糖消费位居前十位的地区是广东、四川、江苏、上海、山东、浙江、湖南、河北、北京、湖北。

根据不同地区人均糖类消费支出金额排序,结果表明,全国城镇人均糖类消费支出为 34.50 元/人·年,高于平均水平的有 11 个城市,分别是西藏、上海、北京、广东、四川、重庆、新疆、贵州、天津、浙江、广西。

总体来看,珠三角、长三角和京津地区是我国食糖消费的主销区,其中华东和京津地区的消费量较大。这与食品企业的分布、当地的饮食习惯、生活水平等存在一定关系。

(3)食糖消费在一定程度上受替代品的影响。

食糖消费受替代品的影响较大。甜味剂作为食糖的替代品,其生产和销售量直接影响到食糖消费量和消费结构的变动。目前食糖的主要替代品是糖精和淀粉糖。糖精是重要的甜味剂,1 吨糖精相当于 400—500 吨的食糖,目前国内每年消费糖精 3000 多吨,国内使用和消费受到国家政策的严格限制。淀粉糖对食糖也起到一定的替代作用,往往是在蔗糖价格处于高位时淀粉糖产量增加,如全国淀粉糖产量 2006 年为 550 万吨,2007 年增长到 700 万吨,2008 年为 600 万吨。而且,据中国发酵协会淀粉糖专业委员会预测,2010 年淀粉糖总产量将达到 800 万吨;中国食品工业协会和国家粮油信息中心统计表明,2010 年淀粉糖产量将超过 800 万吨,大约在 900 万吨左右。

(三)2010—2015 年中国食糖消费前景预测

1. 食糖消费量预测方法

鉴于不同预测方法对食糖预测会得出不同的结果,本文选取两种方法同时预测,然后在这两种方法的基础上对食糖消费量结果进行修正,得出食糖消费量预测的相关结论。

预测方法选择包括:人口消费总量预测法、时间趋势回归、指数平滑法、ARMA 方法、灰色关联方法等,这些方法各具特点,考虑到食糖消费受到人口数量、人均消费量、经济发展水平等宏观因素的影响,本文根据数据样本选取人口消费总量预测法和指数平滑法。一种方法是基于宏观经济的因素进行预测;另一种方法是基于现有数据的计量方法进行预期,两种方法可以实现经济意义和计量方法的互相配合。

第一,人口消费总量预测法。人口消费总量预测根据总人口乘以平均消费量计算得出总的消费量。人口预测借鉴现有研究者的预测数值,人均消费量根据近几年增长情况设置情景,得出未来几年的人均消费量,两者相乘得出食糖消费量。

第二,指数平滑法。指数平滑法是在时间趋势回归、移动平均法的基础上发展起来的一种趋势分析预测法。其具体操作是以前期的实际值和预测值(或平滑值),经过修匀处理后作为本期预测值。根据平滑次数不同,指数平滑法分为一次指数平滑法和二次指数平滑法。一次指数平滑公式由移动平均数的计算公式改进而来的,其基本公式为:$S_t^{(1)} = \alpha Y_t + (1-\alpha) S_{t-1}^{(1)}$,式中:$S_t^{(1)}$为第 t 期一次指数平滑值;$S_{t-1}^{(1)}$为第 t - 1 期一次指数平滑值;$\alpha$为平滑系数。对于初始值的确定,若资料项数较大(如 $n \geq 50$),则可把第一期观测值 Y_1 作为初始值使用,因为经过多次平滑推算后,Y_1 对 Y_{t+1} 的影响已经不会很大了,若资料项数 n 较小($n \leq 20$),此时可用前几期观测值的平均数作为初始值使用。

一次指数平滑一般只适用于没有明显趋势的情形,若时间数列呈上升或下降的直线趋势变化,则需进行二次指数平滑。二次指数平滑法在一次平滑基础上再进行一次指数平滑。因此,二次指数平滑值计算公式为:$S_t^{(2)} = \alpha S_t^{(1)} + (1-\alpha) S_{t-1}^{(2)}$,式中:$S_t^{(1)}$ 和 $S_{t-1}^{(2)}$ 分别为 t 期和 t - 1 期的二次指数平滑值;α为平滑系数。在 $S_t^{(1)}$ 和 $S_t^{(2)}$ 已知的条件下,配合时间趋势模型,二次指数平滑法的预测模型为:$y_{t+T} = a_t + b_t * T$,$a_t = 2 * S_t^{(1)} - S_t^{(2)}$,$b_t = \dfrac{\alpha}{1-\alpha}(S_t^{(1)} - S_t^{(2)})$。

2. 不同模型的预测结果

(1)两种方法的预测结果。

通过两种方法的求解和预测,预测结果如下(表 3 - 27)。一般而言外推时间越长,预测偏差越大,因此年份越近时预测结果相对更佳。

二次指数平滑结果表明,2010、2011、2012、2013、2014 和 2015 年的食糖消费量预计分别为 1458、1532、1607、1682、1756、1831 万吨。根据二次平滑结果来看,2010—2015 年食糖消费持续增长,自 2008/2009 榨季消费量 1390 万吨增长到 1830 万吨。

基于情境的人口消费总量预测,其主要基于人口和人均食糖消费指标推出食糖总消费量。

情境 1:1985—2008 年人均消费量年均增长率为 4.09%,未来十年继续保持这一人均消费增长率,则 2010 和 2015 年人均消费量将分别为 10.6072 千克和 12.9612 千克,预测得出 2010 和 2015 年的消费量分别为 1423.49 和 1778.93 万吨(其他年消费量预测数据详见表 3-27)。

情境 2:1998—2008 年人均食糖消费量年均增长率为 4.28%,未来十年继续保持这一人均消费增长率,则 2010 年和 2015 年人均消费量将分别为 10.6460 千克和 13.1277 千克,预测得出 2010 年和 2015 年消费量分别为 1428.69 和 1801.78 万吨(其他年消费量预测数据详见表 3-27)。

表 3-27 二个模型三种预测结果比较   (单位:万吨)

项目 年份	人口消费总量预测 (情境 1)	人口消费总量预测 (情境 2)	二次指数平滑	修正结果
2010 年	1423.49	1428.69	1458	1436.73
2011 年	1483.91	1492.06	1532	1502.66
2012 年	1548.05	1559.39	1607	1571.48
2013 年	1617.35	1632.17	1682	1643.84
2014 年	1688.48	1707.06	1756	1717.18
2015 年	1778.93	1801.78	1831	1803.90

资料来源:本文作者预测得出。

由于本文预测结果是基于单一事件序列本身的,加入其他影响变量会适当增强预测效果。时间序列随着样本外推期数的增加其预测的置信区间放大,预测准确性下降。此外,时间序列样本外推预测的准确性还受到系统结构性变化的影响,当系统处于渐进式结构变化时,预测效果可能是较差的。如果系统在 2010—2015 年之间出现结构性突变也会使预测精度下降,因此本文预测结果建立在模型系统稳健性(robustness)较强这一假设之下。

3. 主要结论

中国食糖消费规模和结构分析表明,我国正处于食糖消费量持续较快增长的区间内。总体来看,若没有重大突发事件的影响,且不受到产量和进口量限制的前提下,未来五年内食糖消费增长的态势不会改变。考虑到人口的增长因素、食糖产量增加和经济结构升级的限制因素,近期食糖消费仍会呈现较快增长态势,年人均食糖消费增长速度约为4%—5%,这一增长速度是较为合理的。

综合人口总量预测法和二次指数平滑法的预测结果,本文对2010—2015年中国食糖消费量预测结果大致为:

第一,按照24年的食糖消费量数据,2010年食糖消费量落在1423—1437万吨的可能性很大,最低消费量为1423.49万吨。

第二,若不受产量和进口量的限制,按照24年的食糖消费量数据,2015年食糖消费量在1778—1804万吨的可能性较大,在1802—1804万吨可能最大。

九、我国糖料生产成本—收益变化规律研究

基于 1990—2009 年间甘蔗和甜菜糖料作物的成本收益分析,揭示出如下规律性变动趋势:

(一)20 年来糖料成本利润率和成本产值比略有下降

糖料作物的种植收益变动频繁,成本利润率和成本产值比均变动较大,两者近二十年总体略有下降。近十年来看,成本利润率和成本产值比呈大致上升态势。

原因有三个:首先,随着我国经济迅速增长,通货膨胀可能会成为一种长期性趋势,农资价格也会随之上涨;其次,人口结构和产业结构的转变,以及城市化进程的加速将会使劳动力成本逐步提高,在这两方面因素的作用下,糖料作物种植总成本逐渐上升,而糖料收购价格随着白糖价格的波动而波动,具有明显的不确定性。近二十年的大部分时间中,白糖价格涨幅均低于消费者物价指数的涨幅,意味着农户并没有完全分享到物价上涨带来的名义收入增加效应。在种植成本上升显著、糖料收购价格上涨相对缓慢的情况下,农户种植甘蔗和甜菜的经济效益并没有显著增加。再次,甘蔗和甜菜种植受气候影响较大,自然灾害等不可控风险进一步降低了农户收益的稳定性,农户处于自然风险与市场风险的双重风险之中。

尽管农户种植甘蔗和甜菜的收益变动较频繁,且近二十年来总体收益略有下降,但是,农户种植糖料作物所带来的净现金流在维持生活所需外,仍足以支持下一轮的生产活动,即出售糖料的收入不仅可以完全弥补在生产过程中所投入的各类农资和雇佣劳动力产生的费用,而且足以补偿其使

用自身劳动力和自有土地所带来的机会成本。

(二)糖料种植成本在波动中增加

1990—2009 年,甘蔗和甜菜种植总成本均经历了上涨—回调—再上涨的两轮明显上涨趋势,其中甘蔗从 375.04 元/亩上升到 1168.7 元/亩,涨幅为 211.3%;甜菜从 175.91 元/亩增加至 756.74 元/亩,涨幅达到 330.19%,均涨幅巨大。

糖料种植总成本可以划分为生产成本和土地成本。生产成本又可划分为物质与服务费用、人工成本,物质与服务费用包括直接费用和间接费用,直接费用包括化肥费、种子费、农家肥费、租赁作业费等,间接费用包括固定资产折旧、保险费、管理费、财务费、销售费及税金等。

生产成本是糖料种植总成本的主要构成部分,与种植总成本高度相关,生产成本在总成本中所占比重呈下降态势。

人工成本是甘蔗和甜菜各项成本中最高的部分,呈阶梯形上涨态势,且甘蔗种植对劳动力的需求远高于甜菜。甘蔗种植和收割是甘蔗生产的两个主要环节,这两个环节对劳动量的需求十分大,特别是目前我国甘蔗生产机械化水平较低的情况下,大量劳动力的投入极大地增加了甘蔗种植的总成本。近年来我国甘蔗生产机械化水平有所提高,这点可以反映在用工天数上。1990—2009 年,用工天数总体呈降低趋势,由 1990 年用工天数为 44.8 天/亩降低到 2009 年的 16.61 天/亩,减少了 28.19 天/亩。但由于雇工费用的上涨,用工天数的降低并没有降低每亩人工成本,人工成本从 1990 年的 129.92 元/亩上升至 2009 年的 513.18 元/亩,在总成本中所占的比重也从 34.64% 上升至 43.91%,甘蔗种植中人工成本在总成本中占比上升,意味着人工成本的增速要高于总成本的增速。甜菜对劳动力的需求量虽然相对甘蔗较低,但人工成本也是其种植成本中的最高部分。1990 年甜菜的人工成本为 56.26 元/亩,2009 年则达到 232.85 元/亩。在我国城市化和工业化进程中,劳动力价格上升是必然趋势,甚至可能出现加速上涨,因此未来人工成本将对糖料作物的种植收益产生更大的影响。

土地成本在糖料作物总成本中所占比重日益提高,且甜菜土地成本的增速要高于甘蔗。1990年,甘蔗种植的土地成本为21.89元/亩,2009年达到139.33元/亩,在总成本中占比由5.84%上升至11.9%;同期甜菜种植的土地成本从8.86元/亩上升至143.09元/亩,在总成本中占比从5.04%上升至18.9%。土地成本包括流转地租金和自营地折租两个部分。我国甘蔗的主产区是广西、云南、广东和海南,而近年来在广东、海南两地,原有耕地转化为工业用地的现象十分显著,并由此导致土地价格和土地租金,即流转地租金逐步上涨;而广西、云南等省同时也是水稻等农作物的主产区,这些农作物的比较效益上升也使得农户自营地折租上涨。在新疆,甜菜需与价格迅速上涨的棉花、番茄争地;在东北,又需与价格同样上涨的玉米、大豆等粮食作物争地,同样导致了甜菜土地成本的迅速增加。

甜菜的土地成本增速远高于甘蔗,并且在2006年首次超过甘蔗,达到114.41元/亩,同年甘蔗为105元/亩;2008年,甜菜土地成本进一步上升至142.69元/亩,同期甘蔗仅上升至127.48元/亩。甜菜土地成本的增加,同时反映在流转地租金和自营地折租上。自营地折租是农户自己拥有经营权的土地投入生产后所耗费的土地资源按一定方法和标准折算的成本,其实质是自营地投入生产时的机会成本,并不是农户的实际支出,自营地折租反映了与甜菜或甘蔗收益相当的其他产品的转包费或承包费净额;而流转地租金则是农户生产中实际支付的转包费或承包费,可较为直观地反映农户在生产活动中为获得土地的使用权所支付的现金。1990年,甜菜自营地折租仅为甘蔗的40.48%,1993年更是下降到33.62%,但是在第二次土改后的第二年,即1999年,甜菜自营地折租便超过甘蔗,并随后一直与甘蔗基本持平;甜菜流转地租金自2004年首次超过甘蔗后继续上升,2008—2009年其与甘蔗流转地租金的比值均在2以上,2008年达到2.73,意味着甜菜流转地租金已经是甘蔗的一倍以上。甜菜自营地折租的上升意味着其与其他农作物之间的激烈竞争,且竞争程度要高于甘蔗与水稻等农作物之间的竞争程度;流转地租金的上升速度快于甘蔗,则表明甜菜主产区的地租增长速度要高于甘蔗主产区。

化肥费绝对数值上升显著,在总成本中所占比重一直较为稳定。1990年,甘蔗和甜菜的化肥费分别为83.38元/亩和36.81元/亩,2009年这两个值分别为271.46元/亩和123.55元/亩。甘蔗和甜菜化肥费在总成本中所占的比重比较稳定,甘蔗保持在22%左右变动,甜菜保持在18%左右变动,意味着甘蔗和甜菜化肥费的增速与总成本增速相近。近二十年来,甘蔗和甜菜种植中每亩化肥施用量并没有显著上升,化肥费的增加主要源于化肥价格的上涨,但化肥施用效率远低于国际水平。未来化肥价格的上涨趋势仍将持续,因此科学合理地施肥,提高施肥效率,是避免化肥价格进一步推高种植成本的主要途径。

(三)单产有所提升,呈明显周期性波动

近二十年来,甘蔗单产有一定程度的提高,但提升速度缓慢;甜菜单产提升更为迅速。甘蔗单产呈现如下特点:第一,"增三年、减三年"的周期性波动;第二,单产略有增加,但并不显著;第三,单产波动较大。

从总体来看,甘蔗单产增加缓慢,可能与下述几个原因有关:①我国甘蔗种植仍然处于小农经济模式,规模化进程缓慢;②虽然甘蔗品种在不断优化,但单产的增加受制于机械化生产进展缓慢、土壤条件、灌溉程度、化肥吸收转化效率不足等因素;③近年来南方自然灾害频发,也对甘蔗单产造成了较大影响,使其波动较大。而甜菜单产的增加,在一定程度上与甜菜种植技术的提高有关,比如高产高糖栽培技术的应用和机械化生产程度的提高。同时也应注意到,我国甜菜原料收购始终采用以量计价的方法,甜菜原料的品种相符与否和质量品质优劣不作为计价因素。以量计价的收购方式诱发了甜菜种植者的趋利思想,大量种植丰产低糖类型的甜菜品种,追求高单产而忽略了含糖量,损害了制糖企业的利益,从长远来看不利于甜菜产业的发展。

(四)甜菜收购价格和土地成本显著影响着成本收益率

从总体来看,甜菜收购价格与成本收益率关联性最高,土地成本与成本收益率的关联性呈增加趋势。

甜菜收购价格与成本收益率的关联度排序从首位降至第二位,但就总体而言,甜菜收购价格对成本收益率影响显著,两者之间的高关联性使得在

白糖价格波动剧烈时,农户的收益面临较大的不确定性。此外,农户的议价能力较弱,当白糖价格下跌时,甜菜收购厂商可能会压低甜菜收购价格,而当白糖价格上涨时,甜菜收购价格却上涨相对较少,农户不能完全分享到白糖价格上涨的收益。因此,在甜菜收购价格与成本收益率关联性最高的背景下,增强甜菜收购价格与白糖价格的联动性,且在糖价下跌时给予农户适当的支持,是增强农户甜菜种植积极性的主要途径之一。

从近十年来看,土地成本与成本收益率的关联度升至所有因素的首位,土地成本极大地影响着农户的收益。近年来农产品价格普遍上涨,玉米、大豆等农作物的竞争力增强,甜菜种植的比较效益下降。

(五)单产对蔗农收益的影响日趋显著,物资与服务费用对蔗农收益的影响显著且稳定

甘蔗种植收益影响因素的灰色关联分析结果表明,单产在1990—1999年对甘蔗种植收益的影响程度最低,而在接下来十年则影响最为显著,因此提高单产是稳定蔗农收益的主要途径之一。气候条件、土壤条件、灌溉条件、施肥技术和种植品种等都是影响单产的因素,除了气候条件外,其余几个因素均可以通过人工控制来进行优化。

灰色关联分析结果还显示,物质与服务费用在两个时段的关联度排序均排在第二,表明物质与服务费用对蔗农收益的影响显著且稳定。物资与服务费用中最主要的部分是化肥费,因此可以看出,施肥情况同时影响到物质与服务费用和单产这两个对蔗农收益影响最大的因素。目前多数农户在施肥环节缺乏科学性,重化肥而轻农家肥,致使土壤有机质含量低,土壤板结,透气性差,保水能力差。部分蔗地施肥不平衡,偏施氮肥,少施钾肥造成甘蔗生长中后期严重缺钾,以施过磷酸钙为主,前期速效磷含量高,生长快,中后期速效磷被铁铝离子固定较多造成缺磷、缺硅,生长缓慢。因此,科学合理地施肥,对农户提高单产,降低生产成本,进而增加种植收益,均具有十分重要的意义。

十、我国食糖市场整合程度的实证研究

(一)引 言

　　食糖是特殊的政治经济作物,更是关系国计民生的重要产品。食糖产业既是农产品加工产业,又是食品、罐头、化工等基础产业的上游产业,还是重要的生活消费品产业。食糖产业不仅联系着农业和制糖工业,还联结着国内和国际市场,因此受各个国家政府政策的影响很深。我国是世界上重要食糖生产和进口国之一,经过五十年来的奋斗,我国食糖产量已由供不应求到供求平衡,并逐渐发展到供过于求阶段,目前我国白糖产量仅次于巴西、印度,居世界第三位。中国糖业政策也由控制食糖进口、向生产者提供补贴,以实现自给自足向放开市场、控制总量,稳定糖业市场转变。

　　我国具有一个潜在的巨大的食糖内销市场,作为生活消费品,食糖拥有13亿人口的巨大市场。我国拥有200万平方公里以上的糖料生产基地,南方九省区适宜种植甘蔗,面积达125—130万平方公里,北方几省区适宜种植甜菜,种植面积达75—80万平方公里。目前虽然单产较低,但潜力很大,制糖业可以获得稳定的原料来源。由此可见,今后糖业仍将是我国具有发展潜力和潜在比较优势的内向型产业。但是,我国糖业由于技术和管理水平所造成的产品质量和成本等与制糖技术先进国家存在较大差距,在国际市场上缺乏竞争力。我国糖业存在的主要问题是宏观管理不力、体制不顺、效率低下,以及缺乏组织协调机制(陈如凯,2001)。

　　加入 WTO 以来,我国市场体制不断完善、运作效率不断提高。食糖市场也在全球化的激烈竞争中不断发展。当前,我国国民经济正处在转型的重要阶段,准确地分析与判断经济的市场化程度及其运作水平意义重大。

市场整合(market integration)分析涉及商品和价格信息的跨空间、时间(如现货和期货市场)以及产品形式的流动(如产品的流通与加工过程),市场的分隔或整合与贸易的自由流动和价格信息的传导直接相关。因此市场整合是反映市场化程度的重要指标,也是衡量市场效率(market efficiency)的重要指标。

一般地说,如果完全竞争存在,处于不同区域的市场间要是有贸易发生的话,那么某产品在输入区的单价就等于该产品在输出区的价格加上单位运输成本。如果这种情况存在,那么我们说这两个市场是整合的。根据市场整合的概念,可以推论,任何影响产品在市场间的流通,或影响产品在不同市场上的价格水平的因素均会影响市场整合水平。因此,影响市场整合的主要因素包括价格信息(主要通过市场间的套利行为决定)、运输条件、政府干预(主要表现在地区性行政垄断)、特定社会经济环境等。市场整合程度越高,市场一体化水平越大,说明市场越发达。

毋庸置疑,建设一个高度整合的全国性的食糖市场,对我国农业经济乃至国民经济的健康发展有着极其重要的意义。而要建设一个高度整合的市场,政府的发展政策将起决定性作用。而市场整合研究的结果对这些政策的形成与执行又具有很重要的参考价值。有鉴于此,整合研究结果的准确性和可靠性至关重要。本文正是对我国食糖市场的整合程度进行经济计量分析。

(二)市场整合研究方法综述

1. 国外对于市场整合理论的发展

市场整合测定主要是通过考察市场价格变动关系来进行的。Lele(1967)的文章被认为是研究市场整合的最早期尝试。到目前为止,研究方法主要包括:相关分析法(The Correlation Analysis Method)、Ravallion 模型法(The Ravallion Procedure)、协整方法(The Cointegration Approach)和状态转换模型(Regime-Switching Model)等。

相关分析法作为检测区间市场整合的一种方法,流行了较长时间。主要是因其简单易用。对于同种产品,计算其不同市场两个价格序列间的相关系数。如果该系数在统计上显著,通常则认为这两个市场是具有整合关系的。使用这种方法的有 Lele(1967),Thakur(1974)及 Ejiga(1997)。

Ravallion(1986)对静态的二元相关分析方法做了延伸和改进,推出了颇为有名的 Ravallion 模型法。该方法假设有一个辐射型市场格局存在。处于中央的市场为参照市场(reference market)或叫中心市场(central market)。周边市场的价格受中心市场的价格所支配或影响。Ravallion 模型克服了许多相关分析法在统计推断方面的问题,并在模型中引入了动态因素。该模型可检测短期和长期市场整合关系。使用 Ravallion 模型的有 Timmer(1987)、Wu(1994)等。

协整检验方法(The Cointegration Approach)在很大程度上系 Ravallion 方法的延伸和改进。它保留了 Ravallion 方法的长处而克服了其短处。Goodwi 和 Schroeder(1991)最初将协整技术用于区间市场分析。之后,协整方法受到研究人员极大关注并不断予以改善(Wyeth,1992;Palaskas 和 Harriss-White,1993;Alexander 和 Wyeth,1994;Dercon,1995)。

状态转换模型(Regime-Switching Model),更接近于市场空间均衡理论(Spatial Equilibrium),验证市场是否完全整合或反映了一价定律。该模型的研究近年来进展较快,其中近年来被学术界广为认同和接受的一种作法是同时使用价格和交易成本数据,最具代表性的是 Baulch(1997)的均衡价界线模型(Parity Bounds Model),该模型试图同时使用价格和平均运输成本资料来考察市场运作效率,并允许运输成本在不同时期变动。另一种是在价格和交易成本数据基础上加入贸易量信息,首次由 Barrett 和 Li(2002)提出并应用于环太平洋国家农产品市场分析。

2. 国内对于市场整合的研究现状

国内学者在国外理论模型研究的基础上,对国内许多市场进行了整合研究。赵义奇(1996)、王雪标和王志强(2000)、严太华(2000)运用协整检验法、误差修正模型和 VAR 等方法对国内证券期货市场和其他宏观经济进行了研究。在农产品市场分析中,万广华等(1997)根据国内 35 个大中城市粳米自 1992 到 1995 年的月价格,用协整方法和误差修正模型中的“因果”关系检验方法,研究了中国北方省市间粳米市场整合情况,指出影响市场整合的重要因素包括价格信息的可获得性、信息质量、运输条件和距离、政府对粮食市场的干预政策以及私营粮食部门发育程度。喻闻和黄季焜(1998)结合相关系数法和协整方法对1988—1995年全国22省区大米旬市场平均价格做了长短周期,得出我国大米整合程度逐步上升,到1994—1995年间已经达到相当高的水平,并从粮食购销政策变化,储备政策变化,粮食市场体系结构变化进行了剖析。武拉平(2000)运用类似方法,用1987—1998年间的国内主要相关省区集市月度收购价格,对国内小麦、玉米、生猪进行了检验,发现这三个品种的市场不存在短期整合,但是长期是整合的。李路平(2001)用1988—1994年中国11个省会城市(主要为南方)资料,用单一价格方法和协整方法对大米市场进行了验证,也得到长期内国内市场整合的结论。朴之水等(2002)运用均衡价界线模型(Parity Bounds Model),对1988—1995年各省区大米、玉米的旬价格序列直接估计其交易成本,分阶段测算了套利率、交易成本和贸易中断情况,验证了1994—1995粮食交易成本的上升,但是整合程度没有降低,整合程度依然在提高的结论,同时从贸易自由化、机构改革、市场基础设施建设和生产专业化政策对模型结果给予剖析。桂琦寒等(2006),在比较了研究有关区域间市场整合的各种方法的基础上,运用Samuelson早期提出的"冰川"成本模型,以1985—2001年各地商品价格指数数据为基础,评价了中国相邻省份的商品市场整合程度及变化趋势,发现中国国内市场的整合程度总体上呈现上升趋势,这一发现有力地反驳了对于中国国内商品市场趋于分割的质疑。曹庆林和范爱军(2008)运用全国各地的猪肉市场的价格,来测算全国各地方保护程度的大小,发现中国各地区之间猪肉市场的价格差异与全国各地的距离、各地的收入水平之间的相关程度不是很大。利用各地区猪肉价格的时间序列作协整检验结果发现,多数省际间的猪肉价格不存在协整关系,在短期内,各地区之间的价格与中心市场(辽宁省)的价格还是存在一定的联系。

(三)研究方法与数据来源

本文主要运用 ADF 检验、Johansen 协整方法和 Granger 因果关系检验方法对我国食糖市场价格整合关系进行计量分析。

1. 协整理论发展以及 Johansen 协整方法简介

大部分时间序列数据都存在一定的趋向(trending)性,平均值和自协方差随时间变化而变化,因此存在着不平稳性(non-stationarity)。直接用这样的数据进行回归分析具有误导性,可能会使得原本不存在的变量之间的关系看上去存在。然而有些不平稳变量之间的变化在理论上可能是趋于一致的,通过一定方式的线性结合后的误差项则可能是平稳的,因此去掉了不平稳情况下直接回归所可能带来的误导。1987 年,Engle 和 Granger 提出了表达变量间协整关系的格兰杰定理(Granger Representation Theorem),通过两步回归的误差纠正模型(Error Correction Model)解决了这一问题。

然而,EG 两步法存在统计方面的问题。首先,单一回归方程假设因变量只受自变量的影响而不影响后者,而实际上有些自变量与因变量之间可能互相影响,比如市场价格之间;其次,做 EG 协整检验时,因变量(dependent variable)的选择有相当的随意性;最后,如果等式中包含了两个以上变量,则有可能存在多个协整关系,按一般误差修正模型估算出的结果是所有这些反映协整关系参数的线性结合,不能确定每一对变量之间的协整关系。

鉴于这些问题,Johansen(1988)和 Juselius(1990)给出了一种使用向量自回归模型进行检验的简便方法,通常称为 Johansen 检验或者叫做 JJ 检验。Johansen 协整方法以 VAR 模型的形式构建了一个联立方程系统,由每个变量做因变量,所有其他变量的时滞点(lagged values)做自变量。先用最大似然法(Maximum Likelihood)步骤检测协整关系空间,确定有几组协整关系存在,然后同步估算方程组的所有参数。Johansen 协整方法由于在统计学角度上的优越性,被广泛地运用于财富与消费、汇率与购买力平价以及短期与长期利率之间的关系的研究中。同时也被广泛地运用于市场整合理论的研究之中。

2. Granger 因果关系检验方法简介

计量经济模型中有内生变量和外生变量之分,但是它们之间的区别往往是细微的,研究中对内生变量和外生变量的界定就是讨论经济变量之间的因果关系。复杂的社会经济现象往往表现出偶然而又必然的特征,也就是说经济变量之间的本质联系,往往通过大量的千变万化的看似偶然的现象表现出来。而人们在经济研究中常常因为只是观察事物的某一部分现象而作出因果判断,因而难免会出错。因此本文对于不同食糖市场价格的因果关系或者是相互引导关系,运用 Granger 因果检验的方法进行检验。

Granger 因果检验方法用以确定市场信息在市场间的流动方向。利用两个地区市场间的"因果"(前后)关系,判断在这两个市场中,哪个在价格的变化上占主导地位。理论上如果两个市场整合,那么至少存在一个方向的"因果"关系。Granger 因果检验同样要求对原来时间价格序列做稳定性检验,要求两个市场同阶单整。Granger 因果检验只能说明价格变动的前后关系,并不能指明真正的前因后果本质关系。

3. 数据来源与处理方法

周章跃和万广华(1999)指出,对于任何研究,资料的重要性是不言而喻的。如果资料使用不当,无论研究方法如何精确也得不出可靠的结果。影响市场价格整合结果的主要因素包括:资料加总程度及资料搜集频率、资料同质性和资料的通胀处理。

为防止月度或季度数据在加总上对信息的中和,本文选取了 18 个城市糖价的日度时间序列,城市包括:湛江、柳州、南宁、甸尾、乌鲁木齐、晋江、广州、重庆、合肥、郑州、西安、廊坊、长春、武汉、成都、长沙、青岛和北京。时间自 2006 年 1 月 1 日到 2008 年 12 月 31 日,单个时间序列包含 684 个数据,数据均来自中国食糖网,保证了资料的同质性。

匹配日期由国内具有代表力的广西柳州糖价日期为基准,其余城市价格由 Excel 的 V-lookup 功能匹配,对于未能准确匹配的数据,本文采取临近3 日价格加权添加的做法(任何城市与广西柳州未匹配数据均不超过 4个)。由于我国自 2006 年以来面临较大的通货膨胀压力,尤其在 2007 年和 2008 年(全年通胀率达到 4.8% 和 5.9%),有必要对数据进行通胀处理,本文选用 2006—2008 年的月度居民消费价格指数进行通胀调整,数据来自国家统计局网站。

（四）模型检验结果

1. 单位根检验

协整检验要求这两个变量必须拥有同阶单位根,并且两变量的一个线性组合是稳定的。因此,要检验不同市场价格之间是否存在协整关系,首先要检验每个价格序列是否存在单位根,即对价格序列的稳定性进行检验。因此,本文首先需要对所研究市场的价格序列数据用 ADF 方法进行单位根检验。检验的原假设是序列存在单位根。考虑到水平序列存在比较明显的线性趋势,我们在做 ADF 检验时选择含有趋势项和常数项,而一阶差分后的序列在 0 附近波动,我们在做 ADF 检验时选择不包含趋势项和常数项。检验结果如下:

表 3-28　我国食糖市场价格序列的单位根检验结果　（单位:万吨）

结果 市场	水平的 ADF 检验结果			一阶差分后的 ADF 检验结果		
	ADF 检验值	P 值	滞后阶数	ADF 检验值	P 值	滞后阶数
湛江	-3.358	0.058	6	-10.195	0.000	5
柳州	-3.733	0.021	11	-6.808	0.000	10
南宁	-3.027	0.126	1	-22.367	0.000	0
甸尾	-3.205	0.084	1	-32.713	0.000	0
乌鲁木齐	-3.842	0.015	11	-7.001	0.000	18
晋江	-3.918	0.012	11	-7.465	0.000	13
广州	-3.933	0.011	5	-8.581	0.000	6
重庆	-3.606	0.030	4	-10.438	0.000	3
合肥	-2.595	0.283	3	-10.941	0.000	2
郑州	-3.594	0.031	11	-10.379	0.000	3
西安	-2.735	0.223	2	-20.674	0.000	1
廊坊	-2.860	0.177	2	-23.235	0.000	0
长春	-3.318	0.064	9	-8.107	0.000	8
武汉	-3.591	0.031	3	-11.049	0.000	3
成都	-3.337	0.061	2	-22.119	0.000	1

结果 市场	水平的 ADF 检验结果			一阶差分后的 ADF 检验结果		
	ADF 检验值	P 值	滞后阶数	ADF 检验值	P 值	滞后阶数
长沙	-3.244	0.077	1	-9.804	0.000	5
青岛	-3.596	0.031	7	-11.306	0.000	2
北京	-3.255	0.075	2	-15.132	0.000	1

注:对于水平序列的 ADF 检验,1%、5%和10%显著性水平对应的临界值为-3.972、-3.417 和-3.131;一阶差分序列的 ADF 检验,1%、5%和10%显著性水平对应的临界值为-2.568、-1.941和-1.616;ADF 检验中滞后项长度是根据最 Akaike 准则(AIC)决定的最佳滞后长度。

在水平序列 ADF 检验中(表3-28),在10%的显著性水平下,南宁、廊坊、西安、合肥无法拒绝原假设;在5%的显著性水平下,湛江、成都、长春、北京、长沙、甸尾无法拒绝原假设;在1%的显著性水平下,广州、晋江、乌鲁木齐、柳州、重庆、青岛、郑州、武汉无法拒绝原假设。一阶差分后序列的 ADF 检验中,所有城市均在1%显著性水平下可以拒绝原假设。由此可见,我们在1%的显著性水平下可以断定所有城市的糖价序列均为一阶单整的,满足协整分析的前提条件。

2. 协整检验

采用前文提到的 Johansen 模型,考虑到序列的特征,我们运用了包括截距和线性趋势的加限制估计模型,分别对国内18个食糖市场之间配对进行协整关系检验。检验的原假设是存在 r 个协整关系,备择假设是存在 $r+1$ 个协整关系。检验从存在 0 个协整关系开始,直到拒绝原假设。检验结果如下:

表3-29 我国食糖市场整合数量统计

结果 市场	1%显著性水平下整合 市场数量	5%显著性水平下整合 市场数量	10%显著性水平下整合 市场数量
湛江	17	17	17
柳州	17	17	17
南宁	15	17	17
甸尾	16	17	17

续表

结果 市场	1%显著性水平下整合 市场数量	5%显著性水平下整合 市场数量	10%显著性水平下整合 市场数量
乌鲁木齐	15	17	17
晋江	17	17	17
广州	16	17	17
重庆	16	17	17
合肥	6	12	16
郑州	16	17	17
西安	15	16	17
廊坊	16	16	17
长春	17	17	17
武汉	16	17	17
成都	17	17	17
长沙	16	16	17
青岛	16	16	16
北京	16	16	17

注:每个市场均与其他17个市场进行整合检验,显著性水平由 Johansen 检验拒绝 0 假设的伴随概率决定,且迹统计量与最大特征值统计量的伴随概率须全部低于显著性水平。

结果表明(表3-29),我国食糖市场的总体整合程度还是较好的,在10%显著性水平下,除了青岛与合肥市场不能通过协整检验外,其余配对市场均存在价格整合关系;在5%显著性水平下,合肥市场不能与西安、廊坊、长沙、北京四个市场形成稳定的协整关系;在1%显著性水平下,合肥市场还不能与南宁、甸尾、乌鲁木齐、广州、重庆、郑州六个市场形成协整关系,另外乌鲁木齐与南宁、西安也不能通过协整检验。综上所述,在本文选取的18个样本市场中,除了合肥、乌鲁木齐之外,其他市场间相互整合程度较好,说明我国食糖市场一体化程度较高,各地价格长期走势较为统一。

3. Granger 因果关系检验

如果两个市场是整合的,那么至少存在一个方向的"因果"关系。Granger 因果关系检验方法可以确定市场信息在市场间流动方向,本文通过部分地区市场价格间的"因果"关系,来验证实际调查结果。

我国食糖市场主要产区包括:湛江、南宁、柳州、甸尾、乌鲁木齐等,主要销区包括:晋江、广州、重庆、合肥、郑州、西安、长春等,产销两区也可以看做食糖市场的供给需求双方,通过对产销区代表性城市进行 Granger 因果关系,考察供给需求方的价格引导关系。销区剔除在协整检验中表现较差的合肥、西安,选取晋江、广州、重庆、郑州、长春。这样我们共选取 10 个样本城市。

表 3-30　我国食糖市场价格序列的 Granger 因果检验统计

市场	湛江	南宁	柳州	甸尾	新疆	晋江	广州	重庆	郑州	长春
湛江		是	是	是	是	是	是	是	是	是
南宁	否		否	是	否	否	否	否	是	是
柳州	是	是		是	是	是	是	是	是	是
甸尾	否	否	否		否	否	否	否	否	是
新疆	否	是	是	是		是	是	是	是	是
晋江	否	是	否	是	是		是	是	是	是
广州	否	是	否	是	是	是		否	是	是
重庆	否	是	否	是	是	是	是		是	是
郑州	是	是	否	是	是	是	是	是		是
长春	否	是	否	是	是	是	是	是	是	

注:"是"表示具有 Granger 意义上的原因,"否"表示不具有 Granger 意义上的原因,考虑到序列的整体特性,选取 1%的显著性水平。

通过计量分析(表 3-30),我们发现在产区 5 个城市中,湛江、柳州市场的价格引导作用极其显著,乌鲁木齐市场也表现出较好的价格引导效果,南宁与甸尾表现很差;在销区 5 个城市中,几乎所有城市配对均表现出显著地双向价格引导机制(除了重庆单项引导广州),由此可见销区的价格联系相对于产区更为紧密,价格影响表现出更强的互动性。在产区与销区的相互影响上,产区的湛江、柳州、乌鲁木齐 3 个市场均能引导销区所有市场价格,而销区没有任何市场能够引导产区全部市场的价格,这说明我国食糖市场价格主要是供给方引导需求方价格的变化。

(五)结　论

通过以上计量分析结果,我们主要得出如下结论:

第一,在1%的显著性水平下,选定的18个城市的糖价序列均为一阶单整的。

第二,我国食糖市场的总体整合程度还是较好的,在选取的18个样本市场中,除合肥、乌鲁木齐之外,其余市场间相互整合程度较好,说明我国食糖市场一体化程度较高,各地价格长期走势较为统一。

第三,我国销区食糖市场的价格联系相对于产区市场更为紧密,销区市场间的价格影响表现出更强的互动性;另外,我国食糖市场价格主要是供给方(产区)引导需求方(销区)价格的变化。

十一、入世以来中美食糖市场价格联动效应的实证研究

——基于 2002—2012 年中美食糖价格数据

(一)引 言

食糖是世界上重要的基础农产品,也是国际农产品贸易中保护程度最高和最敏感的商品之一。中国作为全球食糖主要的生产国、消费国和贸易国,尤其是食糖消费需求和食糖进口量的快速增加,近几年成为全球糖业界关注的焦点,成为影响世界食糖价格波动的重要因素。

加入 WTO 给我国食糖市场带来较大变化。入世前,我国食糖进口主要受国家计划影响,每年进口的数量、时间及方式由国家根据需要而定。入世后,我国对食糖进口实行关税配额制度,国际和国内市场之间通过进口环节联动起来,中国糖业不仅受本国供求状况的影响,还要面对国际食糖市场价格的冲击。由于各国对食糖市场实行保护,国际食糖市场和蔗糖贸易价格是扭曲的,各国为保持本国食糖平衡、价格稳定及供应安全,均以国际市场为储水池,供求的变动因素都受国际国内市场的双重影响(柯炳生,2003;朱鑫榕、王亚星,2011)。2008/2009、2009/2010 和 2010/2011 榨季,全球自然灾害频繁,印度、泰国、中国云南广西的干旱、巴西的多雨、澳大利亚的洪涝、各种飓风的登陆,致使全球主要产糖国产量和供需形势发生较大变动,由 2009/2010 榨季供求出现缺口向 2011/2012 榨季出现过剩转变,同期国内市场则呈供不应求态势,2011/2012 榨季以来面临国际和国内食糖供求背离的错综复杂局面,我国食糖市场面临日益严峻的挑战。

从国内学者对入世后我国食糖市场的研究状况看,学者普遍认为入世加强了国内和国际食糖市场的联系,但由于我国食糖价格不具有国际糖业竞争优势,因此入世后随着进口糖关税率降低和关税配额额度的加大,优质低价的进口糖将更容易进入我国,进口糖将影响我国食糖价格(焦念民,2001;梁戈夫,2002;王丹姝,2002;谢玉平,2002;易红玲,2003;黄季焜,2004)。除此之外,焦念民(2001)还认为国内糖价将在某种程度上与国际市场同步波动,入世前国际糖价变化趋缓,国内糖价波动加大的状况将在入世后趋于一致,国内价格水平上限受制于国际市场;王丹姝(2002)认为与甘蔗糖相比,甜菜糖的原料成本和加工成本较高,因此入世对我国甜菜制糖行业的影响将更大。

此外,部分学者认为,中国食糖生产具有比较优势,若消除国内外政策方面的扭曲,中国糖业具有一定的竞争力,因此入世对中国食糖市场的冲击有限(程国强,2000;连学智,2000;柯炳生,2003;赵玉田,2004)。此外,赵玉田(2004)还认为入世后会为中国食糖走向际市场提供机会。

在实证研究方面,覃泽林(2004)运用线性回归模型分析了国际糖价对国内糖价的影响,结果发现随着国内食糖市场的放开,贸易自由度的加大,国内食糖市场受国际市场价格的影响加大(国际食糖价格对国内的价格弹性增大)。司伟(2004)研究发现国际食糖市场价格变化领先于中国食糖市场价格的变化。但从短期来看,国际食糖市场价格的变化不会立刻引起中国国内食糖市场价格的变化。马光霞(2008)对1991年以来中国糖价波动的规律进行探讨与分析,发现我国食糖产量的波动以及国际市场供求的变化是造成我国糖价波动的主要原因,而糖料生产的波动是食糖市场波动的根本原因,国内市场波动幅度大于国际市场。梁春峰(2008)对2007—2008年国内外食糖价格运用 Granger 因果检验进行分析,得出结论:国内外糖价走势并不具备显著的因果关系,主要是因为我国食糖对外依存度很低。

上述实证分析弥补了定性分析的不足,对于客观认识入世后中国与国际糖价之间(以美国原糖价格最具代表性)的关系提供了借鉴。但由于数据选取时间长度普遍偏短,样本容量偏低,估计结果的收敛性和结论的普遍性有待增强。为此,本文以 2002—2012 年的日数据为研究对象,首先从整体上分析了入世以来国内外食糖市场的价格联动关系,其次,将 10 年数据划分为不同时段进行分段检验,考察国内外食糖价格联动的动态变化关系,为学界客观认识、准确评价中国食糖与国际食糖价格之间的联动关系变化提供参考。

(二)入世以来中美食糖市场价格走势状况

本文中国食糖价格选取 2002 年 1 月到 2012 年 5 月的广西柳州白糖日价格,数据来自广西糖网;国际食糖价格选取同期在国际上较有影响力的纽约原糖日收盘价格,数据来自文华财经。考虑到节假日、停盘等原因,数据匹配时将不匹配的时间点做删除处理后共形成 2407 对数据组。

2002 年 1 月至 2012 年 5 月国内食糖与国际食糖价格的走势表明:第一,两者波动周期与规律基本保持一致,当国际糖价上涨(下跌)时,国内糖价同涨(同跌),呈现明显的价格联动现象;第二,从价格波动幅度来看,国内市场价格波动幅度略大于国际市场,波动频次多于国际市场;第三,不同时段,中美食糖价格走势相关程度有一定差异,尤其是 2009—2012 年(见图3-9)。

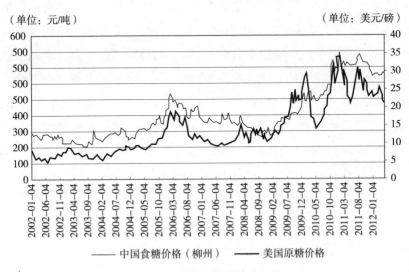

图 3-9 中美食糖价格走势图

资料来源:美国原糖价格来自文华财经;柳州食糖价格来自广西糖网。

(三)入世后中美食糖价格联动关系 及其动态变动的实证分析

1. 研究思路

考察中美食糖市场联系的一个重要视角表现为中美食糖价格之间的影响与相互作用关系上,本文主要关注如下问题:中美食糖价格是否存在长期稳定关系?中美食糖价格之间是否存在因果关系?若存在因果关系,两国价格如何相互影响的,这种因果关系的实现机制是什么?为此,本文运用协整检验、Granger 因果分析、信息共享模型、方差分解法等方法从多方面多角度考察了中美食糖价格之间的联动关系和传递效果。鉴于不同时段中美食糖价格联动关系的紧密度不同,在整体分析的基础上,本文还将 2002—2012 年间的食糖价格数据划分为 2002—2005 年、2006—2008 年、2009—2012 年三个时段,分别运用上述方法进行实证检验,以考察不同时段中美食糖价格的联动关系和影响程度。

2. 入世以来中美食糖价格联动效应及其变动的实证结果

(1)单位根检验。

首先运用 ADF 模型对价格序列的平稳性进行检验。检验结果表明(见表3-31):中美食糖价格原序列在10%的显著性水平下,均不能拒绝原假

表 3-31　中美食糖价格序列的单位根检验结果

水平的 ADF 检验			不同显著性水平的临界值		
项目	ADF 检验值	P 值	1%的临界值	5%的临界值	10%的临界值
LZ	−1.670	0.764	−3.962	−3.412	−3.128
NY	−2.817	0.191	−3.962	−3.412	−3.128
一阶差分后的 ADF 检验结果			不同显著性水平的临界值		
项目	ADF 检验值	P 值	1%的临界值	5%的临界值	10%的临界值
DLZ	−27.996	0.000	−2.566	−1.941	−1.617
DNY	−51.879	0.000	−2.566	−1.941	−1.617

注:LZ 表示对柳州食糖价格序列,NY 表示对纽约原糖价格序列;DLZ 表示对 LZ 序列取一阶差分,
　　DNY 表示 NY 序列取一阶差分。

设,即两者均是不平稳的。一阶差分后,在1%的显著性水平下两者均可以拒绝原假设,中美食糖价格序列均是一阶单整的。

(2)Johansen 协整检验。

在单位根检验的基础上,对同为一阶单整的中美食糖序列进行协整检验,探索两者之间的长期均衡关系,协整检验结果表明(见表 3-32):2002—2012 年中美食糖价格之间存在 1%显著性水平的协整关系,即长期来入世以来看中美食糖价格存在均衡关系。但从分段回归结果看,2002—2005 时段中美食糖价格仅存在 5%显著性水平的协整关系,而 2006—2008 时段中美食糖价格并不具有协整关系,到了 2009—2012 时段中美食糖价格才重新恢复 1%水平下的显著协整关系。分析其动态变动原因,2007/2008 榨季我国食糖产量大幅增长造成国内市场供给过剩,进口量大幅减少,从而减弱了该时间段国内外食糖价格之间的联动性。

表 3-32　中美食糖价格序列的协整检验结果

项目 时间	滞后 阶数	协整关 系个数	特征值	迹统 计量	5%的 临界值	P 值	最大特征 值统计量	5%的 临界值	P 值
2002— 2012 年	2	r=0	0.008	20.118	15.495	0.009	19.570	14.265	0.007
		r<=1	0.000	0.548	3.841	0.459	0.548	3.841	0.459
2002— 2005 年	2	r=0	0.017	20.498	20.262	0.046	15.895	15.892	0.050
		r<=1	0.005	4.689	9.165	0.319	4.689	9.165	0.319
2006— 2008 年	1	r=0	0.006	5.062	15.495	0.802	4.514	14.265	0.805
		r<=1	0.001	0.548	3.841	0.459	0.548	3.841	0.459
2009— 2012 年	2	r=0	0.026	25.350	20.262	0.009	20.613	15.892	0.008
		r<=1	0.006	4.737	9.165	0.314	4.737	9.165	0.314

注:最优滞后阶数根据 SC 原则确定。

(3)Granger 因果检验。

协整检验仅仅考察了变量之间是否存在长期均衡关系,但是中美食糖价格之间是否构成因果关系还需进一步验证。格兰杰因果检验结果表明(见表 3-33):2002—2012 时段,美国原糖价格是中国食糖价格的 Granger 原因,而中国食糖价格不是美国食糖价格的 Granger 原因,因此入世以来总体上表现为美国食糖价格对中国食糖价格具有引导关系。但从分段结果来看,2002—2005时段中国食糖价格是美国原糖价格的Granger原因,但美国原糖价格不是中国食糖价格的Granger原因;2006—2008时段,中美食糖价格均不是对方的Granger原因;2009—2012时间段,美国原糖价格是中国食糖价格的Granger原因,而中国食糖价格不是美国原糖价格的Granger原因。该结果表明中美食糖价格的引导关系经历着显著的动态变化,表现为"入世初期中国引导美国价格"到"近期美国引导中国价格"的转变。

表3-33　中美食糖价格序列的格兰杰因果检验结果

时间段	原假设	滞后阶数	观测数	F统计量	伴随概率	结果
2002—20012	LZ不是NY的Granger原因	2	2405	0.385	0.681	无法拒绝
	NY不是LZ的Granger原因			43.663	0.000	拒绝
2002—2005	LZ不是NY的Granger原因	2	921	4.086	0.017	拒绝
	NY不是LZ的Granger原因			2.195	0.112	无法拒绝
2006—2008	LZ不是NY的Granger原因	1	705	1.026	0.311	无法拒绝
	NY不是LZ的Granger原因			0.014	0.905	无法拒绝
2009—2012	LZ不是NY的Granger原因	2	775	0.016	0.984	无法拒绝
	NY不是LZ的Granger原因			16.329	0.000	拒绝

注:最优滞后阶数根据SC原则确定。

(4)VAR(VECM)模型实证结果。

在协整检验和因果检验的基础上,为了进一步考察中美食糖价格相互间的影响,建立VAR(VECM)模型,实证结果表明(见表3-24):2002—2012时段,中美食糖价格的短期波动均会显著地受到长期均衡关系的影响,其对中国食糖价格形成一种负向调节机制,对美国原糖价格形成一种正向调节机制。从滞后期价格的影响来看,美国食糖价格仅受自身市场的影响,而中国食糖价格除了受自身的影响外,还受到美国食糖价格的影响。

从三个时段的分段比较来看,协整方程影响表现为从"显著引导美国"到"显著影响中国"的转变,这说明市场的主导价格也经历着从美国到中国的变更。从滞后期价格的影响来看,两国食糖价格均受到自身影响,而中国食糖价格始终不存在对美国食糖价格的显著影响,美国食糖价格在 2009—2012 年首次表现为对中国食糖价格的影响。

表 3-34 中美食糖价格序列的 VAR 模型的实证结果

变量	2002—2012		2002—2005		2006—2008		2009—2012	
	DLZ	DNY	DLZ	DNY	DLZ	DNY	DLZ	DNY
ECM (−1)	−0.006 (−4.174)	1.7E-5 (1.402)	0.002 (−0.668)	4.8E-5 (−3.541)/	/	−0.009 (−3.361)	1.5E-5 (0.617)	
DLZ (−1)	0.105 (5.200)	−1.1E-5 (−0.065)	0.345 (−10.413)	−1.90E-5 (−0.114)	−0.998 (272.453)	0.000 (1.013)	0.100 (2.887)	3.E-5 (0.090)
DLZ (−2)	−0.138 (−6.950)	−9.9E-5 (−0.604)	−0.096 (−2.903)	−0.0002 (−1.336)	/	/	−0.240 (−7.003)	−0.0003 (−0.992)
DNY (−1)	19.703 (7.983)	−0.053 (−2.593)	6.344 (−0.986)	−0.019 (−0.561)	0.107 (0.119)	0.988 (172.812)	18.197 (4.907)	−0.067 (−1.830)
DNY (−2)	0.106 (0.042)	−0.006 (0.306)	−6.981 (−1.085)	−0.041 (−1.230)	/	/	1.837 (0.489)	0.006 (0.161)
C	1.490 (1.442)	0.006 (0.678)	1.231 (−1.272)	0.008 (−1.671)	5.284 (0.429)	0.054 (0.699)	5.309 (2.198)	0.014 (0.570)

注:最优滞后阶数根据 SC 原则确定。

(5)方差分解的分析结果。

在建立 VAR(VECM)模型的基础上,对中美两国食糖价格波动进行方差分解,结果表明(见表 3-35):中国食糖价格的总方差来自自身部分呈现不断下降趋势,并在 72 期首次低于 50%,长期来看维持在 16.77%左右,而来自美国原糖价格的部分呈现上涨趋势,长期维持在 82.56%左右;美国原糖价格的总方差来自自身部分呈现不断下降趋势,长期维持在 91.62%左右,而来自中国食糖价格的部分维持在 8.38%左右。由此可见,中美食糖价格的波动对对方均表现出一定程度的影响,中国食糖价格波动在短期内主要受自身价格波动影响较大,而长期内受美国原糖价格影响较大；美国原糖价格波动无论在短期内还是长期均主要受自身的影响。这说明美国原糖价格对中国食糖价格的影响明显大于中国食糖价格对美国原糖价格的影响，美国原糖价格在价格发现功能中占主导地位。

从分段比较结果来看，2002—2005 和 2006—2008 时段，中美食糖价格的波动对对方均表现出一定程度的影响，中美食糖价格波动无论在短期还是在长期内均主要受自身价格波动影响，美国原糖价格波动对中国食糖价格波动的影响程度（1.53%）略高于中国食糖价格波动对美国原糖价格的影响程度（1.22%）。2009—2012 年，中美食糖价格的波动对对方均表现出一定程度的影响，中国食糖价格波动在短期内主要受自身价格波动影响较大，而长期内受美国原糖价格影响较大；美国原糖价格波动无论在短期内还是长期均主要受自身的影响。

表 3－35　中美食糖价格序列的方差分解模型的实证结果

Period		1	2	3	5	10	20	50	100	200	500	1000
2002—2005	柳州 DLZ	100.00	99.96	99.98	99.99	99.99	99.99	99.97	99.92	99.76	99.20	98.47
	柳州 DNY	0.00	0.04	0.02	0.01	0.01	0.01	0.03	0.08	0.24	0.80	1.53
	纽约 DLZ	0.74	0.79	0.64	0.54	0.85	2.48	13.13	39.90	77.31	97.68	98.78
	纽约 DNY	99.26	99.21	99.36	99.46	99.15	97.52	86.87	60.10	22.69	2.32	1.22
2006—2008	柳州 DLZ	100.00	100.00	100.00	100.00	100.00	100.00	99.97	99.93	99.85	99.76	99.73
	柳州 DNY	0.00	0.00	0.00	0.00	0.00	0.00	0.03	0.07	0.15	0.24	0.27
	纽约 DLZ	0.37	0.39	0.42	0.47	0.61	0.96	2.50	6.28	14.79	27.89	31.90
	纽约 DNY	99.63	99.61	99.58	99.53	99.39	99.04	97.50	93.72	85.21	72.11	68.10
2012	柳州 DLZ	100.00	98.23	96.75	95.68	93.23	87.73	68.59	43.14	21.17	8.47	5.32
	柳州 DNY	0.00	1.77	3.25	4.32	6.77	12.27	31.41	56.86	78.83	91.53	94.68
	纽约 DLZ	0.02	0.02	0.07	0.11	0.10	0.07	0.04	0.17	0.63	1.59	2.13
	纽约 DNY	99.98	99.98	99.93	99.89	99.90	99.93	99.96	99.83	99.37	98.41	97.87
2002—2012	柳州 DLZ	100.00	98.62	97.84	97.23	96.01	93.48	84.09	67.46	44.63	23.46	16.77
	柳州 DNY	0.00	1.38	2.16	2.77	3.99	6.52	15.91	32.54	55.37	76.54	83.23
	纽约 DLZ	0.03	0.03	0.02	0.02	0.03	0.07	0.33	1.02	2.70	6.22	8.38
	纽约 DNY	99.97	99.97	99.98	99.98	99.97	99.93	99.67	98.98	97.30	93.78	91.62

(四)主要结论及原因分析

本文以 2002—2012 年中美食糖价格序列的 2407 对数据为研究对象,运用协整分析、Granger 因果检验、VAR 模型和方差分解等计量方法,实证检验了入世以来中美食糖价格联动关系的总体状况,进而比较分析了 2002—2005、2006—2008 和 2009—2012 三个时段联动效应的动态变化状况。结果表明:

就中美食糖价格入世以来的整体关系而言。第一,协整检验结果表明,中美食糖价格之间具有显著的长期稳定关系;第二,Granger 因果检验显示,美国原糖价格单向引导中国食糖价格;第三,VAR 模型得出,美国原糖价格的变动领先于中国食糖价格的变动,短期内纽约原糖价格变动对中国食糖价格的变动影响显著,且当中美两国糖价偏离均衡状态时,误差修正项对我国糖价变动具有负向调整作用,而对美国糖价变动的调整作用不显著;第四,方差分解结果表明,美国原糖价格的变动对于中国食糖价格变动的贡献率较高,但仍具明显的独立性,中国食糖价格对美国原糖价格初步发挥了一定的影响力。

就中美食糖价格入世以来的分段情况而言。第一,协整检验分段结果表明,仅在 2006—2008 时段中美食糖价格之间不存在显著协整关系,但 2009—2012 时段中美食糖价格达到最为显著的均衡水平。第二,Granger 因果检验的分段结果表明,中美食糖价格之间的 Granger 因果关系由 2002—2005 年的"中国食糖价格单向引导美国原糖价格"转变为 2006—2008 年"两者不存在价格引导关系",2009—2012 年进一步转变为"美国原糖价格单向引导中国食糖价格"。第三,VAR 模型分段结果显示,2002—2006 时段,在 1% 显著性水平下,美国原糖价格短期变动对中国食糖价格的变动影响显著,这种影响的显著性水平和影响程度(系数估计值)均高于 2002—2008 整个时间段。误差修正项的系数在 5% 水平上能通过异于零的显著性检验,表明中美两国白糖市场之间的长期均衡关系对我国食糖价格短期变动影响显著,且这种影响是一种背离现货价格原有的趋势而走向它们之间长期均衡关系的一种影响。

综上所述,入世后中美食糖价格的联动关系的状况及动态变化,与司伟(2005)与梁春峰(2008)的结论并不完全一致。在不同时段内,中美食糖价格的联系和作用方向表现出极大的差异。2006—2008时段,国内外食糖价格趋势之所以出现较大的差异甚至是背离,主要与中国国内食糖供需平衡状况、食糖贸易量以及国内食糖业政策等因素密切相关。第一,2007—2008年我国食糖市场供过于求,从而导致食糖价格下降;第二,2007年以来,我国糖业上年度结余逐渐变大,进一步造成了国内食糖价格的持续低迷;第三,2007年以来,尽管我国进口配额较大(195.4万吨),但实际进口量只达到119吨(2007)和78吨(2008),进口量的锐减也使得国际价格对我国食糖价格影响隔离。可见,入世以来,尽管我国与国际市场的联系加强,但国内食糖市场还是一个供需基本平衡、丰年有余、灾年略有不足的市场,只有在个别年份或特定时期,国内食糖市场出现供需缺口时,贸易商才通过进口以弥补国内市场的不足。多数时候,特别是供需过剩格局下,国内糖价主要还是受国内市场供需状况影响,而国外糖价的剧烈波动,只会在短期影响郑州白糖期货市场的投资者心理,很难改变现货市场的基本格局。

十二、中美白糖期货市场价格
发现功能的比较研究

——基于 2006—2008 年的时间序列数据

(一)引 言

中国是世界上重要食糖生产和消费国之一。2007/2008 榨季,我国食糖产量占全球的 8.87%,消费量占全球的 5.58%(USDA,2008)。食糖已成为我国一项非常重要的大宗商品。自从 1992 年我国食糖流通体制改革以来,由于食糖相对其他农产品市场化程度较高,国家对其价格的干预程度较低,市场机制在价格形成过程中起主导作用,因此,食糖价格在各种因素的影响下呈现频繁的周期性波动,糖料生产进入"蛛网陷阱",使整个中国糖业产业链面临巨大的市场风险。为了满足现货企业风险管理的需求,促进我国糖业稳定健康发展,2006 年 1 月 6 日郑州商品交易所上市白糖期货。上市三年以来,市场参与者日益广泛,交易量和持仓量稳步增长。2006 年,白糖期货年成交量仅 5868 万手,成交额仅 2.35 万亿元;而 2008 年,白糖期货年成交量达 33092.95 万手,累计成交额达 11.87 万亿元,分别占当年全国期货市场成交总量和成交总额的 24.26% 和 16.51%。从各品种在期货市场成交额中所占比例来看,白糖期货一跃成为我国期货交易规模第一的期货品种。不仅如此,2008 年,郑州白糖期货合约还成为全球交易量排名第一的商品期货合约。

由于我国白糖期货推出之后价格波动频繁、交易非常活跃,一度在国内引起了较大的争议:白糖期货市场的价格发现功能发挥了多少? 它到底是不是一个纯粹投机市场? 因此,通过实证方法研究中国白糖期货市场的价格发现功能,探讨白糖期货价格是否发挥了对现货价格的引导作用,特别是通过对比发达国家白糖期货市场价格发现功能发挥情况寻找差距,对于促进我国白糖期货市场乃至整个食糖产业的稳定发展具有重要的现实意义。

1. 国外对于期货市场价格发现功能的探讨

在理论研究上,国外学者对于期货市场的价格发现功能主要提出了以下观点:Working(1942)认为商品期货可作为价格预期的报价,期货价格代表了一切可能价格的市场表达,这一观点得到经济学家普遍认同。Working(1962)在总结可信赖先行价格学说中指出期货价格是基于当前和可能的供求条件下可利用信息的高度可靠的估计,其价格的改变主要是对市场供求状况的反应。Fama(1970)提出的市场有效理论,他认为如果市场是完全有效的,那么在任何时点上期货价格都应该充分地反映所有可以获得的市场信息。Hanson 和 Hodrick(1980)则将期货的价格发现功能表述为期货价格是最后交易日现货价格的无偏估计,这也为对期货价格发现功能的实证检验提供了基础。Lester G.Telser(1981)认为有组织的期货市场在预测功能上更加有效。一个有组织的期货市场有助于陌生人之间的交易,该观点强调一个有组织的期货市场给合法商人提供了一种套期保值的方法,以便他们可以抵御价格风险。Pamela P.Brannen 和 Edwin F.Ulveling(1984)比较了在没有期货市场环境中当前现货价格对于未来现货价格的预测程度以及建立期货交易后价格系统的预测效力,结果显示了在无期货市场环境下未来现货价格预测的不可操作与期货市场后续发展的正向关联。

在期货价格发现功能研究的计量方法使用上,Hartzmark(1987)、Joseph(2001)等分别运用不同的协整方法,对美国的棉花、小麦、玉米、大豆期货市场等进行了实证检验,证明了期货市场发现价格功能的确存在(Robert,1999)。而 Fortenbery 和 Zapata(1997)进一步运用 Johansen 协整和 ECM 模型,研究发现不同现货报价由于受到地域因素的影响,期货价格在对当地现货价格的发现上受到限制,而长期存在均衡关系的市场上,单个作物年度内可能因为短期因素的影响协整关系存在偏差。Qinfeng 和 Wilson Liu(2005)运用 Perron 单位根检验和多变量自回归模型检验了生猪、玉米和大豆三个品种间的期货产品利润和美国农业部公布的现货利润间的协整关系,扩展了价格发现的范围。

2. 我国白糖期货与现货市场方面的研究

司伟(2005)研究发现,中国各个食糖市场之间、国际食糖现货市场和国内不同区域的食糖市场之间均存在长期协整关系,国际食糖市场价格变化领先于中国食糖市场价格的变化。从短期来看,国际食糖市场价格的变化不会立刻引起中国国内食糖市场价格的变化。赵春芬(2007)从中国白糖期货价格和现货价格之间的关系入手,利用相关性分析、协整检验、Granger 因果关系检验计量方法初步实证检验白糖期价和现货价格之间的关系状况。李晔(2007)主要对郑州白糖市场的期货价格、现货价格以及NYBOT 市场的期货价格进行了检验,研究发现期货价格能够引导现货价格,已初步发挥了价格发现的功能。严莉娟、武大雪(2008)从价格有效性入手,实证检验白糖期货价格和现货价格之间的关系,并认为我国白糖期货市场已经具有弱式有效性。杨照东、魏振祥(2008)对郑州白糖期货和纽约白糖期货、郑州白糖期货和南宁白糖现货价格相关性和相互引导关系进行了分析。梁权熙(2008)借助 ADF 检验、协整检验、Granger 因果检验和基差分析等方法,从价格发现和风险转移功能的发挥两方面实证分析郑州白糖期货市场对广西糖业产业的促进和保障作用,提出通过期货市场促进广西糖业的发展的结论。

由于我国白糖期货上市时间不长,通过实证方法深入研究白糖期货的文章还不多,且研究者们所用方法大多比较单一,一些新的实证方法如脉冲响应函数、信息共享模型还未见使用。因此,本文综合国内外研究期货价格发现功能的主要计量方法,对白糖期货市场进行了较为全面的实证分析;另外,由于我国白糖期货上市时间短,价格发现功能发挥有所局限,本文对发展较为成熟的美国白糖期货市场也能进行了检验,并将两者进行横向对比,以衡量我国白糖期货市场价格发现功能现阶段存在的差距。

(二)研究方法和数据处理说明

1. 本文主要研究方法简介

本文主要运用了以下计量方法,包括:ADF 检验、协整分析、Granger 因果分析、误差修正模型(ECM)、信息共享模型、方差分解法、脉冲响应函数(IRF)。

协整分析反映期货价格和现货价格之间的长期稳定关系;误差修正模型反映了期现货价格短期变动关系,以及短期变动调整至长期均衡的过程;Granger 因果分析反映了期货价格和现货价格两者内在关系上,哪个是 Granger 意义上的原因和结果;信息共享模型衡量当系统偏离均衡状态时,期货价格和现货价格的调整速度和方向,从而判断出期货市场和现货市场在价格发现功能中所处的地位。方差分解法分析每一个结构冲击对内生变量变化(通过常用方差来度量)的贡献度。为进一步刻画期货价格变动与现货价格变动之间的相互影响,我们应用脉冲响应函数进行研究。脉冲响应函数的主要思想是分析信息共享模型中残差项的一个标准差对期货价格和现货价格变动的冲击作用。

2. 本文数据来源

本文国内数据期货价格选取的是郑州商品交易所(ZCE)白糖期货连续合约日收盘价格,现货价格选取得是比较有影响力的柳州白糖交易市场(LZ)每日收盘价格,时间跨度为 2006 年 1 月 1 日至 2008 年 12 月 31 日,共 638 组期现价格数据,数据来自郑州商品交易所网站。美国数据期货价格选取纽约商品交易所(NYBOT)白糖期货连续合约日收盘价格,现货价格选取比较有影响力的 CSCE 原糖价格,时间跨度也是从 2006 年 1 月 1 日到 2008 年 12 月 31 日,共 639 组期现价格数据,数据来自郑州商品交易所网站和中国糖业交易网。两组数据均做取对数处理。

(三)实证检验结果

1. 单位根检验

如果两变量均为非稳定变量,则可能存在协整关系,协整检验要求这两个变量必须拥有同阶单位根,并且两变量的一个线性组合是平稳的。因此,要检验期现货价格之间是否存在协整关系,首先要检验每个价格序列是否存在单位根,即对价格序列的平稳性进行检验。因此,首先需要对所研究市场的价格序列数据用 ADF 法进行单位根检验。检验的原假设是序列存在单位根。检验结果如下(表 3 - 36):

表 3-36　中美白糖期现货价格序列的单位根检验结果

水平的 ADF 检验			一阶差分后的 ADF 检验结果			不同显著性水平的临界值		
项目	ADF 检验值	P 值	项目	ADF 检验值	P 值	1%的临界值	5%的临界值	10%的临界值
LNZCE	-1.162	0.693	△LNZSE	-6.984	0.000	-3.441	-2.866	-2.569
LNLZ	-1.995	0.289	△LNLZ	-25.003	0.000	-3.440	-2.866	-2.569
LNNYBOT	-1.634	0.464	△LNNYBOT	-23.543	0.000	-3.440	-2.866	-2.569
LNCSCE	-1.610	0.477	△LNCSCE	-25.516	0.000	-3.440	-2.866	-2.569

注:LNZCE 表示对郑州商品交易所白糖期货价格取对数后的序列;LNLZ 表示对柳州白糖价格取对数后的序列;LNNYBOT 表示对纽约商品交易所白糖期货价格取对数后的序列;LNCSCE 表示对CSCE 白糖价格取对数后的序列;后文如再次出现均表示相同含义。

考虑到序列的趋势特征,水平序列采用含趋势项和常数项的检验方法,差分序列采用不含趋势项和常数项的检验方法。从水平的 ADF 检验结果可以看出,在 10%的显著性水平下,中美两地期货价格和现货价格序列均不能拒绝原假设,其是不平稳的。但在一阶差分后,在 1%的显著性水平下均可以拒绝原假设,即不存在单位根。由此可见,中美两国期货价格和现货价格序列均是一阶单整的,满足协整分析的前提条件。

2. 协整检验

(1)EG 两步法检验结果。

采用 Engle 和 Granger(1987)发展的 EG 两步法,首先将中美两地现货价格分别对相应的期货价格做线性回归;然后对残差进行单位根检验,如果残差是平稳序列则说明存在协整关系。检验结果如下:

表 3-37　中美期现货价格序列的协整检验结果

项目\国家	协整分析	残差的 ADF 检验值	P 值	ADF 检验临界值	
中国	LNLZ = 0.903 * LNZCE+0.795 　(30.235)　　　　　(3.220) R^2 = 0.589 F = 914.139	-3.328	0.063	1%	-3.973
				5%	-3.417
				10%	-3.131

续表

项目 国家	协整分析	残差的 ADF 检验值	P 值	ADF 检验 临界值	
美国	LNCSCE = 0. 795 ∗ LNNYBOT+0. 629 （94. 333） （29. 940） $R^2 = 0.933$ F = 8898. 895	-2. 423	0. 015	1%	-2. 569
				5%	-1. 941
				10%	-1. 616

通过回归方程残差序列的估计以及残差 ADF 检验结果表明（表 3 - 37），在 10%的显著性水平下可以拒绝我国期现货市场之间不存在协整关系的假设，这说明 ZCE 白糖期货价格序列和柳州现货价格序列之间存在着长期均衡关系，在 5%的显著性水平下可以拒绝美国期现货市场之间不存在协整关系的假设，这说明纽约 NYBOT 期货价格序列和 CSCE 现货价格序列之间存在着长期均衡关系。尽管两组数据说明中美两国白糖期现货价格均存在长期稳定关系，但美国市场的显著性水平更高，说明美国白糖市场期现货价格的长期联系更为紧密。

（2）Johansen 协整检验结果。

采用 Johansen 协整模型可以进行协整关系检验，该方法通过计算迹统计量和最大特征值统计量，并与临界值进行比较从而由少至多地逐步检验序列存在的协整关系个数。检验结果如下（表 3 - 38 和表 3 - 39）：

表 3 - 38　中美期现货价格序列的协整检验结果（迹统计量）

检验市场	滞后阶数	原假设下协整 关系个数	特征值	迹统计量	5%临界值	P 值
中国市场	3	r = 0	0. 031	26. 053	25. 872	0. 048
		r <= 1	0. 009	6. 026	12. 518	0. 457
美国市场	2	r = 0	0. 038	27. 445	18. 398	0. 002
		r <= 1	0. 004	2. 602	3. 841	0. 107

表 3-39 中美期现货价格序列的协整检验结果(最大特征值统计量)

检验市场	滞后阶数	原假设下协整关系个数	特征值	最大特征值统计量	5%临界值	p 值
中国市场	3	r=0	0.031	20.028	19.387	0.040
		r<=1	0.009	6.026	12.518	0.457
美国市场	2	r=0	0.038	24.843	17.148	0.003
		r<=1	0.004	2.602	3.841	0.107

滞后阶数由 SC 原则确定。通过对迹统计量和最大特征值统计量临界值的计算,在 5%的显著性水平下可以拒绝我国期现货市场之间不存在协整关系的假设,而接受(不拒绝)存在一个协整关系的假设,说明 ZCE 白糖期货价格序列和柳州现货价格序列之间存在着长期均衡关系;同样的,在 1%的显著性水平下也可以拒绝美国期现货市场之间不存在协整关系的假设,接受(不拒绝)存在一个协整关系的假设,说明纽约 NYBOT 期货价格序列和 CSCE 现货价格序列之间也存在着长期均衡关系。美国市场的显著性水平明显更高,这与 EG 两步法检验基本结果一致。

3. 误差修正模型

协整模型主要用来考察几个变量间的长期均衡关系,而误差修正模型可用来说明变量间的短期变动关系,以及短期变动调整至长期均衡的过程。在协整检验的基础上,我们建立误差修正模型来分析两国白糖期货价格与现货价格的短期变动关系。结果如下(表 3-40 和表 3-41):

(1)中国白糖期现货市场价格误差修正模型。

$$DLNLZ = -0.017 * ECM(-1) + 0.200 * DLNZCE + 0.133 * DLNZCE(-1) + 0.159 * DLNZCE(-2) - 0.245 * DLNLZ(-1) - 0.283 * DLNLZ(-2) - 0.001$$

表 3-40 中国期现货价格序列误差修正模型检验结果

变量	系数	标准差	T 统计量	P 值
ECM(-1)	-0.017	0.011	-1.590	0.012

变量	系数	标准差	T统计量	P值
DLNZCE	0.200	0.054	3.702	0.000
DLNZCE(-1)	0.133	0.054	2.441	0.015
DLNZCE(-2)	0.159	0.055	2.918	0.004
DLNLZ(-1)	-0.245	0.039	-6.336	0.000
DLNLZ(-2)	-0.283	0.038	-7.411	0.000
C	-0.001	0.001	-0.863	0.389

注:ECM(-1)表示误差修正项滞后一期,DLNZCE表示对LNZCE序列取一阶差分,同理于DLNLZ;DLNZCE(-1)表示对DLNZCE序列取滞后一期,同理于DLNLZ(-1)、DLNZCE(-2)、DLNLZ(-2)。

（2）美国白糖期现货市场价格误差修正模型。

DLNCSCE = -0.025 * ECM(-1) + 0.636 * DLNNYBOT + 0.315 * DLN-NYBOT(-1) + 0.098 * DLNNYBOT(-2) - 0.283 * DLNCSCE(-1) - 0.114 * DLNCSCE(-2) + 0.001

表3-41 美国期现货价格序列误差修正模型检验结果

变量	系数	标准差	T统计量	P值
ECM(-1)	-0.025	0.013	-2.032	0.043
DLNNYBOT	0.636	0.022	28.585	0.000
DLNNYBOT(-1)	0.315	0.034	9.319	0.000
DLNNYBOT(-2)	0.098	0.035	2.766	0.006
DLNCSCE(-1)	-0.283	0.041	-6.978	0.000
DLNCSCE(-2)	-0.114	0.039	-2.909	0.004
C	0.000	0.001	0.334	0.739

注:DLNNYBOT表示对LNNYBOT序列取一阶差分,同理于DLNCSCE;DLNNYBOT(-1)表示对DLNNYBOT序列取滞后一期,同理于DLNCSCE(-1)、DLNNYBOT(-2)、DLNCSCE(-2)。

从上面的结果看,模型中两国期货价格以及滞后期的系数显著异于零,表明中美两国白糖市场期货价格的变动均领先于现货价格的变动,短期内期货价格变动和现货价格的变动具有Granger意义上的因果关系,美国市场各项系数显著性水平更高。两个模型中的误差修正项系数在5%显著性水平下也都能通过异于零的检验,这表明两国期现货价格之间存在的长期均衡关系对短期内现货价格的变动均有着显著的影响,而考虑到两个模型中误差修正项系数均为负数,说明这种影响是一种背离现货价格原有的趋势而走向它们之间长期均衡关系的一种影响。

4. Granger 因果检验

协整检验告诉我们变量之间是否存在长期的均衡关系,但是这种长期均衡关系是否构成因果关系还需要进一步验证,利用格兰杰因果检验(Granger Causality Test),我们可以研究现货价格和期货价格序列之间的 Granger 因果关系。检验结果如下:

表 3-42　中美期现货价格序列的格兰杰因果检验结果

原假设	观测数	F 统计量	伴随概率	结果
ZCE 不是 LZ 的 Granger 原因	636	4.076	0.017	拒绝
LZ 不是 ZCE 的 Granger 原因	636	1.703	0.183	无法拒绝
NYBOT 不是 CSCE 的 Granger 原因	637	42.411	0.000	拒绝
CSCE 不是 NYBOT 的 Granger 原因	637	6.680	0.001	拒绝

在格兰杰因果检验中,根据 AIC 准则我们选取滞后期为 2 期(实际上我们选取滞后 1—6 期的结论也均一致,仅在显著性水平上有所差别),结果表明(表 3-42):在检验的原假设"ZCE 不是 LZ 的 Granger 原因"时,伴随概率为 0.017,能通过 5% 显著性水平的检验,我们拒绝"ZCE 不是 LZ 的 Granger 原因"的原假设,也就是说在 5% 显著性水平下,郑州白糖期货价格序列是柳州现货价格的 Granger 原因;但反过来的伴随概率为 0.183,不能通过检验,因此,柳州现货价格不是郑州白糖期货价格的 Granger 原因。

在检验的原假设是"NYBOT 不是 CSCE 的 Granger 原因"时,从上面的结果看,伴随概率为 0.000,能通过 1% 显著性水平的检验,我们拒绝"NYBOT 不是 CSCE 的 Granger 原因"的原假设,即在 1% 显著性水平下,纽约白糖期货价格序列是 CSCE 现货价格的 Granger 原因。反过来的伴随概率为 0.001,也能通过 1% 显著性水平的检验,即在 1% 显著性水平下,CSCE

现货价格也是纽约白糖期货价格的 Granger 原因。

由此可见,中美两国期现货市场的价格引导关系存在差异,我国白糖期货价格对现货价格存在显著的引导关系,但现货价格对期货价格的引导关系却不显著。美国白糖期货价格和现货价格存在显著的相互引导关系。从这个角度也说明美国市场相对于我国市场期现货价格联系程度更为紧密。

5. 信息共享模型

白糖期货价格与现货价格存在协整关系,可以建立期货价格与现货价格之间的信息共享模型。分析结果如下(表 3-43 和表 3-44):

(1)中国食糖市场期现货价格信息共享模型。

$$DLNLZ = -0.012 * ECM(-1) + 0.145 * DLNZCE(-1) - 0.271 * DLNLZ(-1) + 0.170 * DLNZCE(-2) - 0.304 * DLNLZ(-2) + 0.017 * DLNZCE(-3) - 0.090 * DLNLZ(-3) - 0.001 \tag{1}$$

$$DLNZCE = 0.011 * ECM(-1) - 0.002 * DLNZCE(-1) + 0.035 * DLNLZ(-1) - 0.005 * DLNZCE(-2) + 0.043 * DLNLZ(-2) - 0.013 * DLNZCE(-3) + 0.093 * DLNLZ(-3) - 0.0004 \tag{2}$$

$$ECM = LNZCE - 1.583 * LNLZ + 4.971 \tag{3}$$

表 3-43　中国食糖市场期现货价格信息共享模型估计结果

项目	说明	ECM (-1)	D(LNZCE (-1))	D(LNZCE (-2))	D(LNZCE (-3))	D(LNLZ (-1))	D(LNLZ (-2))	D(LNLZ (-3))
D(LNLZ)	系数	-0.012	0.145	0.170	0.017	-0.271	-0.304	-0.090
	标准误	0.005	0.038	0.075	0.021	0.069	0.263	0.032
	T 值	-2.609	3.855	2.261	0.791	-3.917	-1.154	-2.825
D(LNZCE)	系数	0.011	-0.002	-0.005	-0.013	0.035	0.043	0.093
	标准误	0.010	0.001	0.003	0.033	0.037	0.052	0.066
	T 值	1.074	-2.261	-1.555	-0.398	0.947	0.825	1.415

(2)美国食糖市场期现货价格信息共享模型。

$$D(LNCSCE) = -0.025 * ECM(-1) - 0.424 * D(LNCSCE(-1)) + 0.450 * D(LNNYBOT(-1)) - 0.114 * D(LNCSCE(-2)) + 0.104 * D(LNNYBOT$$

$$(-2)) - 0.002 \tag{4}$$

$$D(LNNYBOT) = -0.093 * ECM(-1) + 0.234 * D(LNCSCE(-1)) +$$
$$0.225 * D(LNNYBOT(-1)) - 0.007 * D(LNCSCE(-2)) + 0.018 * D(LN-$$
$$NYBOT(-2)) - 0.002 \tag{5}$$

$$ECM = LNNYBOT - 1.117 * LNCSCE + 0.362 \tag{6}$$

表 3 - 44   美国市场期现货价格信息共享模型估计结果

项目	说明	ECM(-1)	D(LNNYBOT(-1))	D(LNNYBOT(-2))	D(LNCSCE(-1))	D(LNCSCE(-2))
D(LNCSCE)	系数	-0.093	0.225	0.018	0.234	-0.007
	标准误	0.024	0.060	0.064	0.073	0.070
	T 值	-3.838	3.714	0.289	-3.225	-0.102
D(LNNYBOT)	系数	-0.025	0.450	0.104	-0.424	-0.114
	标准误	0.020	0.051	0.054	0.062	0.060
	T 值	-1.223	8.765	1.929	-6.885	-1.916

滞后项由 SC 原则确定。实证结果表明,(1)式的误差修正项系数在 10%的水平下显著,而(2)式则没有通过。(4)式的误差修正项系数在 1% 水平下显著,而(5)式则没有通过。说明当系统偏离均衡状态时,中美两国 市场均表现为误差修正项对现货价格的变动具有负向调整作用,而对期货 价格的变动调整作用不显著。

进一步考察模型系数发现,在(1)式中,在 10%水平下,滞后一期和二 期的期货变量系数显著,但在(2)式中,现货变量所有滞后期的系数均不显 著。由此可知,在 10%显著性水平下,白糖期货价格的短期变化对现货价 格的短期变化影响显著,但反过来不成立。在(4)式和(5)式中,在 1%水平 下,现货市场和期货市场的滞后一期系数均能通过检验。由此可知,在 1% 的显著性水平下,纽约白糖期货价格和 CSCE 现货价格的短期变化对对方 均影响显著,即期现货价格的变动存在互动机制。以上分析均与之前的 Granger 因果检验结果较为一致。

6. 方差分解的分析结果

为了刻画白糖期货市场与现货市场在价格发现功能中作用的大小,本文利用 Hasbrouck 提出的方法,将价格变动的方差进行分解,求出期货价格和现货价格波动所占的比重,以此评价期货市场功能。

从检验的结果可以发现,在 400 期左右时,ZCE 白糖期货部分的总方差来自自身部分稳定于 64.292%,大于来自柳州现货市场的部分 35.708%,而柳州现货部分的总方差来自自身部分稳定于 77.667%,大于来自 ZCE 期货市场的部分 22.33%(见图 3-10 和图 3-11)。这表明我国白糖市场期货价格波动对现货价格总方差的影响已经初步体现。

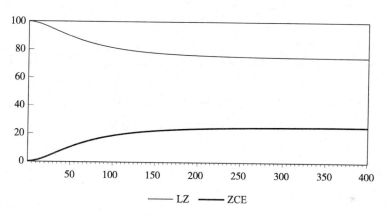

图 3-10 柳州现货价格方差分解

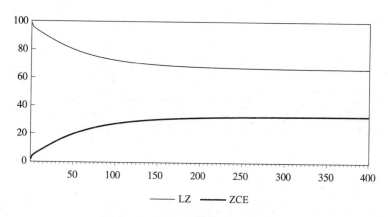

图 3-11 ZCE 期货价格方差分解

在 400 期左右时,NYBOT 白糖期货部分的总方差来自自身部分稳定于 52.498%,来自 CSCE 现货市场的部分 47.502%,而 CSCE 现货部分的总方差来自 NYBOT 期货市场的部分稳定于 39.458%,小于来自自身部分的 60.542%(见图 3-12 和图 3-13)。这表明美国白糖市场期货价格波动对现货价格总方差的影响程度大于我国。

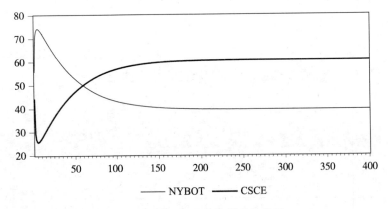

图 3-12　CSCE 现货价格方差分解

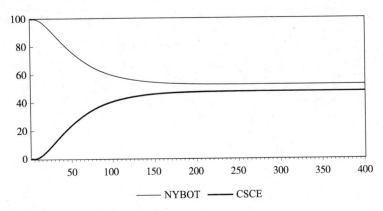

图 3-13　NYBOT 期货价格方差分解

7. 脉冲响应函数的分析结果

脉冲响应函数反映期货或现货价格的一个冲击对整个系统长期的影响效果,能够进一步刻画期现货价格变动之间的相互影响。分析结果如下:

由图 3-14 和图 3-15 我们可以看出,柳州现货价格对来自自身的一个标准差新息立刻有较强反应,价格增加了 2.521%,为最大值,其后呈下降趋势;柳州现货价格对来自 ZCE 期货价格的标准差新息的反应则是先上升,在第 50 期达到最大的 0.656%,然后呈下降趋势。ZCE 期货价格对其自身的一个标准差新息的反映是价格立即增加 1.748%,然后便开始下降;ZCE 期货价格对来自柳州现货价格的标准差新息的反应先是上升,在第 47 期达到最大 0.653%,然后开始呈下降趋势。

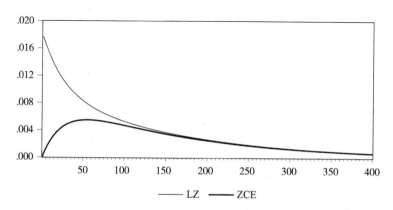

图 3-14　柳州现货价格对标准差新息的脉冲响应效果

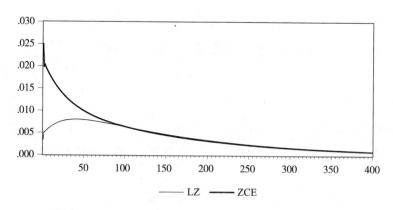

图 3-15　ZCE 期货价格对标准差新息的脉冲响应效果

由图 3-16 和图 3-17,我们得知,CSCE 现货价格对来自自身的一个标准差新息使价格立即增加了 1.311%,其后呈上升趋势,在第 37 期达到最大值 1.396%,然后便开始下降;CSCE 现货价格对来自 NYBOT 期货价格的

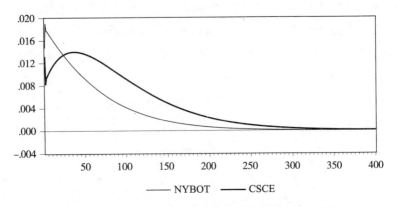

图 3‑16　CSCE 现货价格对标准差新息的脉冲响应效果

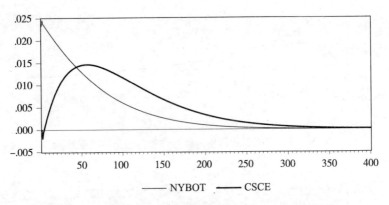

图 3‑17　NYBOT 期货价格对标准差新息的脉冲响应效果

标准差新息反应强烈,并在第 2 期达到最大的 1.900%,然后便开始下降。NYBOT 期货价格对其自身的一个标准差新息同样立即有较强反应,并在第 2 期达到最大的 2.455%,然后呈下降趋势 YBOT 期货价格对来自 CSCE 现货价格的标准差新息的反应则是先上升,在第 57 期达到最大 1.464%,然后呈下降趋势。

　　由此可以得出结论:ZCE 期货价格和柳州现货价格对自身的一个冲击立刻有较强的反应,ZCE 期货价格的一个冲击对柳州现货价格有一个正向的影响,但影响程度不强。NYBOT 期货价格和 CSCE 现货价格对自身的一个冲击也立刻有较强的反应,而 NYBOT 期货价格的一个冲击对 CSCE 现货价格有一个同样强烈的正向影响。随着期数的增加,美国期货价格对现货价格的冲击相对于我国更迅速地衰减为 0。

(四)结　论

通过以上计量分析结果,我们大致可以得出以下几点结论:

第一,协整分析表明,在 5% (基于 Johansen 方法)和 10% (基于 EG 两步法)的显著性水平下,中美白糖期货价格和现货价格均能通过协整检验,说明两国期现货市场价格均存在着长期均衡关系,且这种关系较为稳定,我国白糖期货已经发挥出一定的价格发现功能,但相对于发达的美国市场,还存在一定的差距。

第二,误差修正模型表明,中美两国白糖期货价格的变动均领先于现货价格的变动,短期内期货价格的变动是现货价格变动的 Granger 原因。从长期来看,两国期货价格对于现货价格变动的影响均表现为是一种背离现货价格原有趋势而走向期现货价格长期均衡关系的影响。

第三,Granger 因果分析和信息共享模型结论较为一致,在 5% 显著性水平下,我国白糖期货价格是现货价格的 Granger 原因,但反过来不成立。说明我国白糖期货价格能够引导现货价格,但现货价格对期货价格不具有引导作用;在 1% 显著性水平下,美国期货价格和现货价格互为 Granger 原因。由此可见,我国白糖期货价格对于现货价格已初步发挥一定的预测功能,但预测能力和期现货价格互动关系相比于美国存在明显差异。

第四,方差分解模型表明,我国白糖期货的总方差来自现货市场的部分占 35.71%,而美国白糖期货的总方差来自现货市场的部分占 47.50%;我国白糖现货的总方差来自期货市场的部分则稳定于 22.33%,而美国白糖现货的总方差来自期货市场的部分则稳定于 39.46%。由此可见我国白糖期货价格波动对现货价格的总方差的影响已经初步体现,但影响程度低于美国。

第五,脉冲响应函数的分析表明,中美两国白糖期货价格和现货价格对自身的标准差新息立刻有较强的反应,但美国白糖期货价格对现货价格的冲击显著地高于我国。从长期来看,美国期货价格对现货价格的冲击相对于我国更快地衰减为 0。

十三、我国食糖市场价格预测预警模型研究

(一)引　言

食糖既是重要的生活必需品,也是具有战略意义的大宗农产品,更是世界上许多食物生产和消费的重要组成部分。长期以来,食糖市场一直是世界农产品贸易中保护程度最高和最受关注商品之一。中国作为世界上重要的食糖生产和净进口国之一,也一直是世界糖业界人士关注的焦点。

自我国食糖流通体制改革以来,由于受自然、经济、制度和外部冲击等多重因素的影响,中国食糖市场呈现出频繁波动的特征,随着中国加入WTO 和白糖期货上市交易,国内外食糖市场联动明显加强,食糖期货、现货市场也交互影响,价格波动越来越成为中国食糖产业发展中最主要的内涵特征。

食糖产业纵向关联度高,产业链较长,食糖价格的频繁波动不仅使产业链各环节经营决策陷入短期化,制约了产业竞争力的进一步提高,也对社会物价总体水平稳定带来了一定的影响。因此,对我国食糖整体产业和市场价格进行预警和监控非常重要。

(二)我国食糖市场价格预测预警模型评析及主要结论

在回顾国内外关于短期价格(月度价格)预测和预警文献的基础上,指出计量模型法、数理统计法、智能分析法和组合工具法在其中的应用,从已有文献可以看出,传统时间序列的趋势分析模型、ARIMA 模型在农产品短期价格预测中具有一定的优越性。在此基础上,报告采用 Holter-Winter 方

法、ARIMA 模型和 GM(1,1) 模型分别对白糖月度价格进行了样本内拟合和样本外推预测。进而,本报告建立了基于白糖月度价格波动的黑色和黄色预警体系,并给出了警度和警限,并对未来两个季度的波动进行了预测,给出了预警信号图。具体而言,本报告主要结论如下:

第一,在样本内预测的比较中:Holter-Winter 方法、ARIMA 模型具有较高的预测精度,平均误差率在 4% 以内,预测效果较好,而灰色 GM(1,1) 模型预测精度较低,平均误差率在 8% 以上,而且近月预测效果更差。这说明:Holter-Winter 方法、ARIMA 模型可能是预测白糖月度价格的良好工具。

第二,Holter-Winter 方法、ARIMA 模型外推预测较为一致地认为:未来两个季度糖价下行的压力较大,震荡走低的趋势是较为可能的,下行空间在200 元左右,在 2012 年 3 月,白糖价格可能出现反转。马尔科夫状态空间模型进一步表明,尽快糖价下行压力较大,但未来两个季度在 7000 元以上的概率在 90% 以上,这说明价格不会剧烈下跌,但不排除长期走低的可能性。

第三,预警模型表明,白糖月度波动历史警情较为稳定,多数月份波动在可控制范围内(-4%—4% 之间),糖价上涨时震荡高于糖价下跌时,并且在糖价下跌时,波动幅度在可控范围内,不会引起市场恐慌。

第四,黑色预警和黄色预警对未来两个季度价格波动情况进行了预测,黄色预警较为乐观,而黑色预警认为价格波动应在负向轻度预警范围内,预警与价格预测结论较为一致,认为未来两个季度白糖价格会处于下行区间,但下行震荡幅度不会太大。

第五,通过对体系现有数据库所有相关指标的时差相关分析测试,发现:同步指标 5 个,分别为:进口量、ZCE 期货、世界白糖、美元指数和原油指数;滞后指标 1 个,为 CPI;先行指标 5 个,分别为:产量、含糖食品产量、出口量、销糖量和美国糖价。在所有的先行指标里,强度系数最大的就是美糖价格,相关系数达到了 0.88。

第六,在黄色预警分析中,进一步发现美糖月度价格波动、白糖月度产量和销量波动率能够有效预测白糖价格波动,是较好的先行指标。

(三)有待完善之处

第一,在白糖价格预测中,并未选择智能分析法相关模型,例如神经网络模型等,在今后的研究中将予以补充。

第二,马尔科夫状态空间模型的区间划分过于粗糙,导致研究结果并不精细,在未来的研究中将缩短样本期,并将状态区间的范围缩小,给出更为精确的概率分布。

第三,警限设置的不同,会导致历史警情和未来警情预测结果发生偏差。在未来的研究中,将进一步咨询专业和行业人士,确定更加科学合理的警限区间。

第四,体系数据库建设有待进一步完善,一些重要的月度数据由于缺失问题,并未纳入本次预警模型的估计中,极有可能导致预测出现偏差。在未来的研究中,将尽量争取拿到更多相关数据。

国际经验篇

一、巴西蔗糖产业政策框架与管理体制研究

巴西北部位于赤道,气候湿热,中部属热带气候,南部属亚热带气候,全国平均气温在 22℃ 以上。巴西 9—11 月份为春季、12—2 月为夏季、3—5 月为秋季、6—8 月为冬季。年平均降雨量多数地区为 1000—2000 毫米,亚马逊河西部可达 2000—3000 毫米。巴西农业资源利用率比较低,人口密度不足 18 人/km²,人均可耕地面积达 1.75hm²,全国实有耕地面积 5000 万 hm² 左右,占国土面积的 6%,还有近 15% 的国土用于牧业。20 世纪 90 年代初巴西实行对外开放,由于获得了国外低息贷款和先进生产技术,农业产量出现了大幅增长。目前,巴西是世界农业生产和出口大国,甘蔗、咖啡、柑橘产量居世界第一。

(一)巴西糖料与食糖产业概况

巴西的糖料生产始于 16 世纪,以甘蔗种植为主,也种植少量的甜菜。目前巴西是世界第一大甘蔗生产国、第一大食糖出口国和第三大食糖消费国,糖业在国民经济中占有重要地位。巴西的甘蔗除了生产食糖外,也用于生产有水与无水乙醇,甘蔗乙醇主要用于与汽油混合作为燃料。巴西的甘蔗生产从每年 5 月份开始到次年 4 月份结束。巴西主要有两个甘蔗生产区域,一个是东北部,占全国产量的 15%;另一个是中南部,为巴西甘蔗主产区,占全国产量的 85%(其中圣保罗州占 65%),食糖产量占全国的 90%。圣保罗州位于南纬 25° 左右,大部分地区年降雨量为 1500—2000mm,降水均衡,适于甘蔗的生长。

巴西各地气候明显差异,是世界上唯一的一年有两次甘蔗收获期和加

工期的国家。东北部蔗区,种植的甘蔗品种成熟期为 14 个月,在 8、9 月份温湿季节下种,翌年 9 月至再下一年 4 月收获供榨;中南部蔗区,种植的甘蔗品种成熟期为 12 个月,在 2—3 月夏末季节下种,翌年 6—12 月收获供榨。所以巴西一年四季均有食糖和甘蔗乙醇生产,没有明显的淡、旺季区分。

目前,巴西全国甘蔗平均亩产 4—4.3 吨,东北部为 3.6—4 吨,中、南部为 5—6 吨;平均单产 81.48 吨/公顷;平均产糖率 13.65%,产糖量为 11.12 吨/公顷。1975/1976 年榨季,巴西甘蔗总产量仅 9152 万吨,至 2008/2009 榨季,甘蔗总产达到 5.6902 亿吨(图 4-1),糖产量达到 3105 万吨,同时还生产 182 亿升甘蔗乙醇。预计到 2015 年,巴西甘蔗面积将达到 1000 万公顷,甘蔗总产将达到 10 亿吨。

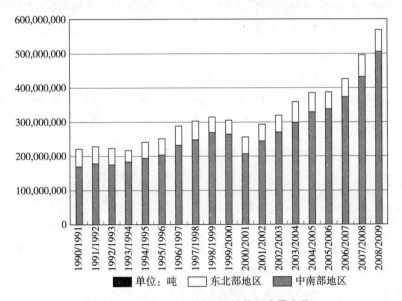

图 4-1 1990—2009 年巴西甘蔗总产量变化

数据来源:根据市场公开资料整理。

(二)巴西糖料与食糖产业管理体制

1933 年,巴西糖业酒精协会(Institute of Sugar and Alcohol,简称 IAA)成

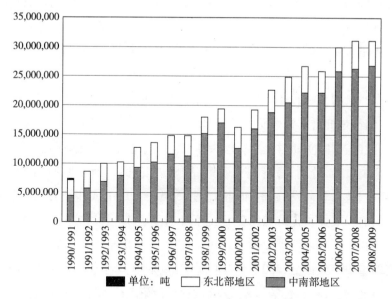

图4－2　1990—2009年巴西食糖总产量变化

数据来源：根据市场公开资料整理。

立,直接隶属于巴西工商业部。该协会是巴西政府对甘蔗制糖、制糖酒精行业实行统一管理的权力机构,管理范围涉及科、贸、工、农四环节。该协会的董事会由政府指定的阁员和甘蔗产地、糖厂选派的代表,另加一名银行代表组成,董事长由总统直接任命。该协会通过生产配额和固定价格平衡出口糖及内销糖的价格与数量,既代表国家利益又兼顾私营业主利益,同时负责实施巴西政府制定的糖业发展法案,管理规划、投资、贷款和技术进步。

在1995年之后,巴西进行经济改革:对以国有为主的汽车、钢铁、石油、电力等诸多部门全面进行私有化;对外贸政策做了重大调整,取消高额关税限制进口及对出口的奖励和补贴;减少了政府对经济活动的干预,增加竞争机制。随着经济的全面改革,作为支柱产业的糖业,其管理体制和运行机制也发生了根本性的变化,政府不再直接控制食糖的生产和销售、进行高度的统一管理和经营,而是实行自由贸易,全国糖业酒精协会(IAA)宣布解散,至今巴西仍然没有一个全国性的糖业协会。1998年5月放开糖价和酒精价格,价格由市场供需决定。

现在,巴西国内食糖、乙醇和生物电方面最大的组织是巴西蔗产联盟委员会(The Brazilian Sugarcane Industry Association,简称 UNICA)。1997 年在政府放松对食糖和乙醇的管制后,该组织由各企业联合在圣保罗地区成立,UNICA 的 60 个成员公司和团体主要管理巴西南部、东南部和西部中心地区的 120 家生产厂,其蔗糖产量超过巴西总产量的 60% 以上,乙醇产量占巴西国内产量的 50% 以上。UNICA 的董事会由成员公司的 25 个代表公司组成,他们都是拥有丰富经验的管理者、专家、技术顾问等,其专长涵盖环境、科技、能源、国际贸易、社会责任、法律、经济和通讯等关键领域。UNICA 共有 8 个委员会,分别是:管理与政策、战略规划和后续行动、后勤和基础设施、环境、技术和研发、通信和国际事务委员会。UNICA 主要提供为糖和乙醇部门的发展提供支持国内食糖、乙醇和生物电发展的市场,并提高社会对生物燃料经济和环境重要性的认识。扩大国际业务范围也是 UNICA 发展战略的重要组成部分,2007 年年末,UNICA 推出其首个在美国华盛顿的国际办事处,随后在布鲁塞尔开设办事处,预计第三个国际办事处将在亚洲设立。该组织向巴西及世界提供乙醇、食糖及生物能源,正在发挥巴西甘蔗产业整合的主导角色,逐步成为一个具备较强竞争力的农工综合组织。

(三)巴西糖料、食糖与甘蔗乙醇生产支持政策

1. 甘蔗、乙醇生产支持政策

1973 年,石油危机爆发,沉重打击了巴西经济,为了减少对石油进口的依赖,巴西政府开始发展石油替代产业。1971 年巴西政府制定了加速发展糖业的法案《国家甘蔗糖业改良计划》,1975 年巴西政府启动"巴西国家乙醇计划"、"生物能源计划"和"全国实施发展燃料乙醇生产计划",用甘蔗直接生产酒精,再和汽油混配作为汽车燃料,并用蔗渣作燃料发电。政府投入了几十亿美元的资金推动上述计划的实施,加强对糖业的集中统一管理,全面控制生产计划、产品价格,贷款贴息和出口补贴及配额,糖业得到迅速发展。

1975 年启动的"巴西国家乙醇计划",由总统直接颁布法令,在结合已有的小规模生产和使用燃料乙醇的经验优势上,以甘蔗、木薯等为原料进行大规模乙醇生产。该方案成功地提高了乙醇的生产规模,从 1975/1976 榨

季的 554 万公升上升到 2008/2009 榨季的超过 182 亿升。"生物能源计划"在 1975 年后只进行了小型实验性生产,只因生产成本过高而没有扩大生产规模。2003 年 7 月,巴西政府颁布法令,由总统府牵头,11 个部委以及大学和科研机构组成工作组参与,重新启动生物燃料计划。随着生物能源的推广,农村地区能源供应有了很大改善,减少了大量妇女儿童捡拾薪柴的劳动量,保护了生态环境,并在农村地区创造了大量就业机会。据统计,在巴西实施石油替代产业的计划中,政府共投入 117 亿元,建成 10 大燃料乙醇生产基地,为国内提供了 150 万个就业岗位,节省石油进口外汇 220 亿美元。

2. 蔗农保险支持政策

1954 年,巴西在南美率先启动多重风险农作物保险,该保险是由政府主导的、属于实验性质的计划。1973 年,针对农业贷款大规模违约情况,政府开始出台农业生产保障计划,将农业保险保障扩展到所有地区和农作物。在 20 世纪 90 年代初,由于该保障计划遭受巨额亏损,政府不得不对计划进行了缩减,保额大幅降低而费率大幅上扬。2003 年 4 月和 2004 年 5 月连续两次大的干旱导致政府灾害救济支出急剧增加,最后政府决定加大对农业保险的政策扶持力度,对保费给予 50% 的补贴。此外,针对农业贷款,政府开始强制贷款受益人投保多重风险农业保险(MPCI)。

2003 年 12 月 19 日巴西国会通过法律,2004 年 6 月 29 日政府颁布政令,开始实施农业保险保费补贴计划,该计划的指导方针是:促进农业保险的广泛运用,充分发挥农业保险的收入稳定机制作用,引导农户使用恰当的农业技术,推动农业企业管理的现代化。另外,政府还采取一系列与农业保险保费补贴相配套的政策措施。①扩大信贷额度。对于愿意购买农业保险的农户,享受利率优惠的生产资料贷款额度将可以增加 15%。②农业保险保费融资。政府承担部分保费,其余部分可以从农业贷款中直接扣除,这样在收获季节前期农户就无须用自己的资金进行缴费,从而可以提高自身的流动性。③开放再保险市场。2007 年 1 月巴西国会通过法案同意将巴西再保险市场向国际再保险公司开放,取消了巴西再保险公司的专营权,从而有利于促进竞争、推动再保险市场的发展,可以降低费率并通过引进国际先进再保险技术提高保险服务质量。

1954年巴西政府建立了农业保险稳定基金,用于应对农业巨灾风险和增加保险市场稳定性。该基金由政府委托国家再保险公司(IRB)管理,基金来源于国家财政预算和农业保险公司50%的净利润,并由国家财政给予补贴农业保险基金可能出现的亏损。2008年5月,巴西政府当局向国会提交了一项"农业保险保费补贴计划"的补充法案,拟建立"巨灾保障基金"支持保险公司或再保险公司应对巨灾风险,从而推动对气候多变地区农业保险的供给。根据法案,销售农业贷款相关保险业务的保险公司必须参加"巨灾保障基金",该基金提供100%和250%损失率的双超赔层保障。

3. 甘蔗产业融资政策

2007年年底开始的金融危机导致巴西农业融资短缺,巴西农民因此更改种植计划,减少种植面积和化肥用量。为此,巴西国家货币委员会变更农业贷款规定,为2008/2009榨季增加了55亿黑奥的农业贷款。新增的贷款额相当于原有全年农业贷款额的6.75%,新增农业贷款来自于银行上交央行的保证金。此外,央行允许各银行扩大上缴央行流动账户存款比率,由原定的25%提高到30%,这些新增存款额正是农业贷款的来源。

除新的农业贷款规定外,巴西一直推行农业专项低息或无息贷款。巴西法律规定,所有商业银行吸收存款的25%—30%必须用于农业贷款,利息为8.75%(一般商贷利息为16%—25%)。在贷款给农民时,政府有两条优先政策,一是政府对国民经济需要优先发展的农作物和农业地区,给予特别贷款,二是对具体的农户,根据土地面积、农业产值、农业生产率等,发放50%、80%甚至100%的贷款,可分期还款。

(四)巴西糖料与食糖价格调控政策

1. 食糖、乙醇产业政策

目前,巴西原料甘蔗的买卖完全实行市场化运作,蔗农可以把甘蔗卖给任何一家糖厂。糖厂根据当天的食糖市场价格及时报价和收购甘蔗。巴西甘蔗主要通过汽车和货船运输,运输及费用由蔗农自己负责,糖厂不设甘蔗储藏场,做到即到即卸即榨,砍、运、榨高速高效运行。据统计,巴西的原料甘蔗从种植到送到糖厂的全部生产成本约为 8 美元/吨。

虽然巴西政府对食糖和甘蔗的价格不做任何市场干预,但巴西酒精的收购与销售价格均由国家控制,由于酒精生产成本比汽油成本高 2/3 左右,为保障生产厂和消费者的利益,先由国家按市场价格(工业平均生产成本加合理利润)向工厂收购,再由国家补贴后按低于石油的价格销售给用户,这相当于变相对甘蔗和食糖产业进行补贴。此外,巴西政府还通过设置配额、统购乙醇以及运用价格和行政干预手段鼓励使用乙醇燃料。

2. 食糖—酒精联动政策

巴西 80%的石油依赖进口,历史上巴西用于进口石油的外汇约占全部出口赚取的外汇的一半。1975 年巴西政府在全国推行《燃料酒精计划》。该计划的目标是,首先将酒精掺入汽油中变成汽油醇在全国范围内使用,然后将轻型车改为酒精燃料车。巴西国家法律规定,轻型汽车必须使用混合酒精燃料。政府还用法律的形式,强制性的规定燃料酒精的添加比例,从1978 年起全国开始用 10%酒精、90%汽油混合燃料供作汽车燃料,随着酒精产量的增加,1981 年将混合燃料中酒精的比例提高到 20%,并且出现了全部用酒精作燃料的各类大、小型号汽车。目前巴西是世界上唯一用甘蔗直接发酵大规模生产酒精的国家,酒精生产能力达每年 160 亿升。

在调控食糖价格方面,巴西的国家政策规定,每家糖厂不能单方面生产糖或酒精。巴西的每一家糖厂均有酒精生产车间,可直接生产 4 种不同纯度的酒精。巴西生产糖和酒精的比例完全由企业按市场情况来决定,当食糖价格上涨时,就多生产食糖,当石油涨价时,就多生产燃料酒精,一般变化幅度不超过 10%。政府于是开展了食糖与酒精联产计划,用强制性的法令控制酒精与汽油的掺混比例。当糖价下跌时,就提高汽油中的酒精掺混比例,或者用政府购买的方式降低酒精在市场中供给,从而降低白糖供给,支持国内糖价。通常汽油中的酒精比例每提高 1%,可创造出 3.5 亿公升的酒精需求。

由于巴西近几年市场对酒精的需求量增加、政府调整出口产业结构,鼓励酒精生产所致,在今后的食糖和酒精的生产将向酒精倾斜。

(五)巴西食糖贸易政策

对食糖的进口方面,巴西对南方共同市场 MERCOSUR(巴西、阿根廷、乌拉圭、巴拉圭是其成员国,智利、玻利维亚是该集团的联系国)以外的国家缴纳的食糖进口关税仍维持原有的水平,即 2002 年 1 月 1 日确定的17.5%,酒精为 21.5%。巴西进口关税以 CIF(到岸价)计价,以巴西货币(雷亚尔)支付。同时,酒精和食糖的进口都取决于巴西政府发放的进口许可,不实行进口配额。

巴西各州政府对本州内的甘蔗免税,但对跨州的甘蔗征收 9%—12%的税,同时对国内销售的食糖征收 12%的营业税,但政府对出口糖免除一切税负。巴西是传统的原糖出口国,主要销往美国、俄罗斯、埃及、印尼、美国、摩洛哥、约旦、尼日利亚等近五十个国家和地区。根据巴西国内的法律,美国每年分配给巴西的食糖优惠出口配额自动发放给东北部的贫困地区,配额将根据过去 3 个榨季各企业的平均产糖量,在东北部各州的 60 家糖厂中划分。

二、印度蔗糖产业政策与管理体制研究

印度是全球第二大甘蔗、食糖生产国和第一大食糖消费国,糖业是印度继纺织业之后的第二大产业,对印度经济社会发展具有重要影响,对世界糖业的发展也具有较大影响力。

(一)印度甘蔗糖产业发展概况

1. 甘蔗种植

印度的糖料作物包括甘蔗和甜菜。甜菜是近几年才开始引种,与甘蔗相比其种植面积和产量都微不足道。印度是甘蔗的原产地,甘蔗产区分布在南北两大区 19 个邦,北方邦、泰米尔纳德邦和马哈拉施特拉邦占甘蔗种植面积的 60%。甘蔗种植主要由小农场主经营,蔗农近 700 万。糖厂数量为 566 家,日榨甘蔗量 1250—15000 吨,以日榨蔗量 2000—3000 吨左右的规模居多,精炼糖厂只有 7 家。糖厂类型分为国有糖厂、私营糖厂和联合企业,分别占 6. 54%、38. 51 和 54. 95%。印度的制糖业对农业和工业的发展起着重要的作用,提供了 10 万多个技术和非技术工人就业岗位,约 7. 4%的农村人口从事甘蔗种植。许多糖厂建立学校和医院等有益于农村的福利设施,防止人口从农村外流到城市。

印度甘蔗从 2000/2001 榨季至 2008/2009 榨季年产量平均为 2. 90 亿吨,单产平均为 65. 76 吨/公顷,甘蔗压榨量平均为 1. 94 亿吨,糖回收率平均为 10. 31%(表 4-1)。印度 2008/2009 榨季甘蔗种植面积为 436 万公顷,甘蔗总产量为 2. 82 亿吨,甘蔗单产为 64. 6 吨/公顷。糖厂开工数为 453间,平均开榨天数为 143 天,平均压榨能力为 3500 吨/天,糖回收率为

10. 36%。2000/2001 榨季至 2008/2009 榨季甘蔗种植面积变动比较平缓
（图 4 - 3）。

表 4 - 1　近几年印度甘蔗生产情况表

项目 榨季	甘蔗产量 （亿吨）	甘蔗单产 （吨/公顷）	甘蔗压榨量 （亿吨）	糖回收率（%）
2000/2001	2. 95	68. 6	1. 76	10. 48
2001/2002	2. 97	67. 4	1. 8	10. 27
2002/2003	2. 87	63. 6	1. 94	10. 36
2003/2004	2. 33	59. 4	1. 32	10. 22
2004/2005	2. 37	64. 8	1. 24	10. 17
2005/2006	2. 81	66. 9	1. 88	10. 22
2006/2007	3. 55	69	2. 79	10. 17
2007/2008	3. 4	67. 5	2. 49	10. 55
2008/2009	2. 82	64. 6	2. 27	10. 36

数据来源:全国甘蔗糖业信息中心。

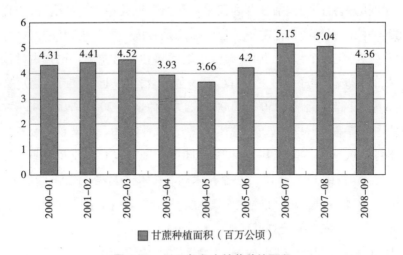

图 4 - 3　近几年印度甘蔗种植面积

数据来源:全国甘蔗糖业信息中心。

2. 制糖工业

印度食糖生产主要分为耕地白糖和粗糖,大约 65% 的甘蔗用于产白糖,其余用于生产粗糖、作种和作饲料等。耕地白糖的生产占 95%,其余为精炼糖。2007/2008 榨季食糖的产量为 2630 万吨,2008/2009 榨季食糖产量为 1470 万吨,同比下降 44%(图 4−4)。因为政府的价格支持和市场价格开放可能会刺激种植面积增长,食糖产量有望在 2010/2011 榨季反弹。从长远来看,印度有能力提高甘蔗产量,政府和制糖企业正在实施相关政策措施,来解决日益尖锐的食糖生产和贸易的周期性问题。

90% 的糖蜜用于酒精生产,主要用于化工业和饮料业以及作为燃料。粗糖在印度每年消费量达 1000 万吨,粗糖人均年消费量为 10 千克,白糖人均年消费量为 18.3 千克。印度在 2007/2008 榨季总的食糖消费量为 2300 万吨(图 4−5)。

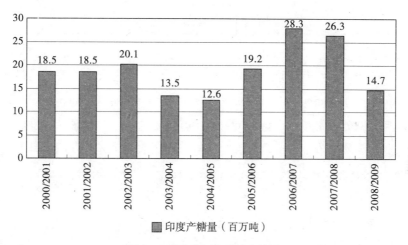

图 4−4 近几年印度的产糖量

数据来源:全国甘蔗糖业信息中心。

目前,制约印度糖业发展的因素主要有:生产成本较高,种植水平较低,甘蔗生产地区不平衡,宿根蔗生产率低,蔗农可选择性增加使得甘蔗种植转移,压榨生产能力低,糖分损失在田地严重,还有经常发生的旱灾及病害、虫害的影响等。

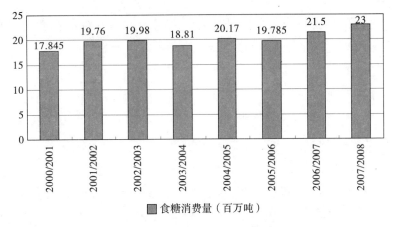

图4-5 近几年印度食糖消费情况

数据来源:USDA。

(二)印度甘蔗糖业的管理体制

印度糖业的经营管理体制属于政府主导型,政府农业主管部门是农业部(Ministry of Agriculture)、消费者事务部(Ministry of Consumer Affairs)和食品与公共分配部(Food and Public Distribution)。印度糖业受印度联邦政府农业部下属的农业研究理事会(ICAR)、印度农业合作社及印度糖业协会管辖。

1. 农业研究理事会(ICAR)简介

印度农业研究理事会(ICAR)是全国性的农业科研协调机构,成立于1929年,并于1965年和1973年进行了两次重组,现隶属于联邦政府农业部的研究和教育局,实行社团理事会管理机制,最高权力机构是理事大会,农业部长任理事长,职责是对全国农业研发项目以及农业科技与教育资源进行协调管理,建立广泛的国内与国际合作,促进印度农业科研、教育和农业技术推广事业的发展,提升农业生产水平和农民生活质量。

ICAR下设44个中央农业科研所、33个国家农业科研中心、450多个以农业推广为主的农业科学中心以及 10 个科研项目指导委员会。在机构设置上,除综合性研究院(所)外,还建有一大批专业性很强的研究所,其中包括印度甘蔗研究所。ICAR 已在建立起世界上最大和最广泛的农业研究及教育培训网络,ICAR 的工作包括科学研究、教育与培训、技术推广三方面内容。目前 ICAR 共有雇员 30000 人,其中从事研究和管理的科学家 7000 人。

2. 印度农业合作社简介

印度的农业合作组织被认为是目前世界上最大的农业合作组织网络。据统计,全印度共有 52.8 万个各种类型的农业合作组织,入社成员 2.29 亿个,总运营资本 285643 亿卢比(100 印度卢比约合 19.20 元人民币),覆盖全国 100%的村庄、67%的农户。印度农业合作社主要包括奶业合作社、农业信用合作社、农业销售合作社、加工和仓储合作社、耕种合作社和渔业合作社 6 种类型。

印度合作社运作的基本原则为自愿入社、出入自由;民主管理;平等入股;独立自由;教育和培训社员;加强社际合作;关心社区发展。特点为民主管理;民办官助;以加工和销售为核心。政府对农业合作社的支持措施包括完善立法,为农业合作组织的发展创造公平的环境;实行印度合作社国家政策;成立专门机构并将合作社发展纳入五年经济发展计划;在经济上给予合作社大力支持。全国制糖合作社有 313 家,成员 505 万个,其中甘蔗生产者会员占 90.45%,非生产者会员占 5.7%,此外,还有 3912 个机构成员。印度 55%的蔗糖生产是由蔗糖合作社加工生产的。

3. 印度糖业协会简介

印度糖业协会隶属于印度联邦政府农业部,其组织结构图如下(图 4 - 6):

印度糖业协会的主要职能:向政府表述有关政策问题;向所有机构或团体报告有关糖和甘蔗的情况;统计国内或国际糖发展的最新情况;期刊出版;促进糖业发展基金贷款;挖掘新单元和扩大现有项目的奖励计划。

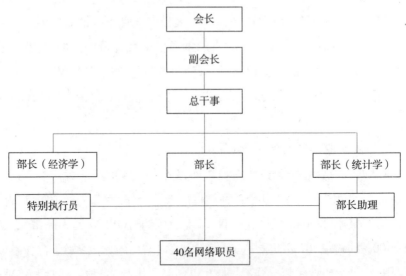

图 4 - 6　印度糖业协会组织结构图

(三)印度甘蔗糖业的国内支持政策

1. 生产支持政策

(1)投入品补贴政策。

印度对农业投入品进行的补贴主要包括对肥料、电力和灌溉的补贴。第一,化肥补贴。化肥补贴是印度农业补贴中最大项目,采取政府定价、对生产化肥的厂商和进口商直接予以补贴、对运费进行补贴等办法来保持低价。第二,邦政府对农用柴油、灌溉用电等予以财政支持。有"印度粮仓"称号的旁遮普邦规定,农民购买柴油的款项可在出售农产品之后支付;农业用电则采取区别对待的办法,生活在贫困线以下的农民免费用电,一般农户可免费使用灌溉用电,其他用电则享受优惠价。第三,农用机械补贴。在农业机械方面,政府为了鼓励本国农机制造业发展生产,发动机、动力耕耘机、拖拉机、配套农具等产品生产都被置于优先地位,在原材料分配方面得到优待。由于执行有效的贷款政策,90%以上的农民是通过银行贷款购买拖拉机、水泵等农机具,提高了印度农业机械化程度。

(2)农业信贷政策。

印度农业信贷有 3 种形式：一是短期信贷,用于购买肥料、种子等生产资料,贷款期限 15 个月,无需担保抵押,利率优惠 10%。二是中期信贷,用于改善生产条件的投资,贷款期限 5 年以内,利率更低。三是长期信贷,主要用于农田保护和农村电气化,期限 5 年以上。在具体执行过程中,通过改善信贷管理,简化批准和支付手续,消除商业银行对农业和农民的信贷歧视,注重增加农村的小规模信贷。

此外,印度政府对国内糖厂产糖征收 140 卢比/吨的税收用于糖业发展基金(SDF),该项基金主要用于有关印度甘蔗和食糖生产的各种研究、扩产以及技术革新。近年来,该项基金被用来收储、给食糖出口商提供国内运输补贴和海洋运输补贴、为购置电力设备和酒精生产设备提供低息贷款等。

印度政府为提高甘蔗产量,于 2009 年 11 月份向糖厂拨款,再由糖厂在 2010 年 4 月前发放到蔗农手中,为蔗农提供用来购买种苗、化肥和杀虫剂的低息贷款,贷款利息不高于 4%。

(3)农业合作社发展支持政策。

农业合作社是印度政府实现农业发展规划的重要手段,农民通过合作社组织起来保护自己的利益。例如,经营生产资料供应的合作社向社员提供信贷、种子、化肥、农药等,销售合作社的主要目标是保证合作社成员的农产品能在市场上以较高的价格售出,它们又分为几类,有的从事化肥等农业生产资料的销售,有的只销售某些特殊的农产品,如水果、蔬菜、棉花、烟草等,目的都是为了减少风险,获得较多的利益。加工合作社主要从事蔗糖加工、棉花和羊毛加工与精纺以及稻谷和牛奶加工等。

(4)税收支持政策。

印度法律规定,耕种面积不超过 8 英亩(1 英亩 = 0.4hm^2)、年收入在 10 万卢比以下的农户,免交包括所得税在内的各项税收。

2. 技术促进政策

在技术支持方面,印度设有甘蔗育种研究所,主要负责良种选育;甘蔗(农业)研究所主要负责甘蔗农艺、农业工程、土壤科学、植物生理学、植物病理学、遗传育种学;甘蔗制糖(工业)研究所主要负责制糖工程、制糖工艺、制糖物理化学、制糖生物化学、甘蔗化学等方面的研究与开发。印度非常重视甘蔗育种工作,重视甘蔗种质资源的搜集,对亲本的挑选非常严格,在杂交育种方面取得了许多成就。此外,在甘蔗耕作栽培、施肥、灌溉、病虫害防治、杂草防除等方面也都积累了一些丰富的经验。

3. 甘蔗与食糖价格调控政策

在印度,蔗农是直接与糖厂交易的,但印度联邦政府每年都会制定甘蔗最低保护价,各邦政府可以在联邦政府定价的基础上把甘蔗收购价上调20%—50%,糖厂必须按邦政府出台的甘蔗收购价来购买甘蔗。

印度食糖的生产和分配体系非常复杂,政府控制面比较广。根据《食糖控制法》,印度糖厂将其生产的10%左右的食糖出售给政府,即所谓的"征税糖",这一部分食糖的价格必须低于市场价,仅是其生产成本的25%—30%。然后,政府又通过其公共销售系统将这部分食糖以更低的价格出售给生活水平低于贫困线的消费者。糖厂按市场价来销售其余糖,但为了稳定食糖的市场价,政府要求自由食糖销售和征税食糖销售都不能脱离定期配额体制的规定。所谓定期配额体制规定,即印度政府要求糖厂在每个榨季结束前(即9月30日以前)上报详细的食糖库存量,以便政府能准确地测算出全国的可供应食糖总量和需要投放国内市场的食糖数量。为了调控国内糖价,联邦政府规定了公开市场和国营商店的食糖销售配额,每月销售配额以两周为单位分两批销售,糖厂将上报实际的销售量以及每两周分批销售量。而且所有未售完的数量或者是每两周未分批销售的数量,将纳入政府征收之中作为福利糖补贴给穷人。

印度政府将2010年5月份食糖自由销售配额设为190万吨,其中包括常规的非征税配额为125.6万吨,进口原糖加工成的白糖20万吨,进口白糖20万吨以及20万吨的4月结转配额。还有21.7万吨的征税配额,通过政府的福利系统分销给低收入人群,因此5月份市场供应量达212万吨。

当市场食糖供应偏紧、价格上扬时,政府以低于糖厂生产成本的价格收购糖厂60%—70%的糖,剩下的免税糖由糖厂在市场上自由销售。当食糖供过于求、糖价下落时,政府就取消对糖的管制,不再强制收购糖厂的糖。

(四)印度食糖贸易政策

印度食糖贸易具有周期性,在生产过剩时期主要出口精制糖,在供不应求时期主要进口粗糖。2000年以来,食糖贸易波动越来越不具有规律性。

1. 进口政策

2009年4月初,为了弥补国内市场供不应求的数量,印度政府放弃了征收白糖进口税,期限为2010年6月30日。印度糖厂主要从巴西和泰国进口食糖,但在国际糖价屡创新高后,2010年1月份印度停止食糖进口,后来由于国际糖价下跌,印度又恢复了食糖进口,2010年3月份以来签订了约100万吨食糖的进口合约。大部分进口的食糖将用来满足可乐和冰淇淋等夏季消费产品的生产需求。

印度2010年3月25日通知世界贸易组织:印度将确保免税免配额制度为最不发达国家提供有效的市场准入,其中可以享受免关税准入的产品包括蔗糖。有14个最不发达国家获得这一便利措施,包括孟加拉国、尼泊尔、不丹、柬埔寨和一些非洲国家。

2. 出口补贴政策

为了扩大食糖出口,印度政府采取了许多推动食糖出口的鼓励措施,如免除食糖消费税、不再实施定期配额销售管制、免除850卢比/吨营业税等。印度政府2002年7月宣布从印度糖业发展基金(SDF)中出资对国内食糖运输提供12—14美元/吨的补贴,在2003年2月28日进行的榨季财政预算时再次给食糖出口商提供7美元/吨的海运补贴,该项补贴同样从印度糖业发展基金中支取。印度糖厂通过出口来降低食糖库存量,不仅可以降低库存成本和贷款利息,保证食糖的质量,而且可把吨糖成本降低10—12美元。虽然印度国内糖价比国际糖价高很多,但如果按FOB条件出口,印度产糖的价格可从265—295美元/吨降至205—220美元/吨。2008/2009榨季糖产量下降了44%,需要大量的糖库存来满足国内需求,印度由出口国变为进口国,印度联邦食品部2009年1月1日颁布了对糖自由出口国际订单的限令。

三、美国糖业政策框架与管理体制研究

美国是世界第 5 大食糖生产国,同时是第三大食糖净进口国。美国既生产甘蔗糖又生产甜菜糖,其中甜菜糖产量约占国内食糖总产量的 55%,甘蔗糖约占 45%。

(一)美国糖业概况

美国甜菜种植主要分布在 5 个区域 11 个州,两个区域位于密西西比河以东,另外 3 个区域分布于大平原和西部,食糖产量最大的 3 个州分别是明尼苏达州、北达科他州和密歇根州。美国甜菜种植面积约 48 万公顷,收获面积 46 万公顷,收获量 2677 万吨,单产 4.25 吨/亩。甘蔗种植主要分布在佛罗里达州、路易斯安那州、夏威夷州和德克萨斯州,其中佛罗里达州是美国最大的甘蔗产地。甘蔗种植面积约 36 万公顷,收获面积 33 万公顷,收获量 2565 万吨,单产 5.68 吨/亩。2009/2010 榨季,美国产糖 712 万吨(粗糖),其中甜菜糖 408 万吨,甘蔗糖 304 万吨。根据 2007 年农业人口普查数据显示,美国总共有 4714 个农场种植甘蔗和甜菜,其中 4022 个农场种植甜菜,692 个农场种植甘蔗。

表 4-2　美国食糖年生产和消费情况　　(单位:千短吨①)

榨季	2001/2002	2002/2003	2003/2004	2004/2005	2005/2006	2006/2007	2007/2008	2008/2009
产量	7900	8426	8649	7876	7399	8445	8152	7484

---

① 1 短吨=907.18474 千克。

榨季	2001/ 2002	2002/ 2003	2003/ 2004	2004/ 2005	2005/ 2006	2006/ 2007	2007/ 2008	2008/ 2009
消费量	9785	9504	9678	10019	10184	9913	10506	10479

数据来源:美国农业部。

根据有关贸易协定,美国每年要从 40 个国家进口 140 万吨糖,进口通常占美国糖消费量的 15%左右(图 4-7)。

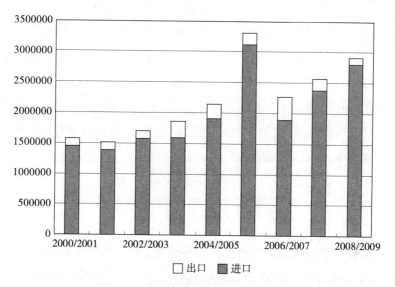

图 4-7　美国食糖进出口量(单位:吨)

数据来源:美国农业部。

(二)糖业管理机构

1. 美国农业部

美国食糖产业由农业部统一管理,农业部通过对保护农产品价格、支持农户收入、调节农产品供给和支持出口等多项支持计划,来保证农业政策的顺利实施。农业部新设立的农场服务署管理糖料商品信贷,其所属的商品信贷公司(The Commodity Credit Corporation,简称 CCC)通过提供贷款和参与收购,对某些农产品的价格进行支持,为农户提供过渡资金,来保证农产品供给有序。CCC 的贷款价是一种保护价,生产者一般要加入某项生产弹性合同才具有获得非追索性行销补助贷款的资格,这种贷款为生产蔗糖和精制甜菜糖的农场提供了便利。

2. 美国糖业协会

美国糖业协会是管理美国食糖产业的一个非营利组织,协会由众多生产甘蔗和甜菜的农场主、加工商、精炼商、供应者和工人组成,旨在保证农场主和工人在外部高补贴的压力下能够存活,保证国内的食糖以一个合理的价格供应,通过向农场主提供支持,满足整个国家的需要。协会的主要活动包括:第一,提供或赞助良种科研经费,无偿提供种植技术培训与服务;第二,代表种植者的利益,积极与联邦政府联系与沟通,提出有关建议,并通过协会聘用的联邦政府议会议员为代言人,代表本行业利益在议会上游说;第三,观察分析市场发展变化,为会员提供信息服务;第四,协助科研部门和厂商推行新技术、新工艺和新设备。

(三)糖料与食糖生产支持政策

美国有一整套较为完善的甘蔗良种研究、推广体系和运作机制。以路易斯安那州为例,该州有两个甘蔗研究所,一个是隶属于联邦政府农业部的路州研究所,另一个是路州大学研究所。路州研究所侧重基因培育和良种研究,路州大学研究所则侧重良法研究,两个研究所分工合作,共同完成甘蔗良种的科研工作。其研究出来的 GP 系列品种具有抗逆性强、宿根性好、糖分和产量高的特点。研究项目与糖业协会密切配合,与蔗农紧密相连。联邦政府每年只提供少量经费,科研经费主要是协会提供和蔗农赞助,良种研究完成后,会无偿提供给蔗农,蔗农种植后再将问题反馈给协会,科研人员、协会和蔗农三者有效地互动,推动了路州甘蔗良种的研究、开发与推广。

此外,美国政府鼓励机械化生产,对农场购置农业机械,给予优惠的贷款扶持政策。美国绝大多数种植糖料的农场配置了种植机、施肥机、喷雾机、收获机和拖拉机等,从播种、中耕、施肥、化学除草、喷洒农药到收割、运输等,已基本实现机械化、专业化、社会化大生产,种植者基本处于一种经营状态,追求规模效益,讲究投入和产出。

(四)糖料与食糖价格调控政策

长期以来,美国糖业政策始终以稳定国内市场糖价,保护本国糖业的发展为核心。美国实行食糖价格支持计划,政府管理供应与需求使其保持平衡,维持市场价格稳定,使生产商有能力向政府偿还经营贷款和支付利息。由于采取了一系列措施,国内市场的食糖价格比国际市场要高得多,并且相当稳定。

1. 白糖销售额灵活分配制度

为保证食糖贷款方案的实施不会给美国政府带来成本,美国实行白糖销售额灵活分配制度,来防止因市场糖价过低导致农产品贷款公司(CCC)给予贷款罚金。每年8月1日前,美国农业部根据糖厂上报的白糖生产计划预测本年白糖的消费量、去年剩下的待售白糖数量、本年度的白糖产量、本年度计划进口的用于食用的糖的总量,以此为基础给各糖厂分配销售额,该销售额不得低于消费量的85%。糖厂必须在销售额度内进行国内市场销售,政府只对配额范围内生产的食糖实行政策保护(按国内市场价格出售,申请低息贷款),如果生产量超过配额的数量,超出配额生产的糖不准进入国内市场,生产商就必须自己承担费用储存多余的供应,或者按世界市场价格(低于国内市场价格)出口,政府不承担费用。

2. 国内价格政策

美国采取无追索权贷款的方式来保障扶持价格,美国政府授权商品信贷公司按某一固定贷款利率向糖厂提供无追索权贷款,农场主以尚未收获的农产品作抵押。各州政府根据保护工农业生产者基本利益的原则,通过有关各方充分协商,确定工厂食糖不含税的销售"目标价格",容许以"目标价格"为基准,根据市场供求变化情况在一定范围内上、下浮动。糖厂可用已生产出或将要生产出的糖为抵押,按"目标价格"向政府申请低息贷款。当市场价格高于"目标价格"时,农场主可按市场价格出售农产品,用现款还本付息;当市场价格低于"目标价格",农场主可要求政府按"目标价格"收购(作为临时储备),政府按目标价格和市场价格差额给予补贴。

2008年农业法案允许美国农业部向加工商提供贷款,原蔗糖贷款利率在2009财政年是每磅18美分,此后在2010、2011和2012财政年,原蔗糖贷款利率每年每磅将会上升1/4美分,2012财政年,原蔗糖贷款利率为每磅18.75美分(表4-3)。精制甜菜糖贷款利率在2009财政年是每磅22.9美分,2010、2011、2012财政年精制甜菜糖的贷款利率是原蔗糖贷款利率的128.5%。

表4-3　2008年农业法案规定的糖贷款利率

时间	原蔗糖贷款利率		甜菜糖贷款利率	
	增加值	贷款利率	增加值	贷款利率
2008	0.00	18.00	0.00	22.9
2009	0.25	18.25	0.55	23.45
2010	0.50	18.50	0.87	23.77
2011	0.75	18.75	1.19	24.09
2012	0.75	18.75	1.19	24.09

3. 有限的蔗糖乙醇计划

如果食糖进口超过国内消费,美国农业部就会把多余的糖转移到乙醇燃料的生产上,来恢复食糖市场的平衡。蔗糖乙醇计划的实施主要是因为墨西哥对美国的糖出口起伏很大,且难以预测。根据北美自由贸易协定,墨西哥食糖目前可以无限制地进入美国市场,墨西哥出口多少主要取决于美国糖产量、墨西哥政府决策以及甜味剂替代糖的速度。蔗糖乙醇计划减少了美国对国外石油的依赖,把政府贸易协议成本从糖农那里转移给了政府。

(五)食糖贸易政策

美国对食糖进口实行关税和配额双重控制,国家不依靠征收进口糖关税来增加财政收入,进口糖关税主要用于加强糖业管理和稳定、扶植国内糖业生产。国家根据国内食糖生产和消费总量平衡情况,确定每年进口糖配额、进口国别和数量,同时考虑国别(优惠)政策和对外贸易平衡等因素。

美国对进口原糖和精制糖实行特殊的关税配额制度。在每个财政年初期,农业部都会确定进口数量,配额之内的进口采用优惠税率,超过配额的进口采用较高的税率。美国食糖关税高低相差 26 倍,普惠制国家和加勒比海国家在配额之内享受免税协议的优惠。根据乌拉圭回合农业协定,美国同意每年进口最低数量的原糖和精制糖,进口量相当于 113.9 万公吨原料值(MTRV),或 125.6 万短吨原料值(STRV),同时美国对进口的含糖食品数量加以限制。根据美国统一关税表的规定,一旦美国农业部认定在合理的价格水平下国内白糖的供给不能满足需求,农业部将做出调整,改变先前确定的数量限制,但不会低于农业协定规定的数量。对于配额内的食糖征收关税为每磅 0.625 美分,对超出配额的进口原糖征收关税为每磅 15.36 美分,对精制糖征收关税为每磅 16.21 美分。

美国 2010 年度的食糖进口配额为 123.1 万吨,国内市场配额为 923.5 万吨。由于国内的供给没有超出需求,美国政府可以运用配额制度使其国内食糖价格一直保持在目标水平。价格的提高降低了美国政府维持食糖支持价格的成本,同时也使得美国消费者剩余减少。

四、澳大利亚蔗糖产业政策与管理体制研究

糖业是澳大利亚重要的产业之一,每年总产值约为 15—25 亿美元。在澳大利亚,甘蔗是仅次于小麦的主要农作物,并且是澳大利亚唯一的糖料品种,在二十世纪初期,澳大利亚也曾种植过甜菜,后因效益不佳退出市场。

(一)澳大利亚糖业概况

1. 甘蔗种植

澳大利亚具有非常适宜甘蔗生长的自然条件,甘蔗种植主要分布在东部沿海降雨量多的亚热带和热带地区,从新南威尔士州北部的格蜡夫顿延伸到昆士兰州北部的莫斯曼,形成了长约 2100 公里的甘蔗种植地带。澳大利亚大约 95% 的甘蔗生长在昆士兰州,5% 在新南威尔士州。

澳大利亚约有 54 个甘蔗农场,平均规模 100 公顷,蔗农约 6000 人,大约 4000 个农场企业每年向糖厂供应 3500 多万吨甘蔗(表 4-4)。甘蔗产业每年生产 3200—3500 万吨甘蔗,可加工 450—500 万吨糖。

澳大利亚在 1979 年就已经实现了百分之百的机械化甘蔗收割,甘蔗收割、运输计划系统由计算机控制,使农场与糖厂之间的甘蔗运输受到非常精确地控制。有些糖厂运用周密的收割运输计划,在保证工厂 24 小时连续生产的前提下,工厂没有一根甘蔗积存,没有堆料场地。

2. 食糖的生产、存储和运输

澳大利亚生产的食糖以原糖为主,共有 25 个糖厂,大多数已有 100 多年的历史,糖厂平均每天压榨 10000 吨甘蔗。甘蔗通过专用铁路和公路运

送到糖厂,从砍下到压榨这整个过程所用时间平均不超过 12 个小时。通常情况下,澳大利亚甘蔗压榨季节每年 6 月开始,当年 11—12 月结束,榨期在 160 天以上。

表 4-4　近年来澳大利亚食糖生产情况

榨季＼指标	甘蔗单产（吨/公顷）	甘蔗含糖分（%）	公顷产糖量（吨）	甘蔗含糖分（%）	糖产量（原糖,千吨）	糖单产（吨/公顷）	压榨甘蔗总产值（百万美元）
2003/2004	82.6	13.49	11.3	14.1	5045	12.1	1019
2004/2005	87.1	13.9	12.1	13.49	5234	11.3	854
2005/2006	93.3	13.39	12.7	13.9	5063	12.1	980
2006/2007	89	13.7	12.3	13.39	5026	12.7	1032
2007/2008	85.6	13.8	12.5	13.7	4763	12.3	1221
2008/2009	82.5	13.82	12.6	13.8	4634	12.5	861

数据来源:ABS。

澳大利亚在 1964 年实现了所有糖散装处理,拥有国际上最先进的散装原糖存储和处理设备,这一优势为整个行业提供了巨大的竞争力。目前,澳大利亚的 6 个集货码头专门用于接收、储存、向海内外运输原糖。其年存储、吞吐原糖能力达 200 多万吨,能全年为客户供应原糖。

3. 原糖贸易

澳大利亚是世界主要原糖生产国和出口国,被列为世界第二大原糖出口国,近年来每年产原糖 500 多万吨。按价格计算,该行业所产生的直接收入约为 15—25 亿美元,其中出口就占 15 亿美元。出口原糖主要销往东亚、中国、印度尼西亚、日本、韩国、马来西亚、中国台湾、美国和新西兰。每年原糖产量的 80% 用于出口,20% 精炼成白糖主要满足国内消费。昆士兰州生产的 80% 原糖用于澳大利亚的全部出口。

(二)政府糖业管理体制

日趋完善的法律制度为澳大利亚糖业发展提供了有力的保障和支持,

糖业的管理趋于法制化和一体化。昆士兰州政府负责昆士兰糖业的立法,并通过了《食糖工业法1991》,由昆士兰糖业协会依据法律运作。昆士兰糖业协会控制和营销昆士兰地区生产的全部原糖,该协会还同时负责销售原糖的存储、运输和分配。1999年重新修订的《食糖工业法1999》,对澳大利亚糖业的管理机构设置、各管理机构的职能、权利、责任进行了明确的规定,依据本法令成立了昆士兰糖业公司,取代过去昆士兰糖业协会的全部职能,同时设置的机构和职能如下所述:

1. 农业部长

农业部长直接领导以下机构:糖业管理委员、糖业局、昆士兰糖业公司、糖业实验站管理局、各甘蔗生产局、各甘蔗保护及生产力局,还负责制订和修改交付昆士兰糖业有限公司的计划,以及确定国内原糖的销售价格。

2. 糖业管理委员

糖业管理委员由参议长指派,是糖业局的主席,同时任昆士兰糖业公司的行政长官。具有甘蔗种植区的注册批准权,应邀处理甘蔗生产局的相关事务,推进甘蔗分析工程的实施,批准甘蔗分析方法,仲裁食糖工业中各方的谈判。

3. 糖业局

糖业局属于国家财政列支的公共管理部门,实行主席负责制。其成员由参议院议长指派,除糖业管理委员任主席外,另外随时指派三位市场营销、金融财政、保险、法律和管理方面的专家,共同组成糖业权威机构。该机构的主要职责是监督昆士兰糖业有限公司在法律规定的范围内进行企业运作,同时可以参与讨论、制订合同,处置资产等。

4. 昆士兰糖业公司

昆士兰糖业公司也属于国家财政列支的公共管理部门,主要职责是将公司的资产分配给仓储公司和昆士兰糖业有限公司。公司可以在昆士兰及澳大利亚以外,独立行使签订和约、处置资产、以各种形式买断、卖出澳大利亚食糖的权利,拥有建造、投资、管理散装仓库及运输工具的权利,为其商业目的使用这些设施。

5. 昆士兰糖业有限公司

昆士兰糖业有限公司是依据公司法成立的有限责任公司,其章程必须依据《食糖工业法 1999》的规定制定。该公司的主要职责是经销澳大利亚的食糖并提供为糖厂和甘蔗种植者结算支付的依据。

6. 糖业实验站管理局

糖业实验站管理局(简称 BSES)的分支机构分布在主要的甘蔗产区,设有 4 个实验站,7 个中心实验场和 1 个中心实验室。BSES 具有参与合同制定、处置资产、指定聘请律师和代理商等权利,具体职能包括:调查、评估与昆士兰甘蔗种植相关的必要条件;预防、控制、根除甘蔗病虫害;指导、管理与甘蔗育种、生产、收割、运输和加工等有关的所有事物;协助糖业委员实施甘蔗分析系统;提供权威的甘蔗质量分析报告作为甘蔗结算依据等。BSES 工作资金来源包括:按交给昆士兰糖厂甘蔗的吨位数从种植者和加工厂征收的税,昆士兰政府每年给一部分拨款,糖业研究发展公司和其他基金会提供的研究基金,实验站生长甘蔗销售所得收入,投资基金所获收益,出版物销售收入和其他服务收入。BSES 承担的科研工作涉及:土壤和农艺学、农业工程、甘蔗育种、生物技术、病理学、食糖加工技术和食糖质量等。BSES 工作人员还向昆士兰甘蔗种植和加工者提供技术咨询服务。除了布里斯班的行政办公室、实验室、检疫设备、病虫测试站外,BSES 还在其他许多地方设有实验站,室外实验都是为蔗农进行的。根据《食糖工业法 1999》的有关规定,每个甘蔗种植区所种植的甘蔗品种必须经 BSES 局长批准。

7. 甘蔗生产局、甘蔗病虫害防治及生产力局

在每个甘蔗产区,均成立以上两个局。甘蔗生产局有权利批准、变更、取消"甘蔗生产面积",糖厂因能力扩大需要增加甘蔗生产面积,必须由糖厂或糖厂供应者委员会提出申请。甘蔗病虫害及生产力局的职责是在甘蔗产区内,为甘蔗种植者提供病虫害防治、种植数量控制、收割等建议,提供环

境信息,促进各实体之间的联合等。

8. 澳大利亚糖业加工协会

澳大利亚糖业加工协会1987年成立,代表澳大利亚的原糖加工厂业主的利益。现在共有26家原糖加工厂业主是这一自愿加入组织的会员,该协会是加工厂业主讨论政策的论坛,向会员提供的服务包括统计信息、行业关系、工厂健康和安全、环保和专业咨询,还包括法律、税收、公关和与政府沟通等。澳大利亚糖业加工协会吸收了澳大利亚4个主要产糖区的代表,选举8位成员进入理事会,任命工作人员进入专业或顾问委员会。澳大利亚糖业加工协会与其他行业协会一起合作,研究制定促进原糖业发展的方针政策,促进原糖工业的平衡发展。

9. 甘蔗种植者协会

甘蔗种植者协会在1926年成立于昆士兰州,由蔗农资助和控制,代表所有蔗农的利益。甘蔗种植者协会的三级结构包括:地方委员会、地区执委会和负责决策的拥有26位成员的昆士兰委员会,每个甘蔗种植区推荐一位成员代表。甘蔗生产区有12个网络服务中心,使广大蔗农受益,行业杂志《澳大利亚甘蔗种植》每两星期送到所有蔗农手中。地方委员会处理当地事务,特别是与加工厂业主联系,同时它还向种植者提供服务。昆士兰协会代表其所有种植者制定政策,所有昆士兰甘蔗种植者均是协会的成员,各级协会的选举每三年一次。

10. 澳大利亚甘蔗农场主协会

澳大利亚甘蔗农场主协会于1987年成立,是一个自愿加入的独立协会,旨在保护其会员的利益。它的会员包括从新南威尔士到昆士兰的甘蔗种植者。澳大利亚甘蔗农场主协会为会员的利益工作,由理事会负责。协会的《澳大利亚糖业文摘》是沟通会员间联系的极好联系项目,协会还通过媒体对糖业问题进行评价。

11. 糖业研究所

糖业研究所于 1949 年成立,是澳大利亚原糖加工业的研发机构。它的工作范围主要包括基础应用研究项目,解决行业内部问题,提高原糖加工和加工设备设计水平。糖业研究所的研究项目包括从甘蔗收割和运输到加工出糖的整个工艺工程的每一个环节,以及蒸汽发电、废水处理等。糖业研究所的研究咨询组负责向会员单位提供研究和咨询服务。同时,它还负责推广研究所研发的产品和引进国外的技术。

(三)糖料与食糖生产支持政策

目前,澳大利亚政府对糖业基本上不实行价格补贴。1982 年以前,澳大利亚的农业补贴形式多样,包括价格干预、进口配额、关税壁垒、生产投入补贴、自然灾害救济和农业结构调整补贴等。自 80 年代初期以来,澳大利亚逐步认识到实行补贴政策,往往掩盖了国际市场价格信号,阻碍了农业产业的调整,不利于提高农业效率。为此,澳大利亚政府对农产品的补贴逐步减少。

但澳大利亚联邦和昆士兰州政府对糖业的技术研究十分重视,并制定了相关的支持政策,主要糖业机构糖业实验站管理局经费来源除了向种植者和糖厂征收的税费,还有部分政府拨款。如今澳大利亚已拥有世界领先的糖业科研、生产与管理技术。

(四)糖料与食糖价格调控政策

1. 糖料生产配额制度

澳大利亚政府对糖业生产实行配额管理,对糖厂产品中内销及外销的比例进行控制。糖厂所在地的地方糖业管理局,依法作出关于甘蔗供应、交货等条件的规定,确定各个甘蔗农场的生产限额。如果农户与糖厂有异议,可上诉中央甘蔗价格管理局进行裁决。当农场(农户)种植的甘蔗超过限额时,如果超额生产甘蔗所产的糖不能够在市场上卖出去,就要将这些多余甘蔗销毁,或留待(在地里继续生长)下一个年度收割期(如果没有严重变质)再加工。甘蔗种植者在地方糖业管理局中有他们的代表,负责与政府和制糖厂进行协调,按市场需要安排生产,避免出现生产过剩或短缺情况。

2. 糖料收购价格政策

澳大利亚是世界上较早实施甘蔗按质论价收购的国家。在昆士兰州,每年甘蔗价格的制定都沿用一个经验公式,公式中包含了对工厂和蔗农的激励因素,鼓励生产效率的提高,蔗农交售的甘蔗价格直接与甘蔗含糖量挂钩。对于食糖销售收入,糖厂得三分之一,蔗农得三分之二。为避免各相关环节的利益风险,要从国际市场食糖的平均价格反推甘蔗价格,并由蔗农协会公布国际市场食糖价格和与其挂钩的不同糖分的甘蔗价格。工农收入分配比较科学和利益一致,充分调动了农户推广采用良种、提高甘蔗含糖分和单产,糖厂多榨蔗多产糖的积极性。

在澳大利亚,原糖全部由昆士兰州政府收购,再由昆士兰州政府与 CSR 有限公司和 Millaquin 糖业有限公司签订合同,由这两家公司承担原糖精炼并负责国内精炼糖供应。精制糖批发价格由中央政府和昆士兰州政府协商决定,精制糖的零售价格则随零售市场的竞争自由浮动。

3. 食糖价格调控政策

澳大利亚食糖价格调控机制是采取价格双轨制形式,即食糖销售到不同市场,食糖加工者和糖料种植者会得到不同的价格。销售到国内市场和某些出口市场可以获得某种形式的资助和优惠,而自由出口到世界市场则享受不到任何形式的资助和优惠。一般来说,实行价格双轨制的国家,国内市场糖价相对稳定,一般不受世界市场糖价的影响。

4. 食糖贸易政策

澳大利亚糖业很早就取消了进口限制。1996 年澳大利亚食糖行业检查工作组织建议从 1997 年 7 月 1 日起废止食糖进口税。与世界上许多食糖出口国不同,澳大利亚政府对原糖出口基本没有补贴或价格支持。当国际糖价较高,澳大利亚国内食糖消费已处于饱和状态时,大量食糖需要依赖出口(表 4-5)。每年食糖出口得到的不菲收入,使澳方对全球食糖贸易自由化持非常积极的态度。

表 4-5　近年来澳大利亚食糖产销和出口情况

（单位：万吨，原糖值）

榨季	2003/2004	2004/2005	2005/2006	2006/2007	2007/2008	2008/2009
产量	582	451	529	552	495	498
消费	120	119	119	119	119	120
出口	385	430	387	382	385	375

数据来源：德国里奇公司（F.O.Licht）。

五、欧盟糖业政策框架与管理体制研究

欧盟生产的食糖全部为甜菜糖,制糖期为7月至次年1月,是世界上最大的甜菜糖产区,欧盟27国的糖产量约占全球糖产量的14%。

(一)欧盟糖业概况

1. 食糖生产

欧盟制糖企业规模普遍较大,糖厂装备向着大型、高效化发展,自动化控制程度高,生产工艺设备先进,产品质量好,多用"一步法"生产各种规格的高品质白砂糖。

2005/2006榨季,欧盟生产食糖2100万吨,消费1700万吨,进口260万吨,出口接近700万吨,是出口补贴政策的最后一年,库存为509万吨。2006/2007榨季,欧盟生产食糖为1745万吨,消费1920万吨,进口274万吨,出口减缩到137万吨,产量消费差为-175万吨,库存下降到470万吨,库存消费比下降(表4-6)。

由于欧盟成员国没有切实落实从2006年开始实施的糖业改革措施,欧盟糖农签约减少的糖产量远远要小于计划,但由于消费的增长,欧盟的食糖供求基本保持平衡。由于削减配额而造成的产量超出部分将计入下一年度配额,或出售给工业部门加工生物乙醇等,因此会影响到下一年的配额削减。综上,由于政策的变化,欧盟的食糖市场从先前的供大于求转向供求趋紧,由传统的净出口国转向了净进口。

表4-6 欧盟近年来糖料与食糖生产概况表

项目 榨季	压榨收获面积 (千公顷)	甜菜单产(吨/公顷)	甜菜压榨量 (千吨)	甜菜含糖分 (%)	糖产量 (千吨)	糖单产 (吨/公顷)	每榨季甜菜种植者数量	每榨季糖厂数量
2000/2001	1995	61	121608	16.84	17969	8.3	/	148
2001/2002	1991	56.9	113231	16.44	16103	7.9	270321	167
2002/2003	2035	61.8	125792	16.6	18450	8.82	263431	160
2003/2004	2176	51.6	118243	17.15	18201	7.83	313471	152
2004/2005	2143	55.8	129534	16.8	20022	8.38	303247	200
2005/2006	2155	56.3	131631	17.14	20481	8.92	304061	179
2006/2007	1720	55.6	102610	16.35	16947	7.84	251431	155
2007/2008	1564	61.3	95186	17.5	17005	9.7	213962	138
2008/2009	1353	62.4	84005	18.02	14991	10.9	164244	110

资料来源：CEFs Statistics。

2. 食糖生产配额制度

由于政府的高度保护政策,欧盟内部食糖价格远高于国际市场价格,1974和1981年是价格高峰。现在由于生产超过消费,库存增加而导致价格逐步下降。尽管价格有所下降,2006年1月,欧盟食糖价格仍然高于世界市场价格70%,即使和同样高价的美国食糖相比,价格也超过23.7%。欧盟内部产糖成本差别很大。法国产糖成本最低,德英等国略高,产糖成本最高的是意大利。但是,欧盟根据各国国内市场规模分配配额,糖价的设定以保证最低效率的国家保持生产为原则,因此一半以上的配额都分配给平均劳动生产率较低的国家。成本较低的法国得到的配额相对较少,英国、德国、荷兰和意大利却得到较多的生产配额。

欧盟的食糖加工越来越集中于一些大企业。奥地利、丹麦、芬兰、希腊、爱尔兰和葡萄牙、瑞典和英国的食糖加工全部由一家企业垄断。在垄断程度最小的意大利和法国,最大的一家企业所占份额也有31%。整个欧盟中,四家公司集团控制了欧盟甜菜糖产量的一半左右。四家企业分别为Sudzucker、Danisco、Eridania Beghin-Say和British Sugar。德国的Sudzucker,是欧盟和世界上最大的白糖加工企业,几乎控制了欧盟市场四分之一的配额;丹麦的Danisco,控制了德国、瑞典、立陶宛和芬兰的主要食糖加工,在丹麦、瑞典和芬兰三个国家处于垄断地位;Eridania Beghin-Say 主要分布在法国和意大利;英国的 British Sugar 控制了英国所有配额,边际利润超过20%。由于政府对食糖产业的特别支持,欧盟糖农的收入比整个农业人均收入高70%。

(二)欧盟糖业管理体制

欧盟的糖业管理体制是由制定和实施一系列具有可操作性的协议、规则和政策,以及成立共同的糖业市场组织(CMO)形成的。

1. 欧盟共同农业政策

欧盟共同农业政策(Common Agricultural Policy,简称CAP)是在欧共体共同农业政策基础上形成的。以1992年为界,欧盟共同农业政策的演变大致分为两个阶段,欧共体共同农业政策阶段和欧盟共同农业政策阶段。

共同农业政策是欧盟实施的第一项共同政策,最初的目标是提高农业生产力,确保农业生产者合理适当的生产水准,稳定农产品市场,保障农产品供应和合理的价格,使共同体农业免遭外部廉价农产品竞争。为此,欧盟制定了3条必须共同遵守的原则来协调国家之间的利益:一是欧盟市场统一原则,即逐步取消欧盟成员国之间的关税,实现欧盟内部成员国之间商品、劳动力和资本自由流通,协调成员国之间防疫和兽医等条例,制定共同的经营法规和竞争法则等;二是欧盟优先原则,即实行进口征税、出口补贴的双重体制。当产品价格低于欧盟内部价格,实行进口征税;当产品出口价格低于欧盟价格实行价格补贴,控制从欧盟外部进口,避免受到世界市场波动的影响;三是价格和预算统一原则,即制定统一的农产品价格和财政预算,由各成员国缴纳一定的费用建立欧盟农业指导基金和保证基金,用于进行补贴和支持欧盟的农业发展。

伴随着欧盟农业发展先后经历20世纪60年代农产品短缺到70年代自给自足,最后发展到80年代后的农产品生产过剩和财政危机,共同农业政策也由初期的促进农产品增产,转向着力解决农产品过剩、提高农产品竞争力、促进农村发展等新问题,其间经历了多次调整和改革。

欧盟共同农业政策(CAP)的政策基础是提高农业生产率、确保内部市场供应,糖业管理体制也是如此,它一方面促进了糖产量,另一方面也保证了区域内高度自给。尽管二十年来制糖甜菜的面积一直未变,但由于生产率的提高,欧盟的糖产量已有显著增加。实际上,制糖甜菜仅占欧盟农业生产中各单项产品份额的很小比例,然而它是农业经济中最重要的轮种作物,也是欧盟农民盈利最高的作物之一。欧盟糖业政策包括支持价格、生产配额和优先进口配额体系。

2. 欧盟食糖组织

欧盟食糖组织(CMO)建立于 1968 年,是一个单一的共同市场组织,是欧盟另外一个比较重要的糖类管理体制,也是唯一游离于 1992 年共同农业政策改革之外的部门。建立 CMO 的初衷是保证欧盟共同体糖类生产者的合理收入和内部市场的自我供应。目前 CMO 主要由理事会管辖,它的成立精简了欧盟在农业部门的立法,提高了其透明度,增强了政策制定的时效性和精确度。CMO 废除了几乎 78 条理事会条例,并将超过 920 条的法律文献精简到现在的大约 230 条政策法规。

(三)欧盟糖业政策

欧盟糖业政策是欧盟所有农产品政策中最为成功的一种,也是最完善的世界糖业政策之一。其出发点是保护糖农和制糖企业的利益,核心是价格稳定体系。在该政策的影响下,欧盟各国糖业保持了生产与价格的稳定,糖厂规模不断扩大,生产效率及竞争力不断提高,糖农、加工者和消费者的利益都得到了较好的保护,曾一度使欧盟从原来的食糖净进口地区转变为净出口地区。欧盟的糖业政策是以不依赖国际市场为前提制订的。

1. 干预价格及进口限额制度

通过干预食糖采购价格和制定甜菜最低收购价格,向制糖企业和蔗农提供内部支持和收益保障,这一制度自 CMO 形成以来几乎没有更改过。干预价格制度的基本规定如下:

第一,政府设定食糖市场的目标价格和干预价格,同时设定甜菜的最低价格。价格基准每年核定一次,价格制订的最高权力部门是欧盟农业部长联席会议。定价的原则是保证每个利益集团都有一定的利益回报。当某国食糖市场实际价格低于干预价格时,各成员政府收购部门(干预机构)每年须以干预价格买进符合条件的食糖。通过政府干预形成的"安全网",可以保证食糖生产者购买甜菜的最低价格。实际中,因为牵涉到欧盟预算,干预收购很少使用。

第二,以进口关税及质量限制的手段保证食糖的市场价格高于干预价格。欧盟各国实际市场价格一般均高于目标价格 3%—5%,欧盟内部糖价比国际市场价格高出 4 倍多。

第三,通过配额,限制在共同体内市场销售食糖的数量,以确保食糖较高的市场价格。通过干预价格,欧盟的共同糖业管理组织控制了制造商和种植者的基本合同条款,也就是价格条款。虽然欧盟的糖业管理体制并没有使农民直接获得财政支持,但其目的是使甜菜种植者持续获益。

2. 配额管理制度

(1)A、B 配额糖。

欧盟糖业政策的核心特征就是以销定产,通过配额制度限制在共同体内销售糖的数量,分为 A、B 类配额。这些配额被分配到共同体的各个成员国,再由各个成员国分配给各自的生产商。两类配额原则上与内部市场需求相对应,A 类配额在早期被称为基本配额,相当于欧盟的总产量,是基于成员国以往的产量确定的,B 类配额是每一个生产商按照市场消化能力,依基本配额的 30%—45%生产的额外数量。一般来说 A 类配额占总配额的82%,B 类配额占 18%。

A 配额的拥有者可以支付固定的最低价格来购买甜菜用于生产,其缴纳的生产税为干预价格的 2%;B 配额的拥有者可以支付比 A 配额更低的固定价格购买甜菜,但其生产税是干预价格的 30%—37.5%。A 和 B 配额糖被允许以高价格在共同体内市场销售,配额糖的生产者也可以选择出口配额糖,并因此获得出口退税。出口退税的主要资金来源就是 A、B 配额拥有者所缴纳的生产税。

欧盟分配给各成员国的生产配额每五年制订和分配一次,不同国家之间不能转让,同一国家不同公司间可以转让,但转让额不能高于其生产配额的 10%。

(2)C 糖生产和销售。

超出 A、B 配额糖之外生产的糖,被称为 C 糖,即非配额糖。原则上,C糖既可能是有 A、B 配额的生产商超出配额之外生产的糖,也可能是根本没有配额的生产商生产的糖。但实际上,配额糖和非配额糖往往是在同一生产商的同一生产线上生产的,没有单独的 C 糖生产。各企业可以决定是否将 C 糖结转至下一销售年度。没有结转至下一销售年度的 C 糖,必须在该销售年度结束后的下一年的 1 月 1 日前全部用于出口,不能在欧盟市场内部销售,除非欧盟的糖供应短缺,但糖短缺的情况自 1992 年之后就再也没有发生过。按照规定,C 糖不能直接从较高的共同体内部市场价格中获得利益,也不像 A、B 配额糖那样可以从出口补贴中获得利益。但是 CMO 允许制造商以低于干预价格的价格购买甜菜用于 C 糖的生产,一些种植者和制造商设定的收购价仅为国际市场价格的 60%。

3. 对外贸易政策

(1)出口退税。

由于欧盟内部食糖市场供大于求,而且欧盟市场糖价大大高于国际市场糖价,这就需要有一种机制保证过剩的配额糖的出口。欧盟采取的方法是从生产配额中征税补贴出口,征税和补贴的执行机构是欧盟食糖管理委员会及欧盟设在各国的干预机构。欧盟对两类糖实行出口退税,一类是超出欧盟内部消费需求的那部分 A 和 B 配额糖,另一类是与按照优惠进口安排进口到欧盟的原罐装糖的数量相等的糖。这一规定是为了促进出口和维护欧盟与世界市场糖价的差额。

出口退税的资金主要来自于对配额糖征收的生产税,由于欧盟糖业管理体制的价格干预,资金还来源于消费者较高的价格支付以及欧盟的纳税人。

(2)优惠进口安排。

欧盟实行进口许可证制度,来严格控制进口,从而维持欧盟的价格支持体系。欧盟糖业对外贸易制度的特殊性在于其对非洲、加勒比、太平洋国家（ACP）和印度进口的原糖所提供的优惠安排。这种优惠安排是根据 ACP 与欧盟的《糖业议定书》以及欧盟与 ACP 国家和印度的《特殊优惠糖协定》规定的，主要有三个方面：一是保证价格，欧盟承诺进口免税，以保证的价格购买和进口特定数量的原产于 ACP 国家和印度的蔗糖、原糖，并可用于再出口，享受欧盟的出口退税。保证的价格每年由谈判决定，事实上，与欧盟制糖商所获得的价格基本相同；二是约定数量，按照欧盟的承诺，欧盟确保每个议定期限内进口一定数量的蔗糖和原糖。并且欧盟确保其与 ACP 国家和印度约定的进口数量不因乌拉圭回合的《农业协定》项下的承诺而削减；三是不限定期限，这项优惠进口安排排除了适用 WTO 的最惠国待遇要求。

4. 欧盟的糖业政策改革

欧盟曾长期实施对糖类生产和出口高补贴政策，造成欧盟境内糖价高昂，同时糖类生产严重过剩，大量廉价欧盟糖冲击国际市场，引发外部强烈不满，欧盟为此屡受世界贸易组织警告。2005 年 4 月，欧盟在与巴西、澳大利亚和泰国的糖业诉讼案中败诉，不得不对其已持续了四十年的高度保护的糖业体制进行大的改革，其内部市场上高于国际市场 3 倍的食糖价格和甜菜收购价格将大幅降低，享受出口补贴的白糖出口量也将被大幅削减。

欧盟各成员国的农业部长 2006 年 2 月 20 日正式批准了欧盟糖业体制改革方案。根据这一方案，欧盟从 2006 年 7 月 1 日开始在四年内逐步削减国内食糖支持价格，2006 年削减 20%，随后三年的削减幅度分别为 25%、30% 和 36%，计划在四年间将糖产量减少 600 万吨，并对遭受损失的糖农提供补偿。降低食糖支持价格会使许多欧盟成员国的制糖产业走向消亡，希腊、爱尔兰和意大利的食糖产业受打击最重，其次是西班牙、芬兰、拉脱维亚、立陶宛、葡萄牙、斯洛伐克和斯洛文尼亚。

2007 年 5 月 7 日，欧盟委员会对糖业政策改革措施作出了一系列的修改，制订了更为明晰的糖业政策计划，旨在使糖业改革更为有效，制糖业竞争更加自由化。但实际减少的配额量大大小于预期，因此必须作出一些改变增强该计划的吸引力。欧盟的主要变动是，给予种植者和机械承包商的援助比例要固定在 10%，但是主动放弃配额的种植者将给予额外的补贴，建立可追溯支付体系以避免惩罚那些已经放弃了配额的种植者。在 2008/2009 榨季放弃一部分配额的公司，将获得他们在 2007/2008 榨季所拥有配额的部分征税豁免权。欧盟委员会认为，如果到 2010 年配额的减少量不足，欧盟委员会将考虑强制削减配额量，并且削减配额的多少将依照各个会员国在重组计划中已放弃的配额量而定。

六、美国食糖消费规模及其
结构的动态演变分析

客观梳理 1961—2008 年美国食糖消费规模及其结构的演变状况,可以深入透析影响食糖消费的相关因素,进而寻找其发展演变的一般性规律,为中国食糖产业提供一些发展思路。

(一)美国食糖生产、消费和贸易变动状况

1. 美国食糖的产量和消费量发展状况

1961—2008 年美国食糖(折原糖值)[①]产量呈现大致上涨态势,2008 年美国食糖产量约占全球食糖产量的 5.2%。具体来看,美国食糖产量由1961 年的 397.4 万吨增长到 1981 年的 564.35 万吨、进一步增长到 1999 年的 820.2 万吨,之后略有下滑,2008 年食糖产量为 690 万吨(图 4-8)。

美国是全球重要的食糖消费国。从消费来看,美国食糖的消费量次于印度、欧盟、巴西和中国,2007 年和 2008 年食糖消费量分别占全球食糖消费量的 6.3% 和 6.1%,在国际食糖消费市场中占据重要地位。

1961—2008 年美国食糖消费量呈现先增、再降、后增的态势,由 1961年的 865.75 万吨增长到 1972 年的 1040.66 万吨,后下滑至 1987 年的738.57 万吨,在 1987 年之后呈现上涨态势,2008 年增至 968.5 万吨。这几次转折点大都与美国经济状况和经济政策紧密相关。

---

① 因为食糖生产、消费和贸易中,国际上通常折算为原糖值统计,本文第一部分"美国食糖生产、消费和贸易变动状况"若不特别说明,均是指原糖值。

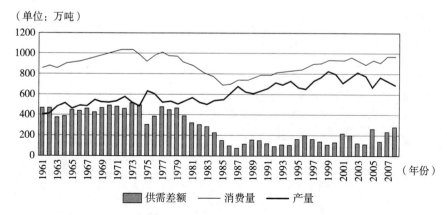

图4-8 1961—2008年美国食糖产量和消费量变动状况

资料来源:根据FAO和USDA数据整理而成。

根据美国食糖48年的产量、消费量和产消的变动状况可以看出,美国食糖长期处于供不应求的状态,但1987年后这种供不应求的状况有所缓解。这种缓解既与美国食糖产量增加有关,也与美国食糖消费结构的转变有关。

2. 美国食糖的进口状况

由于美国食糖产量无法满足需求,成为食糖市场的重要进口国。2007年和2008年美国食糖进口量分别为237.7万吨和247.8万吨,约占全球食糖进口量的6.3%和6.1%,仅次于俄罗斯和欧盟27国的食糖进口量。与之对应,食糖的主要出口国为巴西、泰国、澳大利亚等国。

1961—2008年美国食糖进口量呈现先增、再降、之后稳中有升的态势,由1961年的385.12万吨增长到1974年的526.42万吨,后下滑至1987年的129.81万吨,之后食糖进口处于稳中有升状态,2008年食糖进口量为247.8万吨(图4-9)。

美国食糖进口量占美国食糖消费量的比例也经历了与进口规模类似的发展态势,由1961年大约占食糖消费量的44.48%增长到1974年的53.08%;后下滑至1988年的17.51%,在1988年后呈现稳中有升的态势,之后10年稳定在16%—25%的幅度范围内,2007年和2008年食糖进口量占美国食糖消费量的24.47%和25.59%。正是由于美国食糖进口占美国

（单位：万吨）

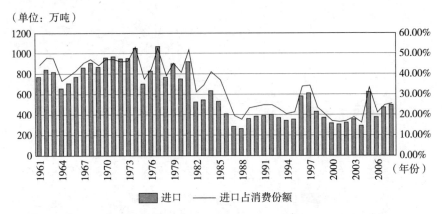

图4-9　1961—2008年美国食糖进口及进口占消费的份额变动状况

资料来源:根据FAO和USDA数据整理而成。

食糖消费量的四分之一,美国对食糖产业实行较为积极的稳定和发展政策,并对糖这一品种的政策干预与粮食品种的政策干预放在同样的高度。

3. 美国食糖的人均消费状况

折合原糖值来看,1961—2003年美国食糖人均消费状况表明,美国食糖人均消费呈现大致下降、然后稳中有增的态势,由1961年每年人均消费食糖45千克(最高曾达到48千克)逐步下降到1986年人均消费28千克,1986年之后稳定在29—32千克,2003年人均消费为31千克,2006年人均消费为30千克。这一趋势与澳大利亚的食糖消费变动趋势大体一致,但澳大利亚的食糖消费下降幅度较为平缓,不像美国这样大起大落。

折合精炼值来看,1961—2003年美国食糖的人均消费状况表明,美国食糖人均消费呈现下跌、然后相对稳定的状态。由1961年每年人均消费食糖42千克(最高曾达到44千克)逐步下降到1986年人均消费26千克,之后一直稳定在27—30千克之间,2003年食糖人均消费29千克。这一趋势与澳大利亚的食糖消费变动趋势大体是一致的。

全球食糖(精炼值)的消费变动状况与美国、澳大利亚不同,其呈现逐步上升态势,由1961年的14千克增长到2003年的19千克。这种差异可能由于经济发展水平不同所导致的食糖消费水平差异而造成。一是美国和澳大利亚等国由于经济发展水平较高在1961年精炼糖消费水平已经处于相对高位,之后四十多年呈现大致走低然后相对稳定的态势,但其绝对人均消费水平仍明显高于世界平均水平(见表4-7和图4-10)。二是印度、中国、泰国等国家随着生活水平的提高对食糖消费呈现逐步增长态势。以中国食糖(精炼值)人均消费为例,1961年人均消费为1千克,2003年人均消费为6千克,2008年约为11.05千克,尽管人均食糖消费呈现逐步增长态势,但和经济发展水平较高的美国和澳大利亚相比仍处于较低水平。印度和泰国1961年食糖人均消费分别为4千克和3千克,2003年人均消费增至16千克和29千克,印度、中国、泰国等新兴国家食糖消费的急剧快速增长对于全球食糖消费的变动趋势起到了重要影响,并影响着未来食糖消费的发展格局。

表4-7 2002—2003年食糖(精炼值)人均消费的比较

国家 年份	澳大利亚	巴西	中国	印度	南非	泰国	美国	世界
2002年	35	50	8.6	16	29	28	30	19
2003年	36	49	8.6	16	30	29	29	19

资料来源:根据FAO和USDA数据整理而成。

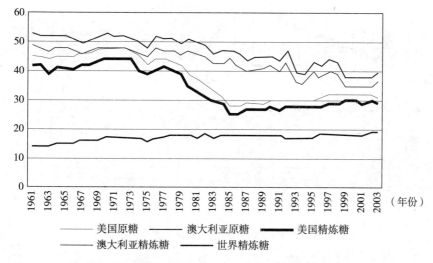

图4-10 1961—2003年美国、澳大利亚食糖(原糖值和精炼值)的人均消费变动状况
资料来源:根据FAO和USDA数据整理而成。

(二)美国食糖的消费结构变动状况

1. 美国工业消费和非工业消费的分布状况

1949—2008 年美国食糖(精炼值)[①]消费量的数据表明,六十年里,美国食糖消费量呈现先增、后回落、再平稳增长的态势,由 1949 年 684.94 万吨增长到 1973 年的 1077 万吨,之后的食糖消费呈现回落后又平稳增长态势,1979 年回落到 993.4 万吨,1986 年回落到 723.86 万吨,之后又开始平稳增长,2008 年增长到 941.4 万吨。

由于美国食糖消费由工业消费和非工业消费两部分组成,从食糖总消费量和分类消费来看,其呈现下述特点:

第一,美国食糖消费总量与工业消费呈现高度相关的趋势。美国食糖消费总量与工业消费量无论在数量上还是在变动趋势上都呈现高度相关的特征;与之对照,美国非工业消费相对平稳,由 1949 年的 398.5 万吨略微下滑至 2008 年的 384.2 万吨,六十年间非工业消费基本保持在 300—440 万吨之间(图 4-11)。

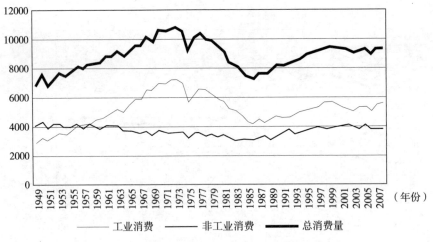

图 4-11　1949—2008 年美国食糖消费量变动状况

资料来源:根据 USDA 数据整理而成。

① 本文"(二)美国食糖的消费结构变动状况"若不特别说明,均为精炼值。

第二,美国食糖消费结构在 1956 年和 1956 年以前,非工业消费高于工业消费;自 1957 年开始,工业消费超过非工业消费,在食糖消费量中占据日益重要的位置(图 4－12)。

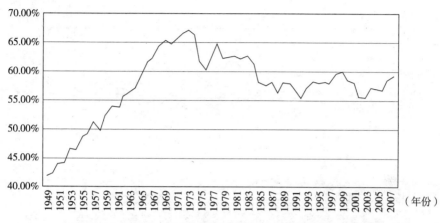

图 4－12　1949—2008 年美国食糖工业消费比例的变动状况

资料来源:根据 USDA 数据整理而成。

1956 和 1957 年是美国食糖消费的分界线,之前是以非工业消费为主,之后是以工业消费为主。美国食糖工业消费比例的变动呈现明显的先增、后下降、之后相对平稳的波动趋势,由 1949 年的 41.79% 增加到 1973 年的 66.77%,之后逐年下滑至 1992 年的 55.59%,之后 10 余年处于相对平稳的消费比例上,基本保持在 55.5%—59.5% 之间,2008 年工业消费比例为 59.19%。

2. 美国食糖工业消费内部结构分析

从美国食糖工业消费内部结构分析来看,共分为 7 大类:一是面包、谷物食品及相关产品,二是糖果点心相关产品消费,三是冰淇淋和乳制品消费,四是饮料,五是罐装、瓶装和冷冻食品,六是其他食品使用,七是非食品使用。食糖工业消费内部结构呈现下述演变特点:

第一,在这 7 类用途中,第一类和第二类消费量最大,占食糖工业消费的 60% 以上。

第二,7 类用途中,饮料消费量的变动尤其令人注意,经历了大幅上涨、大幅下滑、相对平稳的发展态势;面包、谷物、糖果点心以及冰淇淋和乳制品消费则呈现大致上涨态势;罐装、瓶装和冷冻食品的消费则呈现先增后减的态势;其他食品使用的消费呈现大致上涨态势(图4-13)。

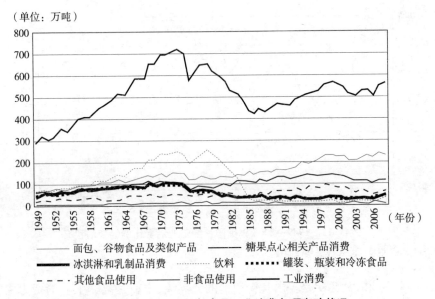

(单位:万吨)

面包、谷物食品及类似产品	糖果点心相关产品消费
冰淇淋和乳制品消费	饮料	罐装、瓶装和冷冻食品
其他食品使用	非食品使用	工业消费

图4-13　1949—2008年食品工业消费各项变动状况

资料来源:根据 USDA 数据整理而成。

　　第三,从7类食品在工业消费中所占比例来看,面包谷物在食品工业消费中所占比例呈现明显上涨态势;糖果点心在食品工业消费中所占比例呈现波动中大致上涨态势;冰淇淋在食品工业消费中所占比例呈现平稳增长态势;罐装瓶装和冷冻食品呈现逐步下滑态势;其他食品消费在食品工业消费中所占比例呈现大致上涨态势,略有小幅波动;非食品消费保持平稳态势。其中,罐装瓶装和冷冻食品的变动可能与其贸易结构演变有关,由在美国本地生产以供出口逐步演变到在全球各地设厂进行生产和流通(图4-14)。

3. 美国非工业消费内部结构分析

　　从1949—2008年美国食糖非工业消费内部结构来看,非工业消费共分为4类:一是饭店和餐馆类消费;二是批发商和交易商使用;三是零售商和连锁店使用;四是其他消费。食糖非工业消费内部结构呈现下述演变特点

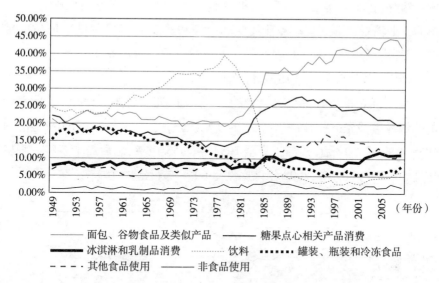

图 4－14　1949—2008 年工业消费各项所占比例变动状况

资料来源：根据 USDA 数据整理而成。

（图 4－15）：

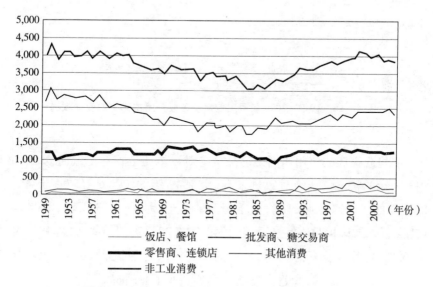

图 4－15　1949—2008 年美国非工业消费构成状况

资料来源：根据 USDA 数据整理而成。

第一,在4类非工业消费中,批发商、交易商使用的数量位居第一位,约占非工业消费总量的61%,且其变动趋势和非工业消费总量呈现高度相关;零售商、连锁店使用的食糖数量位居第二位,约占非工业消费总量的32%;饭店、餐馆和其他使用消费比例较低。

第二,4类非工业消费占总量的比例来看,批发商交易商占非工业消费的比例经历了先下跌、后相对稳定的变动状态,由1949年的67.51%上涨到1955年的69.30%后,逐渐下降至1983年的55.68%,之后二十多年一直稳定在56.5%—66.5%,2008年该比例为60.47%(图4-16)。

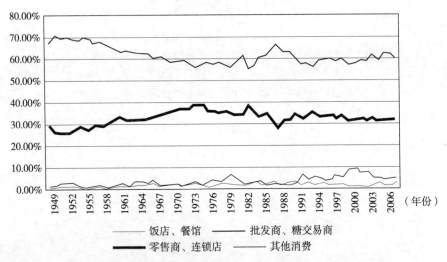

图4-16　1949—2008年费工业消费各成分所占比例的变动状况
资料来源:根据USDA数据整理而成。

零售连锁店的使用比例无论是从绝对数量还是相对比例而言,都处于相对稳定的状态。从绝对数量来看,由1949年的118.6万吨逐步增加到1974年的135.4万吨,后略微下滑且稳定在94.0—133万吨,2008年为121.2万吨。从相对比例来看,由1949年的29.75%逐步增加到1975年的38.02%,之后逐步下滑到1988年的28.36%,之后二十多年一直稳定在31.1%—35.2%之间,2008年零售连锁店占非工业消费比例为31.55%。

4. 美国食糖消费的季节性变动特征

无论是食糖总消费还是工业消费和非工业消费,美国食糖均呈现明显且稳定的季度消费特征。具体体现在：

食糖总消费量中，第 3 季度消费需求强于其他季度，第 1 季度消费最弱，2 季度和 4 季度大致类似，大致呈现 3 季度>2 和 4 季度>1 季度的分布特征。这可能与食糖加工生产的季节性有关系。

在工业消费中，总体来看，第 3 季度消费需求最强，第 4 季度消费最弱，2 季度又强于 1 季度，大致呈现 3 季度>2 季度>1 季度>4 季度的分布特征（表4-8）。

在食糖非工业消费中，总体呈现 4 季度>3 季度>2 季度>1 季度的分布特征，即第 4 季度消费最强、第 1 季度消费最弱。其主要原因是第四季度为圣诞节等节日消费旺季，而第 1 季度为非节日性消费淡季特征，而冰淇淋等食品则主要在 3 季度消费（表4-9）。

表4-8 食糖消费总量和食糖工业消费的分布特征

消费 年份	食糖总消费				工业消费			
	1 季度	2 季度	3 季度	4 季度	1 季度	2 季度	3 季度	4 季度
2001 年	2225.16	2353.053	2418.731	2344.097	1366	1439	1377	1232
2002 年	2115.884	2299.067	2499.856	2329.426	1231.915	1315.556	1369.052	1219.415
2003 年	2096.62	2270.785	2357.652	2347.576	1227.292	1260.709	1352.696	1193.249
2004 年	2168.063	2272.063	2388.545	2381.355	1245.757	1323.625	1376.966	1307.525
2005 年	2189.571	2324.466	2461.296	2336.663	1267.931	1357.46	1362.154	1298.453
2006 年	2110.386	2238.097	2355.997	2207.531	1229.397	1261.64	1327.638	1236.871
2007 年	2156.241	2381.77	2493.832	2317.365	1295.666	1401.833	1441.18	1320.684
2008 年	2295.767	2392.52	2459.818	2265.594	1380.534	1438.216	1446.339	1307.067
均值	2169.712	2316.478	2429.466	2316.201	1280.545	1349.741	1381.654	1264.449

资料来源：根据 USDA 数据整理而成。

表4-9 食糖非工业消费的分布特征

年份	1 季度	2 季度	3 季度	4 季度
2001 年	859.296	914.161	1041.524	1111.768
2002 年	883.969	983.511	1130.804	1110.011
2003 年	869.328	1010.076	1004.956	1154.327

年份	1 季度	2 季度	3 季度	4 季度
2004 年	922. 306	948. 438	1011. 579	1073. 83
2005 年	921. 64	967. 006	1099. 142	1038. 21
2006 年	880. 989	976. 457	1028. 359	970. 66
2007 年	860. 575	979. 937	1052. 652	996. 681
2008 年	915. 233	954. 304	1013. 479	958. 527
均值	889. 167	966. 7363	1047. 812	1051. 752

资料来源:根据 USDA 数据整理而成。

无论是食糖总消费还是工业消费和非工业消费,美国食糖消费还呈现明显的月度消费特征,其月度特征基本和季度特征大体一致。

从食糖消费总量来看,10 月和 8 月的月度消费最强,9 月和 6 月的消费次之,2 月和 12 月的消费最差。

从工业消费来看,8 月和 10 月的月度消费需求最强,3—7 月的月度消费次之,1 月和 9 月的月度消费再次之,2 月弱于 1 月和 9 月,12 月的月度消费最差。

从非工业消费来看,10 月的月度消费最高,8、9、11 月的月度消费次之,6 月、8 月、7 月和 3 月的月度消费再次之,1 月和 2 月的月度消费最差。

5. 美国食糖消费的区域特征

美国食糖消费呈现明显的区域分布特征,主要体现为:

第一,消费区域主要集中于美国中北部和南部,这两个区域占消费总量的 62% 以上;其次是西部,西部约占食糖消费总量的 16%;再次是大西洋中部区域,约占食糖消费总量的 15%—16%;最后是新英格兰地区和波多黎各区域,这两个区域不超过食糖消费总量的 4%(表 4 - 10)。

第二,从中北部和南部的消费量来看,近几年呈现大致平稳的消费状况。2001 年中北部食糖消费占总消费量的 33.91%,2008 年增长到 34.15%。2001 年南部地区食糖消费占总消费量的 31.14%,2008 年略降至 30.06%。

第三,大西洋中部区域食糖消费呈现日益增加态势。大西洋中部区域食糖消费由 2001 年的 140.1 万吨增加到 2008 年的 164.4 万吨,其占美国食糖消费总量的比例由 2001 年的 15.02%增至 2007 年的 17.46%和 2008年的 15.92%。

表 4-10　2001—2008 年美国食糖消费的区域分布状况

区域＼年份	新英格兰	大西洋中部	中部和北部	南部	西部	波多黎各	总量
2001 年	282.01	1401.25	3164.17	2905.35	1511.49	66.742	9330.996
2002 年	278.19	1452.89	3032.25	2887.14	1495.84	57.149	9203.46
2003 年	286.36	1466.40	3123.76	2715.41	1453.23	29.515	9100.048
2004 年	272.95	1460.84	3276.02	2753.26	1518.78	41.000	9323
2005 年	284.56	1429.26	3186.38	2762.91	1608.88	40.007	9311.997
2006 年	283.69	1410.52	3055.42	2703.91	1434.08	24.378	8911.984
2007 年	287.49	1503.65	3159.54	2855.10	1514.09	30.234	9350.097
2008 年	328.99	1643.78	3257.17	2645.78	1506.95	31.031	9413.736

(三)美国食糖消费规模及结构变动的启示

美国食糖消费规模和消费结构四十年乃至六年的分析,可充分反映其发展的规律性,总体来看美国食糖消费呈现下述特点:

第一,四十多年的食糖产业发展,未能扭转美国食糖产不足需的市场状况,在此市场状况下,采取积极的政策以稳定食糖产业的发展,就成为美国政府的必然选择。这些政策一方面推动了美国食糖产量的稳定发展,另一方面逐步缩小了食糖产量和消费量之间的差异。从这一角度而言,市场状况在很大程度上影响着政府对某一市场的支持和干预力度。

对于我国而言,应结合食糖供求大致平衡的市场状况下,构建适合中国食糖供求状况的支持政策。

第二,美国食糖(原糖值)人均消费经历了下降、后稳中有增的态势,已经逐步由从 1961 年人均消费原糖 45 千克(最高曾达到 48 千克)下降后稳定在年人均消费 29—32 千克之间;食糖(精炼糖值)人均消费经历类似的发展趋势,现在稳定在年人均消费28—30千克左右。

尽管美国食糖人均消费四十多年间呈现大致下跌趋势,但目前稳定的人均消费水平与中国人均食糖消费10千克相比,还存在较大差额。再结合全球食糖人均消费日益上涨的态势,中国人均食糖消费目前仍处于大致上涨态势,在此背景下如何通过改进科学的食品结构进而提高人均食糖消费,是合理食糖消费的前提。

第三,美国食糖消费中,工业消费的绝对数量和食糖消费总量息息相关,2008年食糖工业消费比例为59.19%,因此工业消费的变动趋势决定着食糖消费的变动方向。

对于我国而言,结合美国食糖消费中工业消费的变动趋势,以及目前中国食糖消费的发展状况,适当引导、制定可行的发展规划,就成为食糖产业发展的必然选择。

第四,在食糖工业消费结构中,面包、谷物食品相关产品以及糖果点心相关产品的消费占据食糖工业消费的60%以上,且仍呈现明显上升态势;在食糖非工业消费中,批发贸易商使用的数量约占非工业消费总量的61%,且其变动趋势和非工业消费总量高度相关;零售商、连锁店使用的食糖数量约占非工业消费总量的32%。

食糖工业消费和非工业消费内部产业的发展特征,可为未来中国食糖相关产业的发展提供一些信号,结合我国经济发展水平适当引导其发展,提前做到未雨绸缪。

第五,美国食糖消费呈现明显且稳定的季度性和月度特征,食糖总消费呈现3季度>2和4季度>1季度的分布特征;食糖工业消费呈现3季度>2季度>1季度>4季度的分布特征;食糖非工业消费呈现4季度>3季度>2季度>1季度的分布特征。

从食糖消费的月度特征来看,无论是食糖总消费还是工业消费和非工业消费,10月和8月的月度消费都较强,2月或12月的月度消费一般较差,其他月份略有差异。

食糖消费的季度特征和月度特征,既与生产的季节性有关,又反映了消费中的季节性特征,可结合消费中的季节性特征,在一定程度上调节食品工业加工的生产状况,实现食糖生产和消费的大致均衡。

第六,美国食糖消费呈现明显的区域分布特征,消费区域主要集中于美国中北部和南部,这两个区域占消费总量的 62% 以上;其次是西部,西部约占食糖消费总量的 16%;再次是大西洋中部区域,约占食糖消费总量的 15%—16%;最后是新英格兰地区和波多黎各区域,这两个区域不超过食糖消费总量的 4%。

食糖消费的区域特征,与食糖企业的分布和人群的消费密不可分。总结区域特征,可在衔接食糖产销方面适当调节,实现区域间流通的均衡分布。

七、世界主要国家促进糖料产业稳定发展的经验与启示

从巴西、印度、欧盟、美国、澳大利亚等国家和地区糖业发展与产业管理的实践来看,各国政府均把促进糖料产业持续稳定发展作为主要政策目标,主要政策措施与经验包括以下几个方面。

(一)通过出台严格的食糖配额生产政策维持国内供需平衡

欧盟糖业政策的核心特征就是以销定产、配额生产。欧盟通过配额制度限制在共同体内销售糖的数量,分为 A、B 类配额。这些配额被分配到共同体的各个成员国,再由各个成员国分配给各自的生产商。两类配额原则上与内部市场需求相对应,A 类配额在早期被称为基本配额,相当于欧盟的总产量,是基于成员国以往的产量确定的,B 类配额是每一个生产商按照市场消化能力,依基本配额的 30%—45%生产的额外数量。一般来说,A 类配额占总配额的 82%,B 类配额占 18%。A 和 B 配额糖被允许以高价格在共同体内市场销售,以满足共同体的糖需求。欧盟分配给各成员国的生产配额每五年制订和分配一次,不同国家之间不能转让,同一国家不同公司间可以转让,但转让额不能高于其生产配额的 10%。所有超出 A、B 配额糖之外生产的糖,被称为 C 糖,即非配额糖。原则上,C 糖既可能是有 A、B 配额的生产商超出配额之外生产的糖,也可能是根本没有配额的生产商生产的糖。但是在生产实践中,配额糖和非配额糖往往是在同一生产商的同一生产线上生产的,没有单独的 C 糖生产。各企业可以决定是否将 C 糖结转至下一销售年度。没有结转至下一销售年度的 C 糖必须在该销售年度结束后的

下一年的 1 月 1 日前全部用于出口,不能在欧盟市场内部销售,C 糖不能直接从较高的共同体内部市场价格国的利益,也不像 A、B 配额糖那样可以从直接的出口补贴中获得利益。

为保证食糖贷款方案的实施不会给美国政府带来成本,美国实行白糖销售额灵活分配制度,以防止因市场糖价过低导致农产品贷款公司(CCC)给予贷款罚金。每年 8 月 1 日前,美国农业部根据糖厂上报的白糖生产计划预测本年白糖的消费量,去年剩下的待售白糖数量,本年度的白糖产量,本年度计划进口的用于食用的糖的总量,以此为基础给各糖厂分配销售额,该销售额不得低于消费量的 85%。糖厂必须在销售额度内进行国内市场销售,政府只对配额范围内生产的食糖实行政策保护(按国内市场价格出售;申请低息贷款),如果生产量超过配额的数量,超出配额生产的糖不准进入国内市场,生产商就必须自己承担费用储存多余的供应,或者按世界市场价格(低于国内市场价格)出口,政府不承担费用。

印度食糖的生产和分配体系的核心是定期配额体制。印度政府要求糖厂在每个榨季结束前(即 9 月 30 日以前)上报详细的食糖库存量,以便政府能准确地测算出全国的可供食糖总量以及制订出以后投放国内市场的食糖数量。为了调控国内糖价,由联邦政府规定公开市场和国营商店的食糖销售配额。每月销售配额以两周为单位分两批销售(此规定于 2010 年 4 月 1 日起实施,之前是每月以周为单位分四批销售),糖厂将上报实际的销售量以及每两周分批销售量。而且所有未售完的数量或者是每两周未分批销售的数量将纳入政府征收之中(作为福利糖补贴给穷人)。

澳大利亚政府也对糖业生产实行配额管理,对糖厂产品中内销及外销的比例进行控制。糖厂所在地的地方糖业管理局,依法做出关于甘蔗供应、交货等条件的规定,确定各个甘蔗园(农场)的生产限额;如农户与糖厂有异议时,可上诉中央甘蔗价格管理局进行裁决。当农场(农户)种植的甘蔗超过限额时,如果超额生产甘蔗所产的糖能够在市场上卖得出去,就可送到糖厂加工;否则、要将这些多余甘蔗销毁,或留待(在地里继续生长)下一个年度收割期(如果没有严重变质)再加工。

(二)通过食糖市场调控促进价格保持基本稳定

欧盟政府设定食糖市场的目标价格和干预价格,同时设定甜菜的最低价格。价格基准每年核定一次,价格制订的最高权力部门是欧盟农业部长联席会议。定价的原则是保证每个利益集团都有一定的利益回报。当某国食糖市场实际价格低于干预价格时,各成员政府收购部门(干预机构)每年需以干预价格买进符合条件的食糖。通过政府干预形成的这个"安全网",可以保证食糖生产者购买甜菜的最低价格。实际上,因为牵涉到欧盟预算,所以干预收购很少使用。

美国采取无追索权贷款的方式来保障食糖价格,政府授权商品信贷公司(CCC)按一固定贷款利率向糖厂提供无追索权贷款,农场主以尚未收获的农产品作抵押。各州政府根据保护工、农业生产者基本利益的原则,通过有关各方充分协商,确定工厂食糖不含税的销售"目标价格",容许以"目标价格"为基准,根据市场供求变化情况在一定范围内上、下浮动。糖厂可用已生产出或将要生产出的糖为抵押,按"目标价格"向政府申请低息贷款。当市场价格高于"目标价格"时,农场主可按市场价格出售农产品,用现款还本付息;当市场价格低于"目标价格",农场主可要求政府按"目标价格"收购(临时储备),政府按目标价格和市场价格差额给予补贴。

2008年美国农业法案允许美国农业部向加工商提供贷款,原蔗糖贷款利率在2009财政年是每磅18美分,此后2010、2011和2012财政年,原蔗糖贷款利率每年每磅将会上升1/4美分,2012财政年,原蔗糖贷款利率为每磅18.75美分。精制甜菜糖贷款利率在2009财政年是每磅22.9美分,2010、2011、2012财政年精制甜菜糖的贷款利率是分别原蔗糖贷款利率的128.5%,2012年精制甜菜糖贷款率将为24.09美分(表4-11)。

表4-11 2008年美国农业法案规定的食糖贷款利率

时间 \ 利率	原蔗糖贷款利率		甜菜糖贷款利率	
	增加值	贷款利率	增加值	贷款利率
2008	0.00	18.00	0.00	22.9

续表

利率 时间	原蔗糖贷款利率		甜菜糖贷款利率	
	增加值	贷款利率	增加值	贷款利率
2009	0.25	18.25	0.55	23.45
2010	0.50	18.50	0.87	23.77
2011	0.75	18.75	1.19	24.09
2012	0.75	18.75	1.19	24.09

资料来源:USDA。

(三)实施按质论价收购和最低收购价政策,保证利益分配格局合理

澳大利亚是世界上较早实施甘蔗按质论价收购的国家。在昆士兰州,每年甘蔗价格的制订都沿用一个经验公式,公式中包含了对工厂和蔗农的激励因素,鼓励生产效率的提高。蔗农交售的甘蔗价格直接与甘蔗含糖分挂钩,糖厂和蔗农的收入占食糖销售收入的比重约为:糖厂占三分之一,蔗农占三分之二。在确定了整体利益分配原则后,为避免各相关环节的利益风险,从国际食糖市场的平均价格反推甘蔗价格,并由蔗农协会公布国际市场食糖价格和与其挂钩的不同糖分的甘蔗价格。由于工、农收入分配比较科学,利益一致,充分调动了农户推广采用良种,提高甘蔗含糖分和单产,糖厂多榨蔗、多产糖的积极性。

澳大利亚的原糖全部由昆士兰州政府收购,再由昆士兰州政府与 CSR 有限公司和 Millaquin 糖业有限公司签订合同,由这两家公司承担原糖精炼、负责国内精炼糖供应。精制糖批发价格由中央政府和昆士兰州政府协商决定,精制糖的零售价格则随零售市场的竞争自由浮动。印度政府也对甘蔗收购环节采取政府定价的模式。每年制订甘蔗最低保护价格(msp),各邦政府可在联邦政府定价的基础上把甘蔗收购价上调 20%—50%,糖厂必须按邦政府出台的甘蔗收购价(sap)来购买甘蔗。

(四)把科技创新作为产业稳定发展的重要支撑

尽管印度是发展中国家,但作为世界第二大产糖国,仍然非常重视对糖业技术改进的支持。印度设有甘蔗育种研究所、甘蔗(农业)研究所、甘蔗制糖(工业)研究所,分别进行良种选育、甘蔗农艺、农业工程、土壤科学、植物生理学、植物病理学、遗传育种学、制糖工程、制糖工艺、制糖物理化学、制糖生物化学、甘蔗化学等方面的研究与开发。印度非常重视甘蔗育种工作,重视甘蔗种质资源的搜集,对亲本的挑选非常严格,在杂交育种方面取得了许多新成就。此外,在甘蔗耕作栽培、施肥、灌溉、病虫害防治、杂草防除等方面也都积累了具有自己特色的丰富经验。

美国拥有一整套较为完善的甘蔗良种研究、推广体系和运作机制。以路易斯安那州为例,该州有两个甘蔗研究所,一个是隶属于联邦政府农业部的路州研究所,另一个是路州大学研究所。路州研究所侧重基因培育和良种研究,路州大学研究所则侧重良法研究,两个研究所分工合作,共同完成甘蔗良种的科研工作。其研究出来的 GP 系列品种具有抗逆性强、宿根性好,糖分和产量高的特点。研究项目与糖业协会密切配合,与蔗农紧密相连。联邦政府每年只提供少量经费,科研经费主要是协会提供和蔗农赞助,良种研究完成后,会无偿提供给蔗农,蔗农种植后再将问题反馈给协会,科研人员、协会和蔗农,三者有效地互动,推动了路州甘蔗良种的研究、开发与推广。此外,美国政府鼓励机械化生产,对农场购置农业机械,给予较优惠的贷款扶持政策。美国绝大多数种植糖料的农场配置了种植机、施肥机、喷雾机、收获机和拖拉机等,从播种、中耕、施肥、化学除草、喷洒农药到收割、运输等,已基本实现机械化、专业化、社会化大生产。

澳大利亚已拥有世界领先的糖业科研、生产与管理技术,澳大利亚联邦和昆士兰州政府对糖业的技术研究十分重视,并对其实施了支持政策。如澳大利亚主要糖业机构——糖业实验站管理局的经费除了来源于向种植者和糖厂征收的税费,也有部分政府拨款。

(五)运用高进口关税和出口补贴等贸易政策保护国内糖业

印度对食糖没有实行关税配额制度,但印度政府为了保护国内食糖产业和农民的利益,进口关税从 2000 年 2 月前的 40%提高到 60%。2010 年 3 月 25 日,印度已通知世界贸易组织,印度将确保免税免配额(DFQF)制度为最不发达国家(LDCs)提供有效的市场准入。其中可以享受免关税准入的产品包括蔗糖。有 14 个最不发达国家获得这一便利措施,包括孟加拉国,尼泊尔,不丹,柬埔寨和一些非洲国家。同时,为扩大食糖出口,印度政府采取了许多推动食糖出口的鼓励措施,比如免除食糖消费税、不再实施定期配额销售管制、免除 850 卢比/吨营业税等措施。2002 年 7 月份,印度政府宣布从印度糖业发展基金(SDF)中出资对国内食糖运输提供 12—14 美元/吨的补贴,印度政府在 2003 年 2 月 28 日进行的年度财政预算时再次给食糖出口商提供海运补贴,每吨出口糖补贴 7 美元/吨,该项补贴同样从印度糖业发展基金(SDF)中支取。

美国对食糖进口实行关税和配额双重控制,国家不依靠征收进口糖关税来增加财政收入,进口糖关税主要用于加强糖业管理和稳定、扶植国内糖业生产。美国对进口原糖和精制糖实行特殊的关税配额制度,在每个财政年初期,农业部都会确定进口数量,配额之内的进口将采用优惠税率,超过配额的进口将实行较高的税率。美国食糖关税高低相差 26 倍,普惠制国家和加勒比海国家在配额之内享受免税协议的优惠。根据乌拉圭回合农业协定,美国同意每年进口最低数量的原糖和精制糖,进口量相当于 113.9 万公吨原料值(MTRV),或 125.6 万短吨原料值(STRV),同时美国也对进口的含糖食品数量加以限制。根据美国统一关税表的规定,一旦美国农业部认定在合理的价格水平下国内白糖的供给不能满足需求,农业部将作出调整,改变先前确定的数量限制,但不会低于农业协定规定的数量。对于配额内的食糖征收关税为每磅 0.625 美分,对超出配额的进口原糖征收每磅 15.36 美分的税率,精制糖征收关税每磅 16.21 美分。

附　录

一、2009—2011 年蔗糖产业重要政策

(一)2009 年

广东甘蔗收购指导价创新高

湛江市公布了 2008/2009 年榨季第十一期(2009 年 3 月 21 日—2009 年 3 月 30 日)甘蔗收购指导价格,根据近期湛江市食糖市场一级白砂糖价格 3700 元/吨左右及该市蔗糖行业的实际情况,甘蔗收购指导价创榨季新高,二类品种甘蔗每吨达到 275 元,比本榨季最低价每吨 213 元高出 62 元。

中央计划收储食糖 80 万吨

2009 年 1 月 4 日,国家发改委、商务部等联合下发了《关于下达 2008/2009 榨季国产糖收储计划的通知》,决定分两批实施国家收储计划,第一批 50 万吨,第二批 30 万吨,收储对象为 2008 年 10 月份以后生产的白砂糖,收储基础价格为每吨 3300 元(南宁车板交货价,含税)。

广西:发布 2009/2010 榨季糖料蔗收购价 260 元/吨

广西物价局发布了关于 2009/2010 年榨季糖料蔗收购价格的通知,通知主要有以下四方面内容:一是控制种植面积和制糖产能的盲目扩张,调控食糖市场供求关系;二是 2009/2010 年榨季普通糖料蔗收购首付价维持上榨季水平,即 260 元/吨,并继续执行全区统一的普通糖料蔗收购首付价;三是普通糖料蔗收购价格 260 元与一级白砂糖平均含税销售价格 3500 元/吨挂钩联动,挂钩联动价系数值 6%;四是调整优良品种加价政策。对已经成为我区糖料蔗主要种植品种的新台糖系列品种(含台优)等品种,全区统一

加价 5 元/吨。对目前种植面积很小,但具有较高推广(试种)价格的糖料蔗品种(新品系),加大加价力度,良种加价水平全区统一确定为 20 元/吨。

广西:制订千亿元方案,确保实现制糖业跨越式发展

为进一步壮大产业规模,调整产业结构,优化产业布局,提升产业竞争力,加快工业化发展步伐,广西制订实施千亿元工业产业和重点工业产业发展实施方案,提出重点发展以制糖为主的食品产业等七大千亿元支柱产业,实现 2012 年制糖业销售收入 420 亿元、食品产业销售收入 2100 亿元的跨越性目标,确保到 2012 年广西工业销售收入突破 15000 亿元,进入工业化中级阶段。

《低聚果糖》和《木糖》国家标准已发布

在中国发酵工业协会及各有关单位协助下,国家标准化管理委员会批准发布了《低聚果糖》(GB/T23528－2009)和《木糖》(GB/T23532－2009)两个国家标准,标准自 2009 年 11 月 1 日起开始实施。近年来,低聚果糖行业发展较快,在医药保健、功能性食品以及饲料添加剂等行业得到广泛应用,其产品的品种、规格、产量发生了很大的变化,原行业标准(QB2581－2003)已不适应目前的产品及市场。标准修改采用了英国药典 BP2007 与美国药典 USP30 的木糖质量标准,并在其基础上有所提高。

发改委、农业部下达油糖生产基地和旱作农业示范基地项目

为进一步促进油料、糖料生产和旱作农业发展,提高农业综合生产能力,转变农业增长方式,国家发展改革委会同农业部近日下达了油糖和旱作农业示范项目 2009 年中央预算内投资计划,专项用于油菜、甘蔗生产基地和旱作农业示范基地建设。

广西:扶绥农民喜领甘蔗多功能种植机购机补贴

广西省扶绥县政府今年出台优惠政策,对农户购买经济实用、技术成熟、配套成型的小型农业机械给予重点补贴,其中集中耕、除草、盖膜、培土以及抽水喷灌等多项功能为一体的甘蔗多功能种植机列入了重点补贴范

围。一台售价 7000 多元的甘蔗多功能种植机,县级财政给予补贴金额高达 2000 元。这一优惠政策调动了广大农民的购机积极性。

湛江:甘蔗收购指导价按糖价 7%—7.5%比例制订

本榨季湛江将继续保持糖价蔗价联动制度。11 月 10 日召开的湛江市 2009 跨 2010 榨季糖业工作会议要求,湛江市物价局按糖价 7%—7.5%的比例制订并公布甘蔗收购指导价(田头价)。

广西:普通蔗收购首付价提至 284 元/吨,提前联动保障蔗农利益

由于新榨季伊始食糖价格涨幅较快,为保障广大蔗农利益,广西提前实行糖蔗联动政策,提高甘蔗收购价。具体为:按一级白砂糖含税销售价格 3900 元/吨与糖料蔗收购价格进行提前挂钩联动。提前联动普通糖料蔗收购首付价格为 284 元/吨,新台糖系列品种(含台优)糖料蔗收购首付价格为 289 元/吨,自治区确定或批准的具有较高推广(试种)价值的糖料蔗品种(新品系,各市 3—4 个)收购首付价格为 304 元/吨。

广西召开 2009/2010 榨季工作会议,确定新榨季工作重点

2009 年 11 月 25 日,全区糖业 2009/2010 年榨季工作会议在南宁召开。会议判断 2009/2010 榨季国内食糖产量与上榨季基本持平,全国食糖供求的基本态势偏紧,预计本榨季食糖市场价格将在比较合理的价位运行。本榨季的工作重点是:稳定农民收入与企业效益,稳定甘蔗收购秩序与榨季生产,稳定糖价与市场。围绕本榨季的工作重点,会议对新榨季管理提出了禁止制糖企业抬高甘蔗收购价、继续实行蔗区属地管理原则、加强产品质量管理工作等 10 条要求。

12 月 21 日将拍卖第二批国储糖,投放总量已达 50 万吨

国家发改委、商务部、财政部决定,于 12 月 21 日向市场投放第二批国家储备糖,投放数量为 30 万吨,竞卖底价为 4000 元/吨。国家储备糖将通过华商储备商品管理中心电子网络系统公开竞卖,竞卖标的单位为 300 吨,竞买主体限于食品加工企业。至此本月的白糖抛储总量已达 50 万吨。

第一批 20 万吨储备糖于 12 月 10 日投放，竞卖开始后仅两个小时就全部成交，总成交量为 207445.69 吨，平均成交价为 4915 元/吨。

湛江新榨季甘蔗收购价每吨 315 元

日前，湛江确定本榨季第一期二类品种（平价蔗）甘蔗收购指导价为 315 元/吨。收购价的确定按照甘蔗收购价格与糖价挂钩联动政策，实行政府指导价管理办法，按市场糖价 7%—7.5% 的比例确定标准品种价格。具体价格如下：优一类品种甘蔗 345 元/吨，一类品种甘蔗 330 元/吨，二类品种甘蔗 315 元/吨，三类品种甘蔗 300 元/吨，淘汰品种甘蔗价格比三类品种甘蔗大幅度降低定价。

2009 年第二批国储糖竞卖全部成交

12 月 21 日下午 17 时，2009/2010 榨季第二批国储糖竞卖结束。本次竞卖底价是 4000 元/吨，最高价为青岛直属库点的 4860 元，最低价为湖北溇口直属库和江西省糖酒公司南昌库点的 4490 元，平均价格 4672.23 元，总量是 28.82 万吨，成交金额 13.5 亿元。

湛江 2009/2010 榨季指导价格公布，各类蔗每吨均比上期上涨 21 元

从湛江市物价局了解到，湛江市公布了 2009 跨 2010 榨季第二期甘蔗收购指导价格，二类品种（平价蔗）甘蔗收购指导价为 336 元/吨（田头价，不含运费）。各类蔗指导价每吨均比上期上涨 21 元、涨幅约 6.7%，与去年同期比涨幅约 56%。

国家发展改革委、中国人民银行发布 2009/2010 年制糖期工业短期储存食糖计划

2009 年 12 月 30 日，国家发改委、央行发布工业短期储存食糖计划。计划规定：第一，2009/2010 生产年度短期储存计划 230 万吨。短期储存食糖的风险和利息、费用有承储企业承担。承储期为半年。第二，短期储存食糖要优先安排食糖主产地区 2009 年临时储存食糖还贷情况好、信誉高、效益好、收储能力强的大型企业集团。第三，短期储存食糖所需资金，由承储

企业按照商业银行和农业发展银行认可的抵押或担保方式向银行申请贷款。凡是 2009 年承担短期储存食糖任务,尚未还清银行贷款本息的企业,这次收储贷款不予发放。

农业部全国种植业工作会议明确 2010 糖料面积要恢复到 2850 万亩

农业部近日在北京召开全国种植业工作会议,总结种植业发展成就和经验,研究部署 2010 年种植业工作重点。会议强调,要按照全国农业工作会议"两个千方百计"、"两个确保"的总体要求,大规模开展粮棉油糖高产创建,大规模开展园艺作物标准园创建,大规模开展高标准农田建设。会议明确了 2010 种植业四项重点任务:一是千方百计促进粮食稳定发展。稳定播种面积,单产恢复到 2008 年的历史最高水平,总产力争有所增加。二是合理引导结构调整。糖料恢复到 2850 万亩,园艺作物保持面积稳定,重点抓好质量,提高效益。三是切实加强基础建设。四是推进发展方式转变。

(二)2010 年

湛江第三期指导价格公布,田头价涨至 357 元/吨

据近期湛江市食糖市场一级白砂糖价格 5100 元/吨左右及湛江市蔗糖行业的实际情况,湛江市物价局核定本榨季第三期二类品种(平价蔗)甘蔗收购指导价为 357 元/吨(田头价,不含运费),各品种价格可在各类指导价标准的基础上,上下浮动 5% 的范围内,由制糖企业自行制定。

广西物价局:2009/2010 榨季糖料蔗收购价再次提前联动

广西壮族自治区物价局 1 月 25 日发布通知称,全区糖料蔗收购价统一实行再次提前联动,提前联动按一级白砂糖含税销售价 4400 元/吨对应普通糖料蔗收购价 314 元/吨。即:提前联动普通糖料蔗收购价格为 314 元/吨,新台糖系列品种(含台优)糖料蔗收购价格为 319 元/吨,自治区确定或批准的具有较高推广(试种)价值的糖料蔗品种(新品系)收购价格为 334 元/吨。

中央财政紧急拨付云南、广西特大抗旱补助 5000 万元

中国财政部 1 月 29 日宣布,中央财政已于日前紧急拨付特大抗旱补助费 5000 万元,用于支持云南、广西两省(区)做好农业生产救灾、解决人畜饮水困难等抗旱工作。近期云南、广西两省(区)部分地区遭受 50 年一遇的严重干旱,受灾地区群众饮水告急,农业生产等也遭受严重损失。

国家决定投放第四批共 26 万吨国储糖入市,竞卖底价为 4000 元/吨

国家发改委、商务部、财政部 3 月初发布通知,决定于 3 月 5 日投放部分国家储备糖,以稳定市场价格,保证市场供应,投放数量 26 万吨,竞卖底价为 4000 元/吨,国家储备糖投放通过华商储备商品管理中心电子网络系统公开竞卖,竞卖标的单位为 300 吨。此前,国家曾于 2009 年 12 月 10 日、12 月 21 日和 2010 年 1 月 21 日分别向市场投放第一、二、三批国家储备糖,以稳定市场保证供应。

广西田东县:农民参加甘蔗种植保险试点,减少灾害损失

田东开始新政策性农业保险试点,其中甘蔗种植保险试点涉及约 18 万亩,参保费用为 25 元/亩,合计保费 450 万元,其中参保费用需要自治区财政、县财政和农户自筹资金按照 5∶4∶1 的比例缴纳,农户只需按 2.5 元/亩缴纳即可参保,每亩保险金额 500 元,总保额 9000 万元甘蔗种植保险承担的主要保险责任为火灾、冻害、暴雨、洪水、内涝、暴风、旱灾、雹灾。实际上这一保险的赔付金额每亩 500 元相当于参保金额的 20 倍,是农户自筹参保金额的 200 倍。

第五批 100495.6 吨国储糖全部成交

为补充食糖供需缺口,国家商务部 4 月 26 日发布关于拍卖 2009/2010 榨季第五批中央储备国产白砂糖的公告。本次竞卖白砂糖总量 10 万吨,上一次拍卖国储糖为 3 月 5 日,共有 257976 吨国储糖成交,最高价格为 5620 元/吨,较 1 月份售价上升 11.5%。本次竞卖 100495.6 吨的挂牌总量全部成交,平均成交价 4945.52 元/吨。

云南下拨 3000 万元补助资金，支持 200 万亩甘蔗种植任务

云南省财政厅、云南省农业厅近期联合发出《关于下达 2010 年中央农业抗旱救灾资金和计划的通知》，文件根据省政府第 40 次常务会议精神，下拨 3000 万补助资金，专项用于支持恢复我该省 2010 年甘蔗生产 200 万亩计划任务。

农业部创建 50 个糖料万亩高产示范片

2010 年 5 月 26 日上午，农业部在遂溪县北坡镇举行糖料高产创建启动仪式，计划今年在糖料优势区域或重点区域创建 50 个万亩高产示范片，其中在南方甘蔗优势区创建 40 个万亩高产示范片，要求示范片比非示范片增产 10% 以上，含糖率提高 0.5 个百分点以上，投入产出比 1∶1.5 以上；在北方甜菜重点产区创建 10 个万亩高产示范片，要求示范片比非示范片亩增产 10% 以上。

国家发改委等三部委联合发布第六批国储糖竞卖公告

为了保证食糖市场供应，稳定价格，国家发改委、商务部、财政部 6 月 25 日联合发出公告，决定于 7 月 6 日投放第六批国家储备糖，数量 10 万吨，竞卖底价为 4000 元/吨（仓库提货价）。国家储备糖投放通过华商储备商品管理中心电子网络系统公开竞卖，竞卖标的单位为 300 吨。

广西创建 22 个糖料高产创建示范片

近日，全国糖料高产创建项目正式启动，我国将在南方甘蔗优势区域创建 40 个万亩高产示范片。广西作为全国最大的糖料生产基地，今年将在全区糖料蔗生产优势区域县（市、区）建立 22 个糖料高产创建示范片。根据广西糖料蔗生产情况，今年广西糖料万亩高产示范片创建目标要求达到亩产糖料蔗 6.5 吨，含糖率 14.5%；示范片要比非示范片增产 10% 以上，含糖率提高 0.5 个百分点以上，投入产出比 1∶1.5 以上。

2009/2010 榨季第六批国储白砂糖抛售

7 月 6 日，2009/2010 榨季第六批国储白砂糖成功竞卖。本次竞卖总量

为10万吨,竞卖底价4000元/吨。本次竞卖历经4个小时,100000吨国产白砂糖全部成交,竞卖平均成交价格5247.93元,总成交金额约5.25亿元。

广西:甘蔗收获机械获6000万元专项补贴

从8月26日召开的广西农机购置补贴工作会议上获悉,今年国家财政安排给广西的第二批农机购置补贴资金达3亿元,其中5338万元用于甘蔗生产机械专项补贴;自治区财政配套补贴694万元,两级补贴共计6032万元。这是迄今甘蔗机械得到的最大额度专项补贴。发展水稻机插、机收和甘蔗机收机械,是提高广西农机化生产水平的关键

2009/2010榨季第八批国储白砂糖抛售

9月9日,2009/2010榨季第八批国储白砂糖成功竞卖。本次竞卖总量为24万吨,竞卖底价4000元/吨。本次竞卖历经7个小时58分钟,243214.19吨国产白砂糖全部成交,竞卖平均成交价格5659.35元。本次竞卖成交价最高的为福建糖业糖厂仓库的5750元,成交价最低的为包头华资糖厂仓库的5560元。

广西:2010/2011年榨季糖料蔗收购价由260元/吨提高到350元/吨

10月29日,广西壮族自治区人民政府就2010/2011年榨季糖料蔗收购价格方案,作出了收购首付价由上榨季的260元/吨提高到350元/吨等多项决议,并由广西物价局向全区发出了紧急通知。除提高收购首付价,继续执行全区统一普通糖料蔗收购首付价政策外,方案还要求:每吨普通糖料蔗收购价格350元与每吨一级白砂糖平均含税销售价格4800元挂钩联动,挂钩联动价系数值维持6%不变。继续实施优良品种加价政策,加大糖料蔗品种结构调整力度。将新台糖系列等原加价5元/吨的品种列入普通糖料蔗,不再实行加价;对具有较高推广价值的桂柳1号(柳城03/182)、柳城03/1137、桂糖21号、桂糖28号、桂糖02/467、桂糖02/281、桂糖97/69、粤糖93/159、粤糖00/236、赣蔗18号、福农28号以及各市上榨季经自治区批准加价的新品种,加价水平维持20元/吨。

2010/2011 榨季第一次抛售国储糖 21 万吨

根据国家发改委、商务部、财政部《2010/2011 榨季第一批国家储备糖投放公告》要求,决定对总量 21 万吨的中央储备糖以竞卖形式投放市场。此次白砂糖竞卖底价为 4000 元/吨,竞卖的是 2010 年加工、符合国标一级标准的白砂糖。10 月 22 日 2010/2011 榨季第一批国家储备糖投放开始,总成交 216803.26 吨。

2010/2011 榨季国家第二批投放 20 万吨国储糖

为保障国内食糖市场供应、稳定食糖价格,11 月 22 日,商务部会同国家发改委、财政部等有关部门,以电子竞价的形式公开投放中央储备糖 20 万吨。本次竞卖的是 2010 年加工、符合国标一级标准的白砂糖。竞卖数量为每份 300 吨,竞卖底价为 4000 元/吨。

广东湛江:新榨季首期甘蔗收购指导价出炉,为 440 元/吨

2010/2011 榨季的第一期甘蔗收购指导价 12 月 14 日出炉,经湛江市物价等有关部门核定,第一期平价蔗田头价 440 元/吨(不含运费),具体收购价格可根据指导价上下浮动 5%,由制糖企业自行确定。2010/2011 榨季第一期甘蔗收购指导价具体目录为:1. 优一类品种甘蔗:460 元/吨;2. 一类品种甘蔗:450 元/吨;3. 二类品种甘蔗:440 元/吨;4. 三类品种甘蔗:430元/吨;5. 淘汰品种甘蔗:其价格比二类品种甘蔗降低 50—80 元/吨定价。

2010/2011 榨季国家第三次投放 20 万吨国储糖

为保证食糖市场供应、稳定价格,国家发改委、商务部、财政部于 12 月 22 日投放第三批国家储备糖,数量 20 万吨,竞卖底价 4000 元/吨(仓库提货价)。国家储备糖投放通过华商储备商品管理中心电子网络系统公开竞卖,竞卖标的单位为 300 吨,竞买主体限于食品加工企业,竞卖品种为 2010/2011 年加工、符合国标一级标准的白砂糖,平均价 6866.56 元/吨,成交总量 20 万吨,成交金额 13.74 亿元。

云南:云县、沧源甘蔗收购价大幅提高

日前,云县两座糖厂向蔗农公布了本榨季甘蔗收购价格,特类品种每吨370元,一类品种每吨360元,二类品种每吨345元,三类品种每吨300元。平均价格每吨350元,在上榨季245元平均价的基础上增加了105元。此外,沧源县决定将2010/2011榨季甘蔗收购平均价调整为360元/吨,比上年净增60元,创历史新高。其中,一类品种380元/吨,二类品种350元/吨,三类品种330元/吨。

(三)2011年

广东湛江:第四期甘蔗指导价达到每吨450元

根据近期湛江市食糖市场一级白砂糖价格7000元/吨左右及全市蔗糖行业的实际情况,近日,市物价部门发文核定本榨季第四期二类品种(平价蔗)甘蔗收购指导价为450元/吨(田头价,不含运费),各类品种价格可在指导价标准的基础上上、下浮动5%的范围内,由制糖企业自行制订。此次公布的甘蔗收购指导价格如下:1.优一类品种甘蔗:470元/吨;2.一类品种甘蔗:460元/吨;3.二类品种甘蔗:450元/吨;4.三类品种甘蔗:440元/吨;5.淘汰品种甘蔗:其价格比二类品种甘蔗降低50—80元/吨定价;6.按照优质优价原则,未列入分类定价的品种按其含糖度等情况由企业自行定价报市物价局审定后执行。

广西:2010/2011榨季糖料蔗收购价格再次实行提前联动

为适应目前国际、国内食糖市场供求和价格变化情况,广西壮族自治区决定对2010/2011榨季糖料蔗收购价格再次实行提前挂钩联动。第一,按一级白砂糖含税销售价格7000元/吨与糖料蔗收购价格进行提前挂钩联动。普通糖料蔗收购首付价格提前联动到482元/吨,自治区确定或批准的具有较高推广(试种)价值的糖料蔗品种(新品系,各市3—4个,下同)收购首付价格为502元/吨。具体计算为:1.普通糖料蔗再次提前联动收购首付价格=现行首付价410元+提前联动(7000元−5800元)×6%=482元/吨;2.自治区确定或批准的具有较高推广(试种)价值的糖料蔗品种再次提前联动收购首付价格＝再次提前联动普通糖料蔗收购首付价格 482 元/吨＋良种加价 20 元/吨＝502 元/吨。第二,全区统一执行糖料蔗收购价格再次提前挂钩联动政策。第三,榨季结束后,自治区将对食糖销售价格进行核定。第四,加强糖料蔗价格政策的宣传。第五,全区各地、各制糖企业必须严格执行国家和自治区的糖料蔗收购价格政策,做到令行禁止,共同维护榨区秩序稳定。

广东湛江:二类甘蔗收购指导价提至 460 元/吨

根据近期湛江市食糖市场一级白砂糖价格 7230 元/吨左右及该市蔗糖行业的实际情况,日前,湛江市物价部门发文核定本榨季第六期二类品种(平价蔗)甘蔗收购指导价为 460 元/吨(田头价,不含运费),各类品种价格可在指导价标准的基础上上、下浮动 5% 的范围内,由制糖企业自行制订。此次公布的甘蔗收购指导价格如下:1.优一类品种甘蔗:480 元/吨;2.一类品种甘蔗:470 元/吨;3.二类品种甘蔗:460 元/吨;4.三类品种甘蔗:450元/吨;5.淘汰品种甘蔗:其价格比二类品种甘蔗降低 50—80 元/吨定价;6.按照优质优价原则,未列入分类定价的品种按其含糖度等情况由企业自行定价报市物价局审定后执行。

云南双江:2010/2011 榨季甘蔗收购价大幅提高

本榨季,双江 2010/2011 榨季甘蔗收购价平均每吨达 360 元,比上榨季的每吨 306.79 元增加 53.21 元,增长 17.3%。其中,一类种每吨 380 元,二类种每吨 350 元,三类种每吨 330 元。最低收购价为每吨 325 元,最高为每吨 410 元。

广西:普通糖料蔗收购首付价再提至每吨 482 元

广西壮族自治区物价部门下文,决定从 2 月 23 日起,对 2010/2011 榨季糖料蔗收购价格再次实行提前挂钩联动。2010 年 12 月 8 日,自治区就按一级白砂糖含税销售价格 5800 元/吨与糖料蔗收购价格进行提前挂钩联动,提前联动普通糖料蔗收购首付价格为 410 元/吨。面对当前国内食糖现货价格维持在 7230 元/吨左右的情况,自治区物价部门决定按一级白砂糖含税销售价格 7000 元/吨与糖料蔗收购价格进行提前挂钩联动,普通糖料蔗收购首付价格提前联动到 482 元/吨,自治区确定或批准的具有较高推广(试种)价值的糖料蔗品种(新品系)收购首付价格为 502 元/吨。

广东湛江:第六期甘蔗指导价每吨 460 元

根据近期湛江市食糖市场一级白砂糖价格 7230 元/吨左右及该市蔗糖行业的实际情况,日前,湛江市物价部门发文核定本榨季第六期二类品种(平价蔗)甘蔗收购指导价为 460 元/吨(田头价,不含运费),各类品种价格可在指导价标准的基础上下浮动 5% 的范围内由制糖企业自行制订。此次公布的甘蔗收购指导价格为:优一类品种甘蔗 480 元/吨;一类品种甘蔗 470 元/吨;二类品种甘蔗 460 元/吨;三类品种甘蔗 450 元/吨;淘汰品种甘蔗,其价格比二类品种甘蔗降低 50—80 元/吨定价;按照优质优价原则,未列入分类定价的品种按其含糖度等情况由企业自行定价报市物价局审定后执行。

发改委约谈糖业等 17 个行业协会,强调维护价格稳定

为了确保价格总体稳定,4 月 2 日上午,国家发改委价格司再次会同国家发改委经贸司、商务部市场运行司约请饮料、奶业、糖业、酒业等 17 家行业协会负责人,召开重要消费品行业协会座谈会,强调维护价格稳定。

云南临沧:2009—2010 年度甘蔗政策性保险试点工作取得成效

2009—2010 年度,云南临沧市甘蔗保险工作在云县、凤庆原试点的基础上,新增永德试点县。年内,全市共有 42210 户甘蔗种植户承保政策性甘蔗保险,承保面积为 52 万亩,参保率为 100%,总保险金额 39000 万元,总保险费 1326 万元。截至 2010 年年底,全市共赔偿甘蔗种植户 11336 户,赔偿金额 718.4 万元。甘蔗政策性保险工作的开展,使受灾蔗农及时得到了保险赔款,有效降低了蔗农损失,同时为稳固临沧市支柱产业原料生产基地、促进农业农村经济持续健康发展起到了积极的促进作用。

2010/2011 榨季第五批 25 万吨国储糖竞卖

为了保证食糖市场供应、稳定价格,国家发展改革委、商务部、财政部已于 5 月 31 日投放第五批国家储备糖,数量 25 万吨,竞卖底价 4000 元/吨(仓库提货价),竞卖时间为 2011 年 5 月 31 日 9 时至 17 时。

2010/2011 榨季第六批 25 万吨国储糖竞卖,均价 7357 元/吨

为保证食糖市场供应、稳定价格,国家发展改革委、商务部、财政部于 7 月 6 日投放第六批国家储备糖,数量 25 万吨,竞卖底价为 4000 元/吨(仓库提货价)。国家储备糖投放通过华商储备商品管理中心电子网络系统公开竞卖,竞卖标的单位为 300 吨。

2010/2011 榨季,先后六批投放 126.68 万吨的国家储备糖

本榨季以来,国内食糖价格持续高位运行,为保证市场价格平稳,国家发改委会同商务部、财政部共向市场投放了六批数量为 126.68 万吨的国家储备糖。另据国家发改委公布的计划,后期还会有国储糖进入市场,本榨季食糖市场总共将实现 156.88 万吨的国储糖投放量。

第七批国储糖竞卖,成交加权平均价 7730.57 元/吨

8 月 5 日,第七批国家储备糖投放通过华商储备商品管理中心电子网络系统公开竞卖,竞卖标的单位为 300 吨,数量 20 万吨,竞卖底价为 4000 元/吨。本次竞卖的是 2011 年加工、符合国标一级标准的白砂糖。当天 16:30 分竞卖结束,成交量 199935 吨,最高价 7860 元/吨,最低价 7610 元/吨,成交加权平均价 7730.57 元/吨。

第八批 20 万吨国储糖竞卖,成交加权平均价 7672.03 元/吨

8 月 22 日,第八批国家储备糖投放通过华商储备商品管理中心电子网络系统公开竞卖,竞卖标的单位为 300 吨,数量 20 万吨,竞卖底价为 4000 元/吨。此次竞卖的是 2011 年加工、符合国标一级标准的白砂糖。当天 16:00 竞卖结束,20 万吨全部成交,最高价 7840 元/吨,最低价 7450 元/吨,成交加权平均价 7672.03 元/吨。

2010/2011 榨季第九批国储糖竞卖 20 万吨,加权平均价 7021.83 元/吨

2010/2011 榨季第九批国产白砂糖竞卖于 9 月 16 日上午九时正式开始。本次竞卖总量为 20 万吨,竞卖品种为 2011 年加工、符合国标一级标准的国产白砂糖,竞卖底价为 4000 元/吨。当天 16:00 竞卖结束,20 万吨全部成交,最高价 7370 元/吨,最低价 6230 元/吨,成交加权平均价 7021.83 元/吨。2010/2011 榨季共投放 186.67 万吨国储糖。

表1 2010/2011 榨季九批国家储备糖投放情况

投放批次	投放时间	投放数量	竞卖底价	成交数量	成交价格
第一批	2010.10.22	21 万吨	4000 元/吨	21.68 万吨	6679.83 元/吨
第二批	2010.11.22	20 万吨	4000 元/吨	20 万吨	6288.43 元/吨
第三批	2010.12.22	20 万吨	4000 元/吨	20 万吨	6866.56 元/吨
第四批	2011.02.28	15 万吨	4000 元/吨	15 万吨	7423.56 元/吨
第五批	2011.05.31	25 万吨	4000 元/吨	25 万吨	6862.55 元/吨
第六批	2011.07.06	25 万吨	4000 元/吨	25 万吨	7357 元/吨
第七批	2011.08.05	20 万吨	4000 元/吨	199935 吨	7730.57 元/吨
第八批	2011.08.22	20 万吨	4000 元/吨	20 万吨	7672.03 元/吨
第九批	2011.09.16	20 万吨	4000 元/吨	20 万吨	7021.83 元/吨

数据来源:华商储备管理中心。

发改委农经司副司长方言:要大力发展糖料生产基地

2011/2012 榨季全国食糖产销工作会议暨全国食糖、糖蜜酒精订货会于 11 月 1 日上午九点在海口召开。国家发改委农经司副司长方言表示,今年我国农业生产取得了良好的收成,农民生产生活条件进一步改善。下一步要进一步加大农业基础设施投入力度,大力发展糖料生产基地,并尽快推进糖业机械化进程。另外,"十二五"要加大政策扶持力度,主要是集中投入,加大品种研发和推广力度,提高糖业技术等。

广西:新榨季糖料蔗首付价 500 元/吨,上榨季蔗农增收 77 亿元

据悉,2011/2012 榨季广西全区糖料蔗种植面积 1560 万亩,比上年增加 40 万亩;预计进厂原料蔗 5700 万吨左右,产糖 700 万吨左右,比 2010/2011 榨季略有增加。根据 2011/2012 榨季糖料蔗收购价格方案,全区执行统一普通糖料蔗收购首付价政策,收购首付价 500 元/吨、糖蔗挂钩联动价 7000 元/吨,挂钩联动系数维护 6%。继续实施优良品种加价政策,进一步向糖料蔗生产者和优良品种倾斜。糖料蔗首付价每吨比 2010/2011 榨季提高了 18 元。

云南德宏州芒市:糖料收购政策支持力度加大

2011/2012 榨季德宏州芒市收购扶持政策更加优惠,无论是甘蔗收购价还是种植扶持和有关激励措施都比上榨季有了大幅提高。首先,一类甘蔗品种收购价达 430 元/吨,比上榨季的 280 元/吨增加 150 元;二类甘蔗品种收购价达 400 元/吨,比上榨季的 260 元/吨增加 140 元;三类甘蔗品种收购价达 380 元/吨,比上榨季的 230 元/吨增加 150 元。其次,甘蔗价和糖价联动系数有所提高。今年将继续实行甘蔗收购价格与食糖销售价格挂钩联动、甘蔗款两次结算的甘蔗收购价格管理方法,并且联动系数从去年的 5% 提高到 6%。最后,甘蔗发展专项资金提高,每入榨 1 吨甘蔗制糖企业提取 13.8 元的专项资金,比去年提高 4.8 元。市级财政的投入力度也在加大,新榨季市财政预算安排蔗糖产业发展专项资金将比去年增长 50%。

各地纷纷提高甘蔗收购价格

2011/2012 榨季,广西普通糖料蔗收购首付价定为 500 元/吨,并与每吨一级白砂糖平均含税销售价格 7000 元挂钩联动,挂钩联动价系数维持 6%。同时,继续实施优良品种加价政策,加大促进糖料蔗品种结构调整力度。

2011/2012 榨季,云南临沧市执行全省普通糖料蔗收购首次结算价 420 元/吨(地头价)政策;糖料蔗收购价格与蔗糖价格挂钩联动政策二次结算具体办法,待榨季结束后根据云南省物价局的有关要求执行。

2011/2012 榨季,广东省糖蔗二类品种收购价统一为 500 元/吨,湛江市糖料甘蔗收购价实行省级定价,首次全面实施糖蔗挂钩联动和二次结算。省物价局规定,2011/2012 榨季,广东省糖料蔗收购价统一为 500 元/吨,对应白砂糖含税销售价为 7000 元/吨,蔗价是糖价的 6.5%。

二、2009—2011 年典型蔗农访谈录

（一）2009 年典型植蔗农户调查案例 1

访谈对象：黄二勇
时　　间：2009 年 7 月 23 日
地　　点：广西壮族自治区百色市右江区四塘乡永靖村
访 谈 人：徐　欣

黄二勇，男，今年 53 岁，壮族，初中文化程度。家里有 5 口人，劳动力 4 个，其中外出打工 2 个。目前在家种植甘蔗的就他和他爱人两人。老黄家宅基地 0.3 亩，承包地 15 亩，全部是旱地，也都种上了甘蔗。他家有肉牛 1 头，没有其他牲畜，也没有养鱼。

2007 年，他家种甘蔗 20 亩。按品种分，新台糖 22 号有 6 亩，新台糖 16 号 6 亩，台优品种 8 亩；按宿根年限分，新植蔗面积 7 亩，一年宿根蔗 6 亩，二年宿根蔗 7 亩。

2008 年，他种甘蔗 15 亩。按品种分，新台糖 22 号 7 亩，台优品种 8 亩；按宿根年限分，新植蔗面积 5 亩，一年宿根 5 亩，二年宿根 5 亩。

2009 年，他种甘蔗 15 亩。按品种分，新台糖 22 号 7 亩，台优 6.5 亩，其他 1.5 亩；按宿根年限分，新植 3 亩，一年宿根 3 亩，二年宿根 9 亩。

老黄已经种甘蔗多年，说起选择种甘蔗的原因，他说一是由于当地土地、气候限制，旱坡地可种的经济作物相对不多，而且，在可选作物中，种甘蔗价格相对稳定，比其他作物划得来。因此，在他选择种植多少亩时，他通常会根据上一年甘蔗收购价格来比较它和其他替代作物的收益再决定。

老黄说,如果今年甘蔗价格比去年高,无论是高出 10%还是 20%,由于土地限制他当前的种植面积不会变,但他会增加投入提高单产。如果今年价格比去年低,他也不会减少面积,因为他估计价格下降后必将回升,没有必要改变。但是,他也说道,如果价格降到 194 元/吨,他就不再种植甘蔗了。

关于种植技术,他的主要来源是靠农技推广人员和糖厂农务人员服务。目前,他最迫切需求的技术是单产高、抗逆性强的品种。这几年,在他在生产经营中碰到最头疼的事情是农药、化肥等农资价格上涨过快。他相信,现有物质投入水平下,甘蔗的单产还有提高潜力。

关于他和糖厂的关系,他是把甘蔗卖给附近的百色甘化糖厂,他们之间有书面合同,合同一般是糖厂委托中间人(蔗管员)来找他签,合同里规定了价格、数量和收购时间。对于 2009 年自治区公布的定价方案,老黄是知道的,他也表示满意。他说,往年价格波动剧烈时,糖厂一般也能按照合同规定的内容履约,但是会偶尔会拖欠蔗款。糖厂给他家提供过病虫害防治的技术服务,服务形式一般为集中培训和发明白纸等宣传资料。糖厂还曾给他家提供过贴息贷款。老黄认为,和糖厂的订单关系确实令他家种蔗收入更稳定了。但也有一些问题,突出的就是糖厂扣杂太多。他们这里没有蔗农合作社,他也没有参与过合作社。

他家的承包地有承包权证,也曾和村民小组签订过合同。2007 年和 2008 年,他家的承包地由于政府修建高速公路,被征过 2 次,共征用土地 10 亩,补偿标准为 14500 元/亩。

老黄简要计算了一下他近几年的种蔗收入(表 2)。

表 2　植蔗收益表

项目 榨季	面积 (亩)	单产 (吨/亩)	总产量 (吨)	平均售价 (元/吨)	总收益 (元)	亩均收益 (元)
2006/2007	20	4.95	99	280	27720	1386
2007/2008	20	5.50	110	270	29700	1485
2008/2009	15	5.70	85	270	22900	1527

老黄这两年的种蔗成本如下(表 3):

表 3　植蔗成本表

项目	2008 年（元/亩）	备注	2009 年（元/亩）	备注
种苗	63.0	新植 5 亩,占 1/3,每亩用 0.7 吨蔗种,共 945 元,平摊到 15 亩,每亩 63 元	63.0	新植 5 亩,占 1/3,每亩用 0.7 吨蔗种,共 945 元,平摊到 15 亩,每亩 63 元
化肥	226.5	每亩用尿素 30 公斤,每 50 公斤 120 元,即 72 元;用磷肥 25 公斤,每 50 公斤 35 元,即 17.5 元;用钾肥 30 公斤,每 50 公斤 145 元,即 87 元。每亩新植蔗要施桐油麸 200 公斤,每公斤 0.7 元,即 140 元,平摊到每亩 50 元	194.0	2009 年,每亩施尿素 30 公斤,价格 99 元/50 公斤;磷肥 25 公斤,价格 35 元/50 公斤;钾肥 30 公斤,价格 120 元/50 公斤;桐麸 200 公斤,每公斤 0.7 元
农药	3.0	2008 年,共施乐果 6 瓶,每瓶 7.5 元,计 45 元	18.0	2009 年,用棵棵无损 180 元;乐果 4 瓶,每瓶 7.5 元,计 30 元;除草剂 60 元,共计 270 元
机耕费	33.0		33.0	
农膜	0		0	不用农膜
灌溉费	10.0		16.0	
运输费	0		0	
人工费（种蔗环节）	210.0	新植 1 亩甘蔗需 5 个工;宿根蔗松蔸 1 亩需 3 个工,工价为 45 元/人/天	210.0	新植 1 亩甘蔗需 5 个工;宿根蔗松蔸 1 亩需 3 个工,工价为 45 元/人/天
人工费（田间管理）	180.0	培土施肥每亩需 2 个工;锄草每亩需 2 个工,计 4 个工/亩,工价 45 元/人/天,共 180 元	180.0	土施肥每亩需 2 个工;锄草每亩需 2 个工,总计 4 个工/亩,工价 45 元/人/天,共 180 元
人工费（砍收环节）	433.8	砍蔗削蔗尖每吨需 1.25 个工,每亩 7.125 个工;剥叶每亩需 1.25 个工,集收运输每亩需用 1 个工,合计 9.375 个工,421.8 元。装车每吨需 12 元,合计 433.8 元	570	每亩蔗 9.5 个工,60 元/工,570 元/亩
土地租赁费	0.0		0	

项目	2008 年 （元/亩）	备注	2009 年 （元/亩）	备注
看守蔗田雇工费	0.0		0	
捆蔗用麻皮或竹篾	28.3	每吨甘蔗需 5—6 元竹篾	30	
成本总计	1187.6		1314	
收益	1527.0	老黄单产比较高，达到亩产 5.7 吨	1770	单产每亩 6 吨，以 295 元/吨的价格出售，计 1740 元
利润	339.4		456	

从 2008 年成本情况来看，将自己的投工和雇工都折算为成本，他家每亩甘蔗生产投入总计 1187.6 元，其中，人工投入 823.8 元，占总投入的 69.4%；物化投入 363.8 元，占总投入的 30.6%。2009 年种植的甘蔗由于还未收获，故砍收环节的人工费用未能计算，化肥投入 194 元/亩，同比减少 14.3%，农药投入 18 元/亩，同比增加 500%，其他各项费用没有变化。2008 年，老黄售蔗毛收入为每亩 1527 元，减去成本后纯收入为 339.4 元，成本利润率 28.6%。经 12 月补充调查，2009/2010 榨季单产达 6 吨/亩，首付价格为 295 元/吨，老黄的亩植蔗利润为 456 元，同比增长了 34.5%。

（二）2009 年典型植蔗农户调查案例 2

访谈对象：韦大宝

时　　间：2009 年 7 月 25 日

地　　点：广西壮族自治区柳城县马山乡大龙村

访 谈 人：徐　欣

韦大宝今年 61 岁，壮族，高中文化程度。2002 年之前是柳州市华力实业公司（国有企业）的中层管理人员。2003 年内退后一直寻找门路，2005 年开始种甘蔗，当时投入了 16 万元开始，这些年一直没有借款、贷款，靠启动资金滚动运行。当年,他找柳城县四塘农场(监狱劳改农场)租了150亩地,签的六年合同,合同规定,前三年不管种多少产多少,必须保证缴纳160元/亩的租金,2008—2011年,租金增长8%,也就是172.8元/亩。另外,农场还与老韦签订了单产与租金挂钩的协议,单产5吨对应160元的租金,超过5吨以上的2∶8分成,但这些年都没有达到过5吨以上。2008年,他又新租了100亩,这部分保底租金260元/亩(标准参照1吨甘蔗的保底收购价,挂钩办法与上述相同)。因此,他目前一共承包土地250亩,全都是10度左右倾斜度的坡地,基本不能水浇。平时,老韦一半时间在村里,一半时间在柳州市里,但他雇佣了一个工人替他长年看守蔗田。

老韦这些年的甘蔗种植品种和面积分布如下(表4):

表4 植蔗情况表

项目 年份	种植面积 (亩)	品种一	种植面积 (亩)	品种二	种植面积 (亩)	品种三	种植面积 (亩)
2007年	150	ROC16	150				
2008年	250	桂糖94—119	180	ROC27	30	ROC22	40
2009年	250	桂糖94—119	150	ROC27	30	柳城03—182	70

老韦2005年刚开始承包就种的ROC16号,宿根三年,一直到2008年才翻掉新植。因此,2007年,他150亩宿根蔗,2008年,他250亩全是新植蔗,2009年,他宿根蔗180亩,新植蔗70亩。

说起他种植甘蔗的原因,他讲到其实最主要的一点是四塘农场要包地给他只能种甘蔗,这牵扯到农场与糖厂的关系,他必须得遵守。另外,他也提到,就算他包的这块地可以允许他种水果、玉米、生姜、红薯、木薯、大豆、花生等很多作物,但他还是选择甘蔗。主要原因包括:一是甘蔗生长过程比较简单,管理可以比较粗放;二是糖厂为第一车间,不必考虑产品销售问题;三是只要甘蔗种得好,从纯收益上看要比其他作物好。比如玉米,南方的玉米收回来要晒干才能出售,比较麻烦,而且还担心找不到销路,担心价格大幅波动。尽管种玉米从费工角度上讲不如甘蔗,管理也相对简单,周期也短,但仍然觉得不如种甘蔗好。

　　说起他为什么 2008 年扩大租地面积，他说 2005—2007 年他种蔗效益还是不错的，2008 年他还新买了拖拉机。2005 年的时候，虽然甘蔗收购价只有 190 元，但当时一是买蔗种便宜，二是化肥、农药便宜，三是雇工便宜，一个工才 20—25 元，因此，当时一亩地如果单产达 5 吨，纯利润能有 50 元左右。如果今年甘蔗价格比去年高出 10% 或 20%，他也还是没法多种甘蔗，因为农场已经没有地可租了。如果今年甘蔗价格比去年低 10%，他也不会改变种植面积，因为只要气候还不错，种得好一点的话（特别是针对宿根蔗），价格减去 20 元/吨后他还能赚钱。在老韦的心中，新植蔗甘蔗收购价不能低于 240 元/吨，宿根蔗年的甘蔗收购价不能低于 220 元/吨，这是他的底线。他说，甘蔗宿根三年种下来，平均每年每亩可以赚 300—400 元，即每吨 60—70 元，如果是贷款来种，每吨利润可能会减少 8—10 元。

　　老韦说，种甘蔗的技术比较简单，他请来做田间管理的附近劳动力都懂相关技术，除此之外，他的技术主要靠传统经验和农技推广人员。他说，目前最迫切需要的是两大技术，一是病虫草害防治技术，目前除草剂品种很多，效果不太好，需要指导；二是甘蔗收获机械化技术。一到收获季节，请人雇工很难，对于他这样的大户则更难。至于这些年种蔗过程中最让他头疼的问题包括：一是砍收环节请工难，二是霜冻灾害发生频繁，2005 和 2008 年的冻灾确实造成了一定的影响。对于机械化收获的难点，他说，一是糖厂目前还不太认可机械收获的甘蔗，认为不如人工砍收的甘蔗干净，二是有一些山地不能搞机械化，但是农场的地可以搞机械化。只要糖厂愿意认可，我们的机器技术又能跟上，他相信就会出现专业机械化收获队伍。他认为，他家的甘蔗单产潜力还有提升的空间，原因有三：一是新品种的出台，二是田间管理方面还有改进的余地，三是化肥方面的投入还可以加大。

　　老韦为我们介绍了他 2008 和 2009 年植蔗的成本收益情况（表 5）。

表 5　植蔗成本收益表

项目	2008 年（元/亩）	备注	2009 年（元/亩）	备注
种苗	85	因霜冻导致蔗种短缺，只能用半截，价格高达 340 元/吨	68.75	1 亩地用 0.75 吨种苗，275 元/吨的价格，平摊到三年，每年为 68.75 元/亩

项目	2008 年 (元/亩)	备注	2009 年 (元/亩)	备注
化肥	356.8	用的糖厂赊销的有机肥和混合肥,每亩施用 240 千克,1070 元/吨,计 256.8 元/亩;每亩还用尿素 50 千克,计 98 元	310	新植和宿根蔗都施两次肥(颗粒状甘蔗专用复合肥)。植蔗时的底肥一亩要用 35—40 千克,155 元/包(50 千克),计 124 元/亩;6 月上旬左右大培土追肥,每亩需 60 千克,价格同上,计 186 元/亩
农药	85	与 2009 年差不多	85	新植蔗下种时埋地下害虫颗粒剂,宿根蔗松蔸时埋颗粒剂,每亩约用 4 千克,计 25 元/亩;地上害虫除虫剂也分 3 次,7 月中旬、8 月上旬、8 月下旬各一次,共计 25 元/亩。除草剂分 3 次用,施底肥后打一次,10 元/亩,追肥以后再打一次药,15 元/亩,7 月上旬再除一次草,需 18—20 元/亩
机耕费	28		28	机耕一般只针对新植蔗,分为深耕、旋耕、开行几个步骤,深耕、旋耕 110 元/亩,开行 15 元/亩,共计 125 元/亩,平摊到三年,每年约 42 元/亩;另外,该农户享受糖厂 40 元/亩的深耕补贴,因此,只需 85 元/亩,三年平摊下来 28 元/亩
农膜	0		0	无用农膜
灌溉费	0		0	不灌溉
运输费	0		0	糖厂直接来收,不用自付
人工费(种蔗)	23		23	种蔗环节不仅包括播种,还包括放肥放药,光种 1 亩需 1.3 个工,今年种蔗工价 45 元/个,再加上施肥、放药,共需 70 元/亩,平摊到三年为 23 元/亩
人工费(田间管理)	45		45	追肥 20 元/亩的人工费,除虫、除草人工费 25 元/亩,共计 45 元/亩

项目	2008 年（元/亩）	备注	2009 年（元/亩）	备注
人工费（砍收）	338	砍收环节人工费2005/2006 榨季是 35 元/吨，2006/2007 榨季是 45 元/吨，2007/2008 榨季是 50—55 元/吨，2008/2009 榨季是 65 元/吨		砍收环节包括砍蔗、削尖、剥叶、集堆、运上车五个工序，该农户是将所有工序承包给一个工作小组，按最后上车的吨来付费，1 个人 1 天平均能完成 1 吨的砍收量。2009/2010 榨季是 60 元/吨
土地租赁费	208		208	150 亩是 172.8 元/亩，100 亩是 260 元/亩
看守蔗田雇工费	32		32	雇工 8000 元/年，平摊到每亩为 32 元
捆蔗用麻皮	15		15	
成本总计	1192			
收益	1456	250 亩，总产 1300 吨，价格 280 元/吨（3—182 有溢价），平摊到每亩 1456 元		
利润	264			

（三）2010 年典型植蔗农户调查案例 1

访谈对象：钟阿明

时　　间：2010 年 4 月 3 日

地　　点：云南省临沧市云县幸福乡

访 谈 人：王沈南

钟阿明是幸福乡挖抗村的村干部，种蔗大户，今年 42 岁，汉族人，中专文化。家里共有 3 口人，除妻子外，家中只有一个孩子在读初中，所以家里的劳动力就他和妻子 2 人。常年种植甘蔗的劳动力也是夫妻 2 人，未雇佣劳动力种蔗,年平均季节性短工 20—25 个。

老钟家有宅基地 0.18 亩,耕地 160 亩,其中自有承包地 40 亩,转包别人家的地 120 亩。自有承包地有水田 10 亩,全部种植甘蔗,而其余 30 亩自由地和转包地共 150 亩均为旱地,也全部种植甘蔗。家中没有牲畜存栏,也没有养鱼。

2009 年,老钟家甘蔗的总种植面积为 160 亩。按品种分,粤糖 93/159 有 30 亩,粤糖 79/177 有 42.4 亩,粤糖 86/368 有 87.6 亩;按宿根年限分,新植蔗面积 85.5 亩,两年宿根蔗面积 25 亩,三年宿根蔗面积 25.4 亩,还有四年宿根蔗面积 24.1 亩。老钟当年之所以选择新植了大量甘蔗主要是基于对下一榨季收购价格看涨的预期。

2010 年,甘蔗的总种植面积为 120 亩。按品种分,粤糖 93/159 有 30 亩,粤糖 79/177 有 42.4 亩,粤糖 86/368 有 47.6 亩;按宿根年限分,新植蔗面积 23.9 亩,两年宿根蔗面积 55.1 亩,三年和四年宿根蔗面积共 41 亩。

老钟种植甘蔗多年,说起选种甘蔗的原因,他说能够在收货时一次性获得较多的蔗款收入是最重要的,此外不愁销售(糖厂肯定收购)和与其他作物相比价格稳定也是主要的原因。因此在决定种植面积时,他通常会根据上一年甘蔗收购价格和自己对甘蔗价格的预期决定。此外,老钟也会比较与其他替代作物的收益进行种植决策。

老钟说,如果 2010/2011 榨季甘蔗价格比 2009/2010 榨季高出 10%,他家种植甘蔗面积会增加 20%;如果高出 20%,他家种植甘蔗面积会增加 30%。相反,如果 2010/2011 榨季甘蔗价格比 2009/2010 榨季低出 10%,他家种植甘蔗面积会减少 30%;如果低出 20%,他家将改种其他经济作物。由此可见,老钟家对于甘蔗价格变动的敏感性还是比较强的,由于家中有大量的耕地面积,种植决策的灵活性较大,但价格降低相对于价格升高对种植面积的冲击更大。同时,他也说道,就今年的投入成本情况来看,如果价格降到 250 元/吨时,他就不再种植甘蔗了,而会改种玉米。

关于种植技术,他的主要来源是靠糖厂农务人员推广,目前他最想得到的种植技术是单产量高、抗逆性强的种苗。这几年,甘蔗种植、管理过程中最让他头疼的困难包括:农药、化肥等农资价格上涨过快、甘蔗收购价格变化太大和砍收环节中的管理不善。

关于他和糖厂的关系,老钟一般会把甘蔗卖给幸福糖厂,但并没有书面的合同,合作关系的建立主要依靠村委会干部和糖厂农务人员的宣传。对于2009/2010榨季糖厂公布的收购办法,老钟是知道的,但并不满意,主要是因为其他糖厂的收购价格更高。但是,往年糖价出现大幅下跌时,幸福糖厂能够按照合作协议进行履约,不会拖欠蔗款。此外,糖厂还为他家提供过肥料选择和配比、病虫害防治和培土深耕技术的培训服务,在具体的服务形式上,集中培训、直接入户手把手教和发放宣传材料是常用的办法。老钟认为,和糖厂的订单关系确实并未给他家的种蔗收入带来显著影响。在对糖厂的建议问题上,他希望糖厂的砍运管理水平再提高一些。由于本地并没有蔗农合作社,因此老钟也没有参加合作社。

今年的旱情对于老钟家甘蔗生产的影响较大,他家蔗田的受灾面积达到了120亩,其中成灾面积为80亩,绝收面积50亩。老钟家的蔗田参加了农业保险,目前已向保险公司上报了新植面积损失23.9亩,根据往年的经验,期望获得600元/亩的补偿,共14340元。持续干旱对他家甘蔗生产的影响主要包括:单产降低、宿根蔗出苗慢苗弱、已新种植甘蔗无法出苗或出苗慢,由于新植蔗种植时间推迟了,可能得改种其他作物。在所有不利的影响中,老钟认为甘蔗单产降低是对自己家影响最大的。目前新植的甘蔗因为受旱需要进行补种,老钟家有足够的留种。发生干旱以来,老钟主要采取了寻找水源浇地的方式应对灾害。老钟还提到,在抗旱期间他曾经接受过糖厂技术人员的抗旱指导,他非常满意这种针对性的指导。谈及受旱后对政府扶持政策措施的希望,老钟指出在短期内希望政府给予种苗购置补贴,在长期中希望政府加大水利基础设施建设力度。

对于近年来甘蔗种植的成本收益情况,老钟也简单地给算了一笔账。其中近两个榨季的收入情况如下(表6):

表6　植蔗收益表

项目 榨季	收获面积 (亩)	单产 (吨/亩)	总产量 (吨)	平均售价 (元/吨)	总毛收入 (元)	每亩收入 (元)
2008/2009	130	4.5	585	240	140400	1080
2009/2010	160	4.0	640	250	29700	1000

成本情况如下(表7):

表7 植蔗成本表

项目	2008年 (元/亩)	2009年 (元/亩)	备注
种苗	129.81	200.39	计算当年新植蔗种苗成本在全部收获面积上的平摊值,对于老钟家,新植蔗每亩用1.5吨蔗种,按250元/吨计算(2008年新植蔗45亩)
化肥	167.31	176.72	根据近两年化肥平均投入情况(尿素、复合肥),新植蔗基肥成本按50元/亩计算,追肥成本按150元/亩计算
农药	30.77	31.41	主要包含杀虫剂和除草剂,2008年费用合计4000元,2009年费用合计5025元
机耕费	0	0	2008和2009年均未使用机耕
农膜	15	18.75	2008年购买农膜共计1950元,2009年共计3000元
灌溉费	0	0	未灌溉
运输费	0	0	糖厂支付
人工费 (种蔗环节)	69.23	106.88	新植1亩甘蔗需5个工,工价为40元/人/天,共计200元/亩(含农户自己的人工成本)
人工费 (田间管理)	73.08	68.75	土施肥和锄草等田间管理费用合计2008年为9500元,2009年为元11000元
人工费 (砍收环节)	270	240	2008约合每亩4.5个工,2009年约合每亩蔗4个工,60元/工
土地租赁费	76.92	62.5	2008年共计10000元,2009年共计10000元
捆蔗用麻皮或竹篾	13.5	12	每吨需要3元竹篾
总计	845.62	917.4	

综合成本收益估算,我们简单地计算了近两个榨季以来的成本收益情况,2008/2009榨季每亩收入1080元,成本845元,每亩净收入为235元;2009/2010榨季每亩收入1000元,成本917元,每亩净收入为83元,每亩净收入同比下降了64.7%。从总利润水平上看,2008/2009榨季共实现盈利30550元,2009/2010榨季共实现盈利13280元,总利润同比下降56.53%。

老钟认为计算结果与实际情况比较吻合,尽管在成本核算上可能存在部分偏差,但偏差水平不会太大。对于2009/2010榨季的收入情况,老钟坦言,自己原本预期糖价上升,糖厂收购价格会提高,因此增加了新植蔗耕种面积(推动了每亩成本的上升),但由于旱灾导致的单产下降却降低了毛收入,从而也降低了每亩收入,成本与收入的一高一低导致了 2009/2010 榨季每亩净收入水平的大幅下滑。谈及 2010/2011 榨季的成本收益情况,老钟依然不甚乐观。

(四)2010 年典型植蔗农户调查案例 2

访谈对象:蒋　新
时　　间:2010 年 4 月 4 日
地　　点:云南省宝山市昌宁县卡斯乡邑林村
访　谈　人:王沈南

　　蒋新是卡斯乡邑林村的普通村民,今年 40 岁,汉族人,初中文化。家里共有 4 口人,除妻子外,家中有两个孩子均在读高中(17 和 18 岁),所以家里的劳动力从年龄上看可视为 4 人,但常年种植甘蔗的劳动力只是夫妻 2 人,未雇佣劳动力种蔗,年平均雇佣季节性短工仅 1 人。

　　蒋家有宅基地 0.8 亩,耕地 40 亩,其中自有承包地 30 亩,新开垦 10 亩。自有承包地有水田 2 亩,主要种植烟和蔬菜,而其余 28 亩自由地和新开垦的 10 亩合计 38 亩均为旱地,全部种植甘蔗。家中有牲畜存栏 60 头,其中生猪存栏 58 头,肉牛存栏 2 头,没有养鱼。

　　2009 年,蒋家甘蔗的总种植面积为 30 亩。按品种分,R6048 有 10 亩,台糖 16 号有 10 亩,台糖 25 号有 10 亩;按宿根年限分,新植蔗面积 2.6 亩,两年宿根蔗面积 6 亩,三年宿根蔗面积 10 亩,还有四年宿根蔗面积 11.4 亩。

　　2010 年,甘蔗的总种植面积依然为 30 亩。按品种分,R6048 有 10 亩,台糖 16 号有 10 亩,台糖 25 号有 10 亩;按宿根年限分,新植蔗面积 3 亩,两年宿根蔗面积 2.5 亩,三年宿根蔗面积 15 亩,还有四年宿根蔗面积 9.5 亩。

　　老蒋种植甘蔗多年,说起选种甘蔗的原因,他说"与其他作物相比价格稳定、划得来"是最主要的。因此在决定种植面积时,他通常会比较甘蔗与其他替代作物的收益情况。

老蒋说,如果 2010/2011 榨季甘蔗价格比 2009/2010 榨季高出 10%,他家种植甘蔗面积会增加 10%;如果高出 20%,他家种植甘蔗面积会增加 20%。相反,如果 2010/2011 榨季甘蔗价格比 2009/2010 榨季低出 10%,他家因为没有其他可种的,所以不改变种植面积;如果低出 20%,因为估计价格下降后必将回升,所以依然不改变种植面积。由此可见,老蒋家对于甘蔗价格上升还是有一定的敏感性,但由于家中耕地面积的限制,在价格降低时种植面积变化不大,具有一定的黏性。但他也同时说到,就今年的投入成本情况来看,如果价格降到 240 元/吨时,他就不再种植甘蔗了,并希望改种玉米。

关于种植技术,他的主要来源是靠糖厂农务人员推广,目前,他最想得到的种植技术是良好的土肥、灌溉等田间管理技术。这几年,甘蔗种植、管理过程中最让他头疼的困难包括:农药、化肥等农资价格上涨过快以及干旱、霜冻、洪涝等自然灾害发生太频繁。

关于老蒋和糖厂的关系,他一般会把甘蔗卖给卡斯糖厂,但并没有书面的合同,合作关系的建立主要依靠自己与糖厂联系。对于 2009/2010 榨季糖厂公布的收购办法,老蒋是知道的,也很满意。往年当糖价出现大幅下跌时,卡斯糖厂能够按照合作协议进行履约,不会拖欠蔗款。此外,糖厂还为他家提供过蔗苗培育、肥料选择和配比、病虫害防治、防灾减灾措施和培土深耕技术的培训服务,在具体的服务形式上,直接入户手把手教和发放宣传材料是常用的办法。老蒋认为,和糖厂的订单关系使得他家的种蔗收入更稳定了。在对糖厂的建议问题上,他希望糖厂加强管理,增强服务水平。由于本地并没有蔗农合作社,因此老钟也没有参加合作社。

今年的旱情对于老蒋家甘蔗生产的影响较大,他家蔗田的受灾面积达到了 30 亩,其中成灾面积为 20 亩,绝收面积 10 亩。老蒋家的蔗田没有参加农业保险,因此未获保险补偿。老蒋认为持续干旱对他家甘蔗生产的影响主要包括:收获更早、单产降低、宿根蔗出苗慢苗弱、已新种植甘蔗无法出苗或出苗慢等方面。在所有不利的影响中,老蒋认为甘蔗单产降低是对自己家影响最大的。目前,新植的甘蔗因为受旱需要进行补种,老蒋家有足够的留种。发生干旱以来,老蒋主要采取抢收去年甘蔗和寻找水源浇地的方式应对灾害。老蒋还提到,在抗旱期间他曾经接受过糖厂技术人员的抗旱指导,他非常满意这种针对性的指导。谈及受旱后对政府扶持政策措施的希望,老蒋指出最希望获得农业保险的补贴,因此希望政府扩大保险覆盖范围。

对于近年来甘蔗种植的成本收益情况,老蒋也简单地给算了一笔账。其中近两个榨季的收入情况如下(表8):

表8　植蔗收益表

榨季＼项目	收获面积（亩）	单产（吨/亩）	总产量（吨）	平均售价（元/吨）	总毛收入（元）	每亩收入（元）
2008/2009	40	3.75	150	240	36000	900
2009/2010	30	2.33	70	240	16800	560

成本情况如下(表9):

表9　植蔗成本表

项目	2008年（元/亩）	2009年（元/亩）	备注
种苗	108	20.8	计算当年新植蔗种苗成本在全部收获面积上的平摊值,对于老钟家,新植蔗每亩用1吨蔗种,按240元/吨计算(2008年新植蔗18亩)
化肥	155	144	根据近两年化肥平均投入情况(尿素、复合肥),新植蔗基肥成本按40元/亩计算,追肥成本按140元/亩计算
农药	15	15	主要包含杀虫剂和除草剂,打两次
机耕费	0	8.67	2008年均未使用机耕,2009年机耕费共260元
农膜	18	3.47	2008年购买农膜共计720元,2009年共计104元
灌溉费	0	2.6	2009年发生灌溉费共计78元
运输费	0	0	糖厂支付
人工费（种蔗环节）	90	17.33	新植1亩甘蔗按200元/亩成本计算(含农户自己的人工成本)
人工费（田间管理）	50	48	土施肥和锄草等田间管理费用合计2008年为2000元,2009年为元1440元
人工费（砍收环节）	258	180	2008约合每亩4.3个工,2009年约合每亩蔗3个工,60元/工

续表

项目	2008年(元/亩)	2009年(元/亩)	备注
土地租赁费	107.1	107.1	租赁地种植甘蔗面积不变
捆蔗用麻皮或竹篾	18.75	11.65	每吨需要5元竹篾
总计	819.85	558.62	

综合成本收益估算,我们简单地计算了近两个榨季以来的成本收益情况,2008/2009榨季每亩收入900元,成本820元,每亩净收入为80元,2009/2010榨季每亩收入560元,成本558元,每亩净损失为2元,每亩净收入经历了由正转负的过程。从总利润水平上看,2008/2009榨季共实现盈利3200元,2009/2010榨季亏损60元,总利润同样经历了由正转负的过程。

老蒋认为计算结果与实际情况比较吻合。从成本上看,由于2008/2009榨季新植蔗面积较大,因此每亩的成本水平也相对较高,2009/2010榨季新植面积较少,每亩的成本水平也相对较低;从收益上看,受干旱影响,2009/2010榨季单产大大降低,而收获面积也低于往年,因此每亩收入出现大幅下滑。谈及2010/2011榨季的成本收益情况,老蒋依然不甚乐观。老蒋再次强调,对于自己这类种植面积较小的农户,抗风险能力差,更需要农业保险的普及覆盖。

(五)2011年典型植蔗农户调查案例1

访谈对象:申二国①

调查时间:2011年8月3日

调查地点:云南省德宏州潞西县五岔路乡芒蚌村

执　笔　人:刘晓雪

---

① 为了保护受访人隐私,此处为化名。

　　申二国今年42岁,汉族,高中文化,是本村种蔗大户。家里共有5口人,劳动力2人,常年种植甘蔗的劳动力也是这2人,未雇佣劳动力种蔗,年平均季节性短工7—8个。

　　申家有宅基地145平米,耕地102亩,其中,自有承包地面积有2亩,转包别人家土地100亩,全部为旱田,主要种植甘蔗,家里全部收入均来自甘蔗收入。家里没有饲养牲畜。

　　2007—2011年,申家甘蔗的总种植面积均为100亩,种植品种有新台糖22号、粤糖系列等。按宿根年限分,2010年新植蔗面积25亩,两年宿根蔗面积30亩,三年宿根蔗面积30亩,四年宿根蔗面积15亩。2011年,甘蔗的总种植面积为100亩。按宿根年限分,新植蔗面积39亩,两年宿根蔗面积25亩,三年宿根蔗30亩,五年宿根蔗6亩。

　　申家种植甘蔗多年,说起选种甘蔗的原因,他说"能够在收货时一次性获得较多的蔗款收入"是最重要的,"糖厂肯定收购甘蔗,不愁销"和"与其他作物相比价格稳定,划得来"也是较主要的原因。

　　在决定种植面积时,他通常会根据"比较甘蔗和其他替代作物的收益"和"根据上一年的甘蔗收购价格"决定。申坦言,如果2011/2012榨季甘蔗价格比2010/2011榨季高出20%左右,他家种植甘蔗面积不变,因为家里种甘蔗的人工不足。同时,他也说道,就今年的投入成本情况来看,如果价格降到400元/吨以下时,他就不再种植甘蔗了,而会改种香蕉、橘子等水果。

　　关于种植和管理技术的学习,他的主要来源是靠"糖厂农务人员"。目前他最想获取的甘蔗种植和管理技术是"单产高,抗逆性强的种苗"。这几年,在甘蔗种植、管理过程中所遇到的最让他头疼的问题是"人工涨得猛、劳动力缺乏"以及"农药、化肥等农资价格上涨过快"。

　　关于户主和糖厂的关系,申家一般会把甘蔗卖给轩岗糖厂,但并没有书面的合同,合作关系的建立主要依靠糖厂农务人员的宣传。对于2010/2011榨季糖厂公布的收购办法,申家是知道的,但并不满意,原因是糖价与蔗价之间挂钩不紧密,即糖价大幅上涨时,蔗价虽有所上涨但涨幅并不令人满意。往年当糖价出现大幅下跌时,轩岗糖厂能够按照合作协议进行履约,不会拖欠蔗款。此外,糖厂还为他家提供过"蔗苗培育"、"肥料选择和配比"、"病虫害防治"和"培土和深耕技术"等培训服务,服务形式采取"集中培训"和"发放明白纸等宣传材料"等常用办法。申认为,和糖厂的订单关系确实使得他家的种蔗收入更加稳定了。

他对甘蔗产业发展提出如下两条建议:第一,蔗糖价格联动更为紧密一些,即糖价上涨蔗价伴随上涨的幅度能够再快一些;第二,政府在道路设施、水利设施等方面给予更大的支持。

对于近年来甘蔗种植的成本收益情况,申简单地给算了一笔账。其中,近两个榨季的收入情况如下(表10):

表 10　植蔗收益表

项目　榨季	收获面积（亩）	单产（吨/亩）	总产量（吨）	平均售价（元/吨）	总毛收入（万元）	每亩收入（元）
2009/2010	100	4.4	440	300	13.20	1320
2010/2011	100	4.3	430	360	15.480	1548

注:2009/2010 蔗价定价280元/吨,后联动 20 元/吨,每吨价格为 300 元/吨;2010/2011 定价为340元/吨,联动20元/吨,每吨价格为360元/吨。

而近两个榨季的成本情况如下(表11):

表 11　植蔗成本表

项目	2009/2010（元/亩）	2010/2011（元/亩）	2011/2012（元/亩）	备注
种苗	260	300	360	新植蔗每亩用 1.0 吨蔗种
化肥	120	131	155	1 包复合肥+半包尿素
农药	27	27	27	4 包杀虫剂和除草剂
机耕费	60	60	60	使用机耕,但糖厂付费
农膜	37	37	37	糖厂付费
灌溉费	0	0	0	未灌溉
运输费	0	0	0	
人工费(种蔗环节)	150	150	190	
人工费(田间管理)	150	210		
人工费(砍收环节)	320	440		
土地租赁费	60	80		
捆蔗用麻皮或竹篾	20	25		

续表

项目	2009/2010（元/亩）	2010/2011（元/亩）	2011/2012（元/亩）	备注
总计	896.5	1122.5		人工和机械分别补贴 40 和 60 元
农民自负成本	796.5	1022.5		扣除人工和机械

注:种蔗环节所有成本按照 4 年进行摊销,化肥为含摊销后成本。

综合成本收益估算,我们简单地计算了近两个榨季以来的成本收益情况,2009/2010 榨季每亩收入 1320 元,考虑糖厂补贴后的成本 796.5 元,每亩净收入为 523.5 元;2010/2011 榨季每亩收入 1548 元,考虑糖厂补贴后的成本为 1022.5,每亩净收入为 525.5 元,每亩净收入同比略有上升,吨糖价格大幅上涨而每亩净收入并无显著上涨的主要原因在于:第一,人工费大幅上涨,田间管理和收蔗环节甘蔗人工费上涨 180 元/亩;第二,种苗和化肥农药等农资价格明显上涨。从总利润水平上看,2009/2010 榨季共实现盈利 5.2350 万元,2010/2011 榨季共实现盈利 5.2550 万元。老申认为计算结果与实际情况比较吻合,尽管在成本核算上可能存在部分偏差,但偏差水平不会太大。

对于 2011/2012 榨季,由于种苗、农资和人工费的持续上涨,仅是种植环节,相关费用比 2010/2011 榨季每亩已上涨 49 元。

从与替代作物的比较收益情况看,与甘蔗形成有力竞争的是种树、种玉米、香蕉、薏米,玉米每亩地毛收入 500—600 元,每亩达到千斤左右的亩产量才能满足收益需求。

由于本地并没有蔗农合作社,因此申家也没有参加合作社。

无论糖价高低,轩岗糖厂都会收购甘蔗,当甘蔗价格走高时,糖厂通过政府指导价+二次结算价结合的方式保证种蔗农户收益。

对于当地种植大户的发展状况,申估计 2010 年附近大约有 80—100 个甘蔗种植大户,种植面积大约占当地甘蔗种植面积的 3%—4%。2011 年来看,大户并未增加,主要是受雇工人数等因素的制约。

对于是否打算进一步扩大甘蔗种植规模,申坦言影响其规模扩大的主要因素有两个:第一,蔗价是否合理合算;第二,招工和用工的紧缺程度。从目前来看,由于中耕管理和砍蔗所需人工价格上涨太猛,因此,其目前不太可能扩大规模。

从政府为发展甘蔗专业户、大户所采取的鼓励政策和现存问题来看,申认为,与烤烟等其他作物相比,政府对甘蔗种植的关注程度不够,并没有为甘蔗大户采取扶持政策,主要是糖厂给予一些贷款和优惠政策,以吸引农民扩大种植面积。

从甘蔗机械化程度和阻碍机械化的主要因素来看,申某认为,第一,由于松土、中耕都采取人工作业的方式,而砍蔗环节人工日益紧张的状况急需通过机械化予以缓解;第二,从目前机械化应用状况来看,多数实验的尚是用于农场的大型机械,实际上急需的是结合当地土地特征的小型机械,还有用于水田的小型机械,这一点目前尚未满足。因此,机械化的发展程度、机器设备的实用性和适用性是制约着种蔗大户机械化的主要因素。并且就自己的情况来看,申某认为这是解决用工紧张的一条合理途径,目前主要是缺乏合用的机械设备。

(六)2011年典型植蔗农户调查案例2

访谈对象:焦可宽[1]

调查时间:2011年8月1日

调查地点:云南省德宏州芒市轩岗乡芸芽村

执 笔 人:王沈南

焦可宽是轩岗乡芸芽村的普通村民,今年43岁,傣族人,小学文化,是个中等规模种蔗户。家里共有7口人,劳动力5人。常年种植甘蔗的劳动力也是此5人,未雇佣劳动力种蔗,季节性短工会用40—50个。

焦家有宅基地0.5亩,耕地48亩,包括自有承包地44亩,租或转包别人家的地4亩。其中,水田13亩,主要种植甘蔗和马铃薯,旱地35亩,主要种植甘蔗。家有牲畜存栏5头,全部为生猪,另外还有鱼塘1.5亩。

---

[1] 为保护受访者隐私,此处为化名。感谢临沧试验站站长王文荣、保山试验站站长贾应明、德宏试验站站长张永港对调研的协助。

2010 年,焦家甘蔗总种植面积为 20 亩,其中水田 10 亩,旱地 10 亩。按品种分,粤糖 93/159 有 10 亩,福农 90/1022 有 10 亩;按宿根年限分,新植蔗面积 10 亩,两年宿根蔗面积 10 亩。

2011 年,甘蔗总种植面积为 27 亩,其中水田 7 亩,旱地 20 亩。按品种分,粤糖 93/159 有 20 亩,福农 90/1022 有 7 亩;按宿根年限分,新植蔗面积 10 亩,两年宿根蔗面积 17 亩。

焦家种植甘蔗多年,说起选种甘蔗的原因,他说"与其他作物相比价格稳定,划得来"是最重要的,此外"不发愁销售(糖厂肯定收购)"和"能够在收货时一次性获得较多的蔗款收入"也是主要的原因。在决定种植面积时,他通常会根据"上一年甘蔗收购价格"并"比较甘蔗和其他替代作物(玉米)的收益"决定。老焦坦言,如果 2011/2012 榨季甘蔗价格比 2010/2011 榨季高出 20%左右,他家种植甘蔗面积也会增加 10%。由此可见,焦家对于甘蔗价格变动的敏感性相对较弱,这是家中耕地面积的约束造成的,种植决策的灵活性不大。同时,他也说道,就今年的投入成本情况来看,如果价格降到 360 元/吨时,他就不再种植甘蔗了,而会改种玉米和水稻。焦家在种蔗的决策选择上还是非常谨慎的。

关于种植和管理技术的学习,他的主要来源是靠"亲朋好友传授"和"糖厂农务人员",目前他最想得到的种植和管理技术是"单产高,抗逆性强的种苗"。这几年,甘蔗种植、管理过程中最让他头疼的困难是"生产用工难找,劳动力成本上涨过快",其他困难还包括"农药、化肥等农资价格上涨过快"等。

关于户主和糖厂的关系,焦家一般会把甘蔗卖给德宏英茂轩岗糖厂,但并没有书面的合同,合作关系的建立主要依靠村委会干部和糖厂农务人员的宣传。对于 2010/2011 榨季糖厂公布的收购办法,焦家是知道的,也比较满意。往年当糖价出现大幅下跌时,英茂糖厂能够按照合作协议进行履约,不会拖欠蔗款。此外,糖厂还为他家提供过"蔗苗培育"、"肥料选择和配比"、"病虫害防治"、"防灾减灾措施"和"培土和深耕技术"等培训服务,服务形式采取"直接入户手把手教"和"集中培训"等常用办法。老焦认为,和糖厂的订单关系确实使得他家的种蔗收入更加稳定了。在对糖厂的建议问题上,他希望糖厂能够稳步提高甘蔗收购价格。由于本地并没有蔗农合作社,因此焦家也没有参加合作社。

对于近年来甘蔗种植的成本收益情况,老焦也简单地给算了一笔账。其中,近两个榨季的收入情况如下(表12):

表12 植蔗收益表

项目 榨季	土地 类型	收获面积 (亩)	单产 (吨/亩)	总产量 (吨)	平均售价 (元/吨)	总毛收入 (元)	每亩收入 (元)
2009/2010	旱地	10	5	50	260	13000	1300
	水田	10	9	90	280	25200	2520
2010/2011	旱地	20	5	100	360	36000	1800
	水田	7	9	63	380	23940	3420

而近两个榨季的成本情况如下(表13):

表13 植蔗成本表

项目	2009/2010(元/亩)		2010/2011(元/亩)		2011/2012(元/亩)	
	旱地	水田	旱地	水田	旱地	水田
种苗	220	240	260	280	360	380
化肥(新植)	237	237	255	255	272	272
化肥(中耕)	165	165	180	180	190	190
农药	70	70	70	70	70	70
机耕费	110	110	110	110	110	110
农膜	37.5	37.5	37.5	37.5	37.5	37.5
灌溉费	130	0	180	0	180	0
运输费	20	20	20	20	20	20
人工费(种蔗环节)	100	100	120	120	160	160
人工费(田间管理)	200	200	240	240		
人工费(砍收环节)	200	200	240	240		
土地租赁费	0	120	0	150		
捆蔗用麻皮或竹篾	20	20	20	20		
总计	1009	1004	1174	1149		

注:种蔗环节所有成本按照4年进行摊销,化肥为含摊销后成本。

综合成本收益估算(表 12),我们简单地计算了近两个榨季以来的成本收益情况,2009/2010 榨季旱地每亩收入 1300 元,成本 1009 元,每亩净收入为 291 元,2010/2011 榨季旱地每亩收入 1800 元,成本 1174 元,每亩净收入为 626 元,每亩净收入同比上升了 115%;2009/2010 榨季水田每亩收入 2520 元,成本 1004 元,每亩净收入为 1516 元,2010/2011 榨季旱地每亩收入 3420 元,成本 1149 元,每亩净收入为 2271 元,每亩净收入同比上升了 50%。

对于 2011/2012 榨季,由于种苗价格的持续上涨,仅是种植环节,水田相关费用 548 元比 2010/2011 榨季每亩已上涨 49 元,旱地相关费用 723 元比 2010/2011 榨季每亩同样上涨 49 元。尽管人工费上涨趋势同样明显,但由于该农户平均一亩地仅需要两个雇工,因此劳动力成本并未显著上升。

从总利润水平上看,2009/2010 榨季旱地共实现盈利 2910 元,2010/2011 榨季旱地共实现盈利 12520 元,总利润同比增长近 4 倍;2009/2010 榨季水田共实现盈利 15160 元,2010/2011 榨季水田共实现盈利 15897 元,总利润同比仅上升 5%,这主要是由水田种植面积减少造成的。

老焦认为计算结果与实际情况比较吻合,尽管在成本核算上可能存在部分偏差,但偏差水平不会太大。对于 2010/2011 榨季的收入情况,老焦坦言,自己预期糖价上升,糖厂收购价格会提高,因此适当地增加了甘蔗耕种面积,但受到用地面积的限制和用工难找等现实问题的困扰,扩种规模不会太大(10%左右)。

从与替代作物的比较收益情况看,旱地甘蔗过去 5 年平均能够达到 300—400 元/亩,而玉米则只有 200 元/亩左右,未来的比较收益情况不会发生太大的变化,下一个榨季旱地准备种植更多的甘蔗。水田甘蔗过去 5 年平均能够达到 1500—2000 元/亩,而种植马铃薯和水稻可以达到 4000—5000 元/亩,因此并不具有比较优势。老焦还提到德宏地区水田之所以还会种甘蔗是因为以下两点:其一,马铃薯对土壤要求高,不是所有水田都适合种;其二,种植甘蔗糖厂肯定收购,不愁销路。

(七)2011年典型植蔗农户调查案例3

访谈对象:罗西来①

时　　间:2011年7月30日

地　　点:云南省保山市昌宁县澡塘村

执 笔 人:刘晓雪

　　罗西来是保山市昌宁县澡塘村的普通村民,种蔗大户,今年52岁,汉族人,高中文化。家里共有4口人,劳动力3人,常年种植甘蔗的劳动力也是3人,未雇佣劳动力种蔗,年平均季节性短工250个。

　　罗家有宅基地150平方米,耕地130亩,其中,自有和承包地面积有130亩,全部为旱田,主要种植甘蔗,家里主要收入来自甘蔗收入。2009年,家庭毛收入为15万元,其中运输收入3万元,来自甘蔗的收入为12.74万元,占家庭总收入的84.93%;2010年,全家毛收入16万元,其中务农收入13万元,运输收入3万元,务农收入全部来自甘蔗,约占家庭毛收入的81.25%。家里没有牲畜。

　　2008—2011年,罗家甘蔗的总种植面积均为130亩,种植品种为台糖24号。按宿根年限分,2010年新植蔗面积100亩,30亩为五年宿根蔗。2011年,甘蔗总种植面积为130亩。按宿根年限分,新植蔗面积30亩,两年宿根蔗面积100亩。

　　罗家种植甘蔗多年,说起选种甘蔗的原因,他说"省事,照顾较为集中,可雇工解决"是最重要的,"糖厂肯定收购甘蔗,不愁销"和"由于土地、气候限制,不适合中其他经济作物"也是较主要的原因。

　　在决定种植面积时,他通常会根据"比较甘蔗和其他替代作物的收益"和"根据自己对当年甘蔗价格的预计"决定。罗坦言,如果2011/2012榨季甘蔗价格比2010/2011榨季高出20%左右,他家种植甘蔗面积不变,原因是没有土地可以增加;他接着说,如果有地的话,价格涨幅20%的情况下,会

---

① 此处为化名。感谢保山试验站站长贾应明的帮助。

增加种植 200 亩。由此可见,罗家对于甘蔗价格变动的敏感性很强,价格上涨 20%,面积将大幅增加 200%。但土地资源的稀缺制约了种植策略。同时,他也说道,就今年的投入成本情况来看,由于糖厂保本,他肯定会种植甘蔗,其甘蔗的种植行为不太受甘蔗和糖价变动的影响。就当地来看,与甘蔗形成有力竞争的作物是玉米,如果他不想种植甘蔗时,会改种玉米。

关于种植和管理技术的学习,他的主要来源是靠"糖厂农务人员"。目前他最想获取的甘蔗种植和管理技术是"单产高,抗逆性强的种苗"。这几年,在甘蔗种植、管理过程中所遇到的最让他头疼的问题是"人工费用和种苗涨得太快"以及"农药、化肥等农资价格上涨过快"。

关于户主和糖厂的关系,罗家一般会把甘蔗卖给恒盛糖厂,但并没有书面的合同,合作关系的建立主要依靠糖厂农务人员的宣传。对于 2010/2011 榨季糖厂公布的收购办法,罗家是知道的,并表示满意。往年当糖价出现大幅下跌时,恒盛糖厂能够按照合作协议进行履约,不会拖欠蔗款。此外,糖厂还为他家提供过"蔗苗培育"、"肥料选择和配比"、"病虫害防治"、"防灾减灾措施"和"培土和深耕技术"等培训服务,服务形式采取"直接入户、手把手教"的办法。罗认为,与糖厂签订订单进行合作之后确实使得他家的种蔗收入更加稳定了。

在对糖厂的建议问题上,他希望糖厂对于种苗优惠和代付的力度能够再加大一些。

由于本地并没有蔗农合作社,因此罗家也没有参加合作社。

对于近年来甘蔗种植的成本收益情况,老罗也简单地给算了一笔账。其中,近两个榨季的收入情况如下(表 14):

表 14　植蔗收益表

项目 榨季	收获面积 (亩)	单产 (吨/亩)	总产量 (吨)	平均售价 (元/吨)	总毛收入 (万元)	每亩收入 (元)
2008/2009	130	3.5	455	240	10.92	840
2009/2010	130	3.5	455	280	12.74	980
2010/2011	130	3	390	350	13.65	1050

而近两个榨季的成本情况如下(表 15):

表 15　植蔗成本表

项目	2009/2010 (元/亩)	2010/2011 (元/亩)	2011/2012 (元/亩)	备注
种苗	312	364	455	新植蔗每亩用 1.3 吨蔗种
化肥	100	112	150	1 包复合肥+半包尿素
农药(除虫除草)	10	10	20	4 包杀虫剂和除草剂
机耕费	120	120	120	使用机耕,但糖厂付费
农膜	0	0	0	
灌溉费	0	0	0	
运输费	0	0	0	
人工费(种蔗环节)	230	240	250	
人工费(田间管理)	130	130		
人工费(砍收环节)	270	310		
土地租赁费	100 市场价,该农户实际为 30 元(承包 30 年)	150 市场价,该农户承包 30 年,30 元		
捆蔗用麻皮或竹篾	9	9		
总计	874.5	992		机耕费糖厂出 120
农民实负成本	684.5	802		扣除人工和机械

注:种蔗环节所有成本按照 4 年进行摊销。

综合成本收益估算,我们简单地计算了老罗近两个榨季以来的成本收益情况,2009/2010 榨季每亩收入 980 元,考虑糖厂补贴后的成本 684.5 元,每亩净收入为 295.5 元;2010/2011 榨季每亩收入 1050 元,考虑糖厂补贴后的成本为 802 元,每亩净收入为 248 元,每亩净收入同比略有上升,吨糖价格大幅上涨而每亩净收入还有所下滑的主要原因在于:第一,甘蔗单产下滑,由每亩 3.5 吨降为 3 吨,影响了每亩的净收入;第二,人工费大幅上涨,田间管理和收蔗环节甘蔗人工费上涨 40 元/亩;第三,种苗和化肥农药等农资价格明显上涨。从总利润水平上看,2009/2010 榨季共实现盈利 3.84 万元,2010/2011 榨季共实现盈利 3.22 万元。老申认为计算结果与实际情况比较吻合,尽管在成本核算上可能存在部分偏差,但偏差水平不会太大。

对于 2011/2012 榨季,由于种苗、农资和人工费的持续上涨,仅是种植环节,相关费用比 2010/2011 榨季每亩已上涨 73 元。

从与替代作物的比较收益情况看,与甘蔗形成有力竞争的是咖啡和烤烟,而烤烟需要较长的时间进行管理,玉米并不赚钱。

无论糖价高低,恒盛糖厂都会收购甘蔗,而且并不需要签合同,这是各地甘蔗产区的习惯做法,已经形成根深蒂固的观念。当甘蔗价格走高时,糖厂蔗糖联动的比例并不高,建议通过进一步增强蔗糖联动的方式保证种蔗农户收益。

对于当地种植大户的发展状况,老罗估计附近大约有 40 个甘蔗种植大户,种植面积和甘蔗产量大约占当地甘蔗种植面积和甘蔗产量的 50%左右;2011 年,种植大户的数量会继续增加,大约会增加到 50 个,原因是政府扶持当地的坡改田措施,增加了 4000 亩的坡改田,这部分田地一半用于种烤烟,一半用于种甘蔗。当地最大的甘蔗种植大户可达到 230—240 亩。

对于是否打算进一步扩大甘蔗种植规模,老罗坦言影响其规模进一步扩大的主要因素是土地,基于蔗糖价格近几年走高的态势,其想扩大甘蔗种植面积但没有那么多土地。而且与其他作物相比,糖厂采取了积极的扶持政策,可给贷款和其他优惠政策。其主要担心虫灾、旱灾和火灾,以及村里人因为关系相处不好而带来的人为破坏因素。

从政府为发展甘蔗专业户、大户所采取的鼓励政策和现存问题来看,地方政府并没有为甘蔗大户采取扶持政策,主要是糖厂给予一些贷款和优惠政策,以吸引农民扩大种植面积。

从甘蔗机械化程度和阻碍机械化的主要因素来看,老罗认为,“地形地貌特点导致了机器不方便、在地里用不成”,这是制约种蔗大户机械化的主要因素。并且就自己的情况来看,罗某并不打算实施机械化,认为其实施对于当地难度较大,除非是那些比较平整的土地才可能实施。

(八)2011年典型植蔗农户调查案例4

访谈对象:王天云①

时　　间:2011年7月29日

地　　点:云南省临沧市云县幸福乡控坑村

访 谈 人:王沈南

　　王天云是幸福乡控抗村的普通村民,种蔗中户,今年29岁,汉族人,小学文化。家里共有7口人,劳动力4人,分别为老王及其父母和妻子。常年种植甘蔗的劳动力也是此4人,未专门雇佣劳动力种蔗,年平均雇佣季节性短工40—50个。

　　王家有宅基地1亩,耕地120亩,全部为自有承包地(旱地),主要种植甘蔗和玉米。家有存栏3头猪。

　　2010年,王家甘蔗的总种植面积为25亩。按品种分,粤糖79/177有22亩,新台糖22号3亩;按宿根年限分,新植蔗面积3亩,两年宿根蔗面积22亩。

　　2011年,甘蔗的总种植面积为30亩。按品种分,粤糖79/177有26亩,新台糖22号4亩;按宿根年限分,新植蔗面积7亩,两年宿根蔗面积23亩。

　　王家种植甘蔗多年,说起选种甘蔗的原因,他说"与其他作物相比价格稳定,划得来"是最重要的,此外"能够在收货时一次性获得较多的蔗款收入"和"不发愁销售(糖厂肯定收购)"也是主要的原因。在决定种植面积时,他通常会根据"自己对甘蔗价格的预期"并"比较甘蔗和其他替代作物(玉米)的收益"决定。老王坦言,如果2011/2012榨季甘蔗价格比2010/2011榨季高出20%左右,他家种植甘蔗面积也会增加20%。由此可见,王家对于甘蔗价格变动的敏感性还是比较强的,由于家中有大量的耕地面积,种植决策的灵活性较大。同时,他也说道,就今年的投入成本情况来看,如果价格降到300元/吨时,他就不再种植甘蔗了,而会改种玉米。

　　关于种植和管理技术的学习,他的主要来源是靠"农技推广员",目前

①　此处为化名,感谢临沧试验站王文荣站长的协助。

他最想得到的种植和管理技术是"单产高,抗逆性强的种苗"以及"良好的土肥、灌溉等田间管理技术"。这几年,甘蔗种植、管理过程中最让他头疼的困难是"劳动力成本上涨过快",其他困难还包括"农药、化肥等农资价格上涨过快"、"干旱、霜冻、洪涝等自然灾害发生太频繁"等。

关于户主和糖厂的关系,王家一般会把甘蔗卖给幸福糖厂,但并没有书面的合同,合作关系的建立主要依靠村委会干部和糖厂农务人员的宣传。对于 2010/2011 榨季糖厂公布的收购办法,王家是知道的,也比较满意。往年当糖价出现大幅下跌时,幸福糖厂能够按照合作协议进行履约,不会拖欠蔗款。此外,糖厂还为他家提供过"蔗苗培育"、"肥料选择和配比"和"病虫害防治"等培训服务,服务形式采取"直接入户手把手教"和"发放宣传材料"等常用办法。老王认为,和糖厂的订单关系确实使得他家的种蔗收入更加稳定了。在对糖厂的建议问题上,他希望糖厂能够将甘蔗收购价再提高一些。由于本地并没有蔗农合作社,因此王家也没有参加合作社。

对于近年来甘蔗种植的成本收益情况,老王也简单地给算了一笔账。其中,近两个榨季的收入情况如下(表16):

表 16　植蔗收益表

项目 榨季	收获面积 (亩)	单产 (吨/亩)	总产量 (吨)	平均售价 (元/吨)	总毛收入 (元)	每亩收入 (元)
2009/2010	25	4	100	245	24500	980
2010/2011	30	4	120	345	41400	1380

而近两个榨季的成本情况如下(表17):

表 17　植蔗成本表

项目	2009/2010 (元/亩)	2010/2011 (元/亩)	2011/2012 (元/亩)	备注
种苗	288	294	414	新植蔗每亩用 1.2 吨蔗种
化肥(新植)	135	140	155	1 包复合肥+半包尿素
化肥(中耕)	100	105	120	半包复合肥+半包尿素

续表

项目	2009/2010（元/亩）	2010/2011（元/亩）	2011/2012（元/亩）	备注
农药	25	50	55	4 包杀虫剂和除草剂
机耕费	0	0	0	均未使用机耕
农膜	30	30	30	
灌溉费	0	0	0	未灌溉
运输费	50	60	50	
人工费（种蔗环节）	200	300	350	新植 1 亩甘蔗平均需 5 个工
人工费（田间管理）	40	60		1 个工
人工费（砍收环节）	240	360		6 个工
土地租赁费	0	0		不含
捆蔗用麻皮或竹篾	12	12		每吨需要 3 元竹篾
总计	653	860		

注：种蔗环节所有成本按照 4 年进行摊销，化肥为含摊销后成本。

综合成本收益估算，我们简单地计算了老王近三个榨季以来的成本收益情况，2009/2010 榨季每亩收入 980 元，成本 653 元，每亩净收入为 327 元，2010/2011 榨季每亩收入 1380 元，成本 860 元，每亩净收入为 520 元，每亩净收入同比上升了 59%。2011/2012 榨季，仅是种植环节，相关费用 485 元，比 2010/2011 榨季每亩上涨 56 元，主要体现在种植环节的人工费上涨和种苗上涨带来的成本增加上。

从总利润水平上看，2009/2010 榨季共实现盈利 8175 元，2010/2011 榨季共实现盈利 15600 元，总利润同比上升 91%。

老王认为计算结果与实际情况比较吻合，尽管在成本核算上可能存在部分偏差，但偏差水平不会太大（考虑到用工计算是按照互助组的结算价格，低于市场用工价格。实际成本会更高，而实际每亩收益会更低）。对于 2010/2011 榨季的收入情况，老王坦言，自己预期糖价上升，糖厂收购价格会提高，因此适当地增加了甘蔗耕种面积，从与替代作物玉米的比较收益情况看，甘蔗过去五年平均能够达到 300—400 元/亩，而玉米则只有 200 元/亩左右，未来的比较收益情况不会发生太大的变化，下一个榨季准备种植更多的甘蔗。

参考文献

1. Lele. U. J. , *Market integration : A Study of Sorghum Prices in Western India* , Journal of Farm Economics , 1967 , 49 , pp.147 - 159.

2. Thakur. D.S , *Food Grain Marketing Efficiency : A Case Study of Gujurat* , Indian Journal of Agricultural Economics, 1974 , 29 , pp.61 - 65.

3. Ravallion M. , *Testing Market Integration* , American Journal of Agricultural Economics, 1986 , 68(1) , pp.102 - 109.

4. Timmer C.P. ed , *Corn Marketing* , *The Corn Economy of Indonesia* , Cornell University Press , 1987 , pp. 201 - 234.

5. Engle R.F. and Granger C.WJ. , *Cointegration and Error Correction : Representation* , *Estimation and Testing* , Econometrica, 1987 , 55 , pp.251 - 276.

6. Johansen S. , *Statistical Analysis of Cointegration Vectors* , Journal of Economic Dynamics and Control , 1988 , 12 (2 - 3) , pp.231 - 254.

7. Wyeth J. , *Measure of Market Integration and Applications to Food Security Policies* , Institute of Development Studies, Discussion Paper, 1992 , No. 314.

8. Palaskas T.B. and Harriss-White B. , *Testing Market Integration : New Approaches With Case Material from the West Bengal Food Economy* , Journal of Development Studies , 1993 , 30(1) , pp.1 - 57.

9. Hamilton J. , *Time Series Analysis* , Princeton, NJ : Princeton University Press , 1994.

10. Johansen S. and K. Juselius , *Identification of the Long-run and the Short-run Structure : An Application to the IS-LM Model* , Journal of Econometrics , 1994 , 63 (1) , pp.7 - 36.

11. Wu, Y. R., *Rice markets in China in the 1990s*, Chinese Economy Research Unit, the University of Adelaide, Working Paper, 1994 , No. 94/10.

12. Alexander C. and Wyeth J., *Cointegration and Market Integration : An Application to the Indonesian Rice Market*, Journal of Development studies, 1994, 30(2), pp.303 – 328.

13. Dercon S., *On Market Integration and Liberalisation : Method and Application to Ethiopia*, Journal of Development Studies, 1995, 32(1), pp.112 – 143.

14. Ejiga .N.O.O, *Economic Analysis of Storage, Distribution and Consumption of Cowpeas in Northern Nigeria*, Ph. D. Dissertation, Cornell University, Ithaca, New York, 1997.

15. Baulch B., *Transfer Costs, Spatial Arbitrage and Testing for Food Market Integration*, American Journal of Agricultural Economics, 1997, 79(2), pp.477 – 487.

16. Barrett C. and J. Li, *Distinguishing between Equilibrium and Integration in Spatial Price Analysis*, American Journal of Agricultural Economics, 2002 , 84 (2), pp.292 – 307.

17. Engle R.F., Granger C.W., *Cointegration and Error Correction : Representation, Estimation and Testing*, Econometrica, 1987, 55, pp.251 – 276.

18. Stacie.E.Beck, *Cointegration and Market Efficiency in Commodities Futures Markets*, Applied Economics, 1994, 26(3), pp.249 – 257.

19. Holbrook Working, *Quotations on Commodity Futures as Price Forecasts*, Econometrica, 1942, 10(1), pp.39 – 52.

20. Holbrook Working, *New Concepts Concerning Futures Markets and Prices*, The American Economic Review, 1962, 52(3), pp.431 – 459.

21. Fama F., *Efficient Capital Markets : A Review of Theory and Empirical Work*, Journal of Finance, 1970, 25, pp.383 – 417.

22. Hanson L.P., Hodrick R.J., *Forward Exchange Rate as Optimal Predictors Future Spot Rate : An Econometric Analysis*, Journal of Political Economy, 1980, 88(5), pp.829 – 853.

23. Pamela P. Brannen, Edwin F. Ulveling, *Considering an Informational*

Role for a Futures Market, Review of Economic Studies, 1984, 51（1）: pp. 33 - 52.

24. Robert W.K., *Futures, Options and Swaps*, New York: Oxford, 1999.

25. Fortenbery T.R., Zapata H.O., *An Evaluation of Price Linkages between Futures and Cash Markets for Cheddar Cheese*, Journal of Futures Markets, 1997, 17(3): pp.279 - 301.

26. Engle R.F., Granger C.W.J., *Cointegration and Error Correction: Representation, Estimation and Testing*, Econometrica, 1987, 55, pp.251 - 276.

27. Stacie.E.Beck, *Cointegration and Market Efficiency in Commodities Futures Markets*, Applied Economics, 1994, 26(3), pp.249 - 257.

28. Bloch H., Dockery A.and Sapsford D., *Commodity Prices and the Dynamics of Inflation in Commodity-Exporting Nations: Evidence from Australia and Canada*, Economic Record, 2006, 82(1), pp.97 - 109.

29. USDA Economia Research Service; www. ers. usda. gov/Briefing/ Sugar/background.htm.

30. USDA Economia Research Service; www. ers. usda. gov/Briefing/ Sugar/data.htm.

31. USDA Economia Research Service; www. ers. usda. gov/Briefing/ Sugar/policy.htm.

32. ASA 2008.Key Elements of U.S. Sugar Policy in the 2008 Farm Bill.

33. ASA 2009 Sugar Policy Basics, 25.

34. 美国农业部官方网站。http://www.fas.usda.gov/search.asp? num = 10&access = p&entqr = 0&sort = date% 3AD% 3AL% 3Ad1&output = xml _ no _ dtd&site = FAS _ MAIN&ie = UTF - 8&mode = simple&as _ sitesearch = www.fas. usda.gov% 2Fgainfiles% 2F200507&client = usda&q = ethanol&ip = 151.121.3. 140&filter = 0&sort = date%3AD%3AS%3Ad1.

35. Jean Louis Barjol, *EU Sugar Policy Reform*, Agricultural Outlook Forum, 2006-02-17.

36. Maurice R. Landes, *Indian Sugar Sector Cycles Down, Poised To Rebound*, Economic Research Service, 2010.

37.赵文奇:《当代经济计量学中的协整理论》,《统计研究》1996年第6期。

38.万广华、周章跃、陈良彪:《我国水稻市场整合程度研究》,《中国农村经济》1997年第8期。

39.喻闻、黄季焜:《从大米市场整合程度看我国粮食市场改革》,《经济研究》1998年第3期。

40.周章跃、万广华:《论市场整合研究方法——兼评喻闻、黄季焜"从大米市场整合程度看我国粮食市场改革"一文》,《经济研究》1999年第3期。

41.严太华、孟卫东、刘显洋:《铜和绿豆期货价格与现货价格协整关系的实证》,《重庆大学学报》(自然科学版)2000年第4期。

42.王雪标、王志强:《财政政策、金融政策与协整分析》,东北财经大学出版社2000年版。

43.武拉平:《农产品市场一体化研究》,中国农业出版社2000年版。

44.李陆平、俞海、范存会:《中国大米市场一体化研究》,2001年《中国粮食市场建设和改革对市场一体化及生产的影响》。

45.陈如凯、罗俊、吕建林、张华:《加入WTO对中国糖业的影响及对策》,《农业现代化研究》2001年第22卷第5期。

46.朴之水、黄季焜、罗思高:《从套利率、交易成本和贸易中断看中国粮食市场的发育》,《中国农村观察》2002年第1期。

47.桂琦寒、陈敏、陆铭、陈钊:《中国国内商品市场趋于分割还是整合——基于相对价格法的分析》,《世界经济》2006年第2期。

48.韩胜飞:《市场整合研究方法与传达的信息》,《经济学》(季刊)2007年第6卷第4期。

49.曹庆林、范爱军:《现阶段中国市场分割程度的测算——以全国猪肉市场为例》,《当代财经》2008年第3期。

50.程国强:《WTO农业规则与中国农业发展》,中国经济出版社2000年版。

51.赵玉田:《中国糖业现状与展望》,《中国农垦经济》2004年第2期。

52.黄季焜:《中国农业的过去和未来》,《管理世界》2004年第3期。

53.司伟:《全球背景下的中国糖业:价格、成本与技术效率》,中国农业大学出版社 2005 年版。

54.徐欣、王沈南、郑传芳:《中美白糖期货市场价格波动功能发现的比较研究——基于 2006—2008 年的时间序列数据》,《技术经济》2010 年第 2 期。

55.赵春芬:《我国白糖期货市场价格发现功能实证研究》,《全国商经情》(经济理论研究)2007 年第 9 期。

56.李晔:《白糖期货市场价格发现功能的实证分析》,《贵州财经学院学报》2007 年第 5 期。

57.华仁海、仲伟俊:《对我国期货市场价格发现功能的实证分析》,《南开管理评论》2002 年第 5 期。

58.杨照东、魏振祥:《国内外白糖期货风险控制实证研究》,《湖南财经高等专科学校学报》2008 年第 24 卷第 1 期。

59.梁权熙:《白糖期货对广西糖业发展的促进作用实证研究》,《广西金融研究》2008 年第 4 期。

60.严莉娟、武大雪:《我国白糖期货市场弱式有效性研究》,《经济论坛》2008 年第 6 期。

61.顾国达、王姗姗:《世界食糖市场贸易格局分析》,《世界农业》2006 年第 2 期。

62.彭玲:《近十年世界食糖生产、消费和贸易情况分析及趋势预测》,《甘蔗糖业》2001 年第 4 期。

63.邓海华:《浅谈美国的糖业政策》,《甘蔗糖业》1998 年第 6 期。

64.王姗姗:《世界食糖市场国际竞争与中国食糖贸易研究》,2006 年浙江大学硕士论文。

65.李晓鸣:《澳大利亚的制糖业与中澳合作》,《国际经济合作》2009 年第 6 期。

66.刘苏社:《澳大利亚农业政策》,《调研世界》1996 年第 3 期。

67.彭溪:《世界糖业系列介绍之澳大利亚篇》,《中国糖业》2009 年11 期。

68.《国内和国际食糖产业现状分析》,《中国食品产业网》。http://www.foodqs.cn/news/ztzs01/20082191251045.

69.宋士箐、张建清:《从战略性贸易政策的视角来看欧盟食糖政策》,《国际贸易问题》2007年第1期。

70.郭京毅:《为了广泛的贸易利益》,中信出版社2006年版。

71.宗义湘、王俊芹、刘晓东:《印度农业国内支持政策》,《世界农业》2007年第4期。

72.陈建梅:《日本、印度农业补贴政策的经验与启示》,《农产经济管理》2008年第3期。

责任编辑:詹素娟
装帧设计:周涛勇
责任校对:史 伟

图书在版编目(CIP)数据

中国蔗糖产业经济与政策研究(2009—2011 年)/郑传芳 徐欣 刘晓雪
  阮晓菁 著.-北京:人民出版社,2013.5
ISBN 978-7-01-012108-6

Ⅰ.①中… Ⅱ.①郑…②徐…③刘…④阮… Ⅲ.①甘蔗制糖-制糖工业-
产业经济-研究-中国-2009—2011②甘蔗制糖-制糖工业-产业政策-
研究-中国-2009—2011 Ⅳ.①F426.82

中国版本图书馆 CIP 数据核字(2013)第 096996 号

中国蔗糖产业经济与政策研究(2009—2011 年)
ZHONGGUO ZHETANG CHANYE JINGJI YU ZHENGCE YANJIU(2009—2011 NIAN)

郑传芳 徐 欣 刘晓雪 阮晓菁 著

人民出版社 出版发行
(100706 北京市东城区隆福寺街 99 号)

北京市文林印务有限公司 新华书店经销

2013 年 5 月第 1 版 2013 年 5 月北京第 1 次印刷
开本:710 毫米×1000 毫米 1/16 印张:24.25
字数:400 千字

ISBN 978-7-01-012108-6 定价:58.00 元

邮购地址 100706 北京市东城区隆福寺街 99 号
人民东方图书销售中心 电话 (010)65250042 65289539